QUELLEN UND FORSCHUNGEN

ZUR

SPRACH- UND CULTURGESCHICHTE

DER

GERMANISCHEN VÖLKER.

HERAUSGEGEBEN

VON

ALOIS BRANDL, ERNST MARTIN, ERICH SCHMIDT.

LXXVII.

STUDIEN ÜBER DIE ÄLTESTEN DEUTSCHEN FASTNACHTSPIELE.

STRASSBURG.

KARL J. TRÜBNER.

1896.

STUDIEN

ÜBER DIE

ÄLTESTEN DEUTSCHEN FASTNACHTSPIELE.

VON

VICTOR MICHELS.

STRASSBURG.
KARL J. TRÜBNER.
1896.

G. Otto's Hof-Buchdruckerei in Darmstadt.

VORWORT.

Diese Studien sind im Jahre 1892 niedergeschrieben und haben der Göttinger philosophischen Fakultät als Habilitationsschrift vorgelegen. Entstanden sind sie als Vorarbeiten zu einer wissenschaftlichen Biographie Hans Sachsens. Ich glaubte, eine kritische Sichtung der von Keller herausgegebenen Fastnachtspiele rasch vornehmen zu können. Allein eine Fülle von Fragen tauchten auf und hemmten ungeduldiges Vorwärtsdrängen, entfernten mich zuletzt weit von dem Ausgangspunkt, zu dem ich zurückzukehren hoffte. Wollte ich mich nicht ganz von meinem ursprünglichen Plane ablenken lassen, so musste ich mir die Freiheit nehmen, schwierige Probleme nur obenhin zu berühren. Das hatte dann freilich etwas Unbefriedigendes, nicht nur für mich selbst, sondern wie ich bald sah, auch für die sachkundigen Leser, denen ich für ihr Urteil dankbar bin: so dass ich mich zunächst (auch wohl durch andre Aufgaben gefesselt) zur Drucklegung meiner Arbeit nicht entschliessen konnte. Immerhin glaubte ich doch, den Fachgenossen manches bieten zu können, was der Forschung zu Gute käme. Die inzwischen betriebene Ausarbeitung einer kritischen Ausgabe sämtlicher Spruchgedichte von Rosenplüt ermöglichte mir wenigstens die Rosenplüt betreffenden Abschnitte etwas besser abzurunden, und so entschloss ich mich in diesem Sommer zu einer hier leichten, dort energischeren Umarbeitung, die mehrfach unterbrochen wurde und sich unter recht erschwerenden Umständen vollzog. Den zwanglosen Charakter des Ganzen musste ich bestehen lassen. Dem aufmerksamen Leser wird die Ungleichheit der Behandlung nicht entgehen, die ich nicht ganz vermieden habe. Auch ist die seit 1892 erschienene Litteratur nicht ganz gleichmässig eingearbeitet. So ist Creizenachs 'Geschichte des neueren Dramas' nicht nach Gebühr zitiert. Für S. 81 ff. hätte ich die Ausführungen über Karl IV. in Burdachs Schrift 'Vom Mittelalter zur Reformation' anziehen sollen: auch auf die jüngere Gestalt von 'Sibyllen Weissagung' mit den Versen auf Karl IV. wäre wohl einzugehen gewesen. S. 49 ist Du Mérils bekanntes Buch 'Histoire de la Comédie ancienne' versehentlich als 'Le Théatre classique' zitiert. Wirklich übersehen habe ich bedauernswerter und wunderlicher Weise für S. 94 ff. Vogts 'Beiträge zur deutschen Volkskunde aus älteren Quellen' (Zeitschrift d. Vereins f. Volkskunde 3, 350 ff.), mit denen mich auseinanderzusetzen ich sonst nicht versäumt haben würde. Mir ist erst durch Vogts Ausführungen recht zum Bewusstsein gekommen, wie viel besser ich meine aphoristischen Bemerkungen über die Fastnacht hätte stützen sollen und stützen können. Statt Seb. Franck ist jetzt Joh. Bohemus als Quelle für unsere Kenntnis der Fastnachtbräuche zu nennen. Die aus dem Streben nach Kürze entstandene Unrichtigkeit auf S. 94 unten bitte ich zu korrigieren. Dass von einem Wagen der Isis bei Tacitus Germania c. 9 nicht direkt die Rede ist, ist mir natürlich nicht unbekannt.

Ich möchte noch hinzufügen, dass ich den Text der von Keller edierten Fastnachtspiele nicht nach Keller, sondern direkt nach den von Keller benutzten Handschriften zitiere: dadurch wollte ich die Beurteilung der Kellerschen Abdrücke erleichtern; für die Spruchgedichte Rosenplüts benutze ich meine eigene kritische Herstellung, was niemanden irreführen möge.

Jena, Weihnachten 1895.

Victor Michels.

INHALT.

*

BEZEICHNUNG DER HANDSCHRIFTEN.

A.* Kreis- und Stadtbibliothek Augsburg. Cod. ms. 27. 4° vgl. Keller Nachlese 324, enthält Stück 125—128 und Anfang von 39.

D.* Dresden I. M. 50 fol. Stück 100. 42. 96. 41. 88. 49. 39. 46. 108. 109. 19.

E* Dresden II. M. 183. 4°. Vgl. Archiv f. Litteraturg. III 125. Fastnachtspiel von Troja. Von König Salomo mit 2 Frauen. Die Bezeichnung E rührt von mir her.

F.* Nürnberg, Germanisches Museum Nr. 5339a. 4°. Stück 100. 39. 116. 102. 14. 87. 96. 92. 41. 84. Vgl. Keller Anzeiger f. d. Kunde der Vorzeit 6.

G.* Wolfenbüttel I. Aug. 18, 12. 4°. Stück 1—42. 7. 42. 7. 43. 44. 15. 45—50. 45. 51—54. 39. 65. 56—59. 46. 61—64. 63.

K.* Wolfenbüttel II. Aug. 76, 3 fol. Stück 40—42. 102. 86. 87. 92. 16. 89. 73. 72. 48. | 39. 78.

L. Luzern, Bürgerbibliothek. Schmalfolio. Enthält ausser zwei Spielen, die sicher dem 16. Jh. angehören (vgl. jetzt Vierteljahrschrift f. Litteraturgesch. III, 208 ff.), Stück 107.

M.* München I Cg. 714. 4°. Stück 116. | 65. 66. 47. 67—83. | 48. 84—88. 49. 89. 42. 90. 41. 91. 92. 16. 93—97. 40. 89—102. 39. 45. 103. 104.

N.* München II. Cg. 439. 4°. Stück 106.

P.* Hamburg 4°. Stück 100. 46.

Q* Sterzingen Hss. Ich bezeichne mit Q auch die in den Wiener Neudrucken 9 u. 11 publizierten Spiele. Stück 115. I—XXVI.

R.* Wolfenbüttel III. Aug. 29, 6. 4°. Stück 96.

W.* Weimar I., Q. 564 nach der jetzigen Bezeichnung (= F nach der Benennung Lachmanns, Walther v. d. Vogelweide VIII, Des Minnesangs Frühling VI): Stück 40 Schluss. 19. 40. 19 Schluss. 19 Schluss.

X.* Weimar II., Q. 566: Stück 105. 89.

Y.* Weimar III., Q. 565: Stück 78 (79 bei Keller S. 1457 ist fehlerhaft).

Z. Wien No. 3027. Stück 192. 130. [132].

Die mit * bezeichneten Hss. habe ich selbst benutzt.

Das deutsche weltliche Drama, wie es uns am Ende des Mittelalters als Fastnachtspiel plötzlich in einer überraschenden Fülle von Stücken entgegentritt, hat die wissenschaftliche Forschung in geringerem Grade angezogen als das ältere geistliche. Gottsched gab die erste Kunde, lange bevor man von einer ausgebildeten geistlichen Dramatik des Mittelalters etwas wusste. Vulpius führte es auf das Nürnberger Schembartlaufen zurück; Jacob Grimm erinnerte an andere Fastnachtgebräuche, Rückbleibsel aus heidnischer Zeit. Die Kellersche Ausgabe von Fastnachtspielen des 15. Jhs. vermehrte das Wissen um diese Dramen, aber erschwerte zunächst die Übersicht: ein Füllhorn war ausgeschüttet, Fremdes und Nahverwandtes durcheinandergemischt ohne Unterschied von Zeit und Ort. In Bausch und Bogen gab Goedeke, der vortrefflichste Kenner auch auf diesem Gebiet, sein ästhetisches Urteil ab, das freilich verdammend genug ausfiel.

Was die .Entstehung anbelangt, so teilte sich die Meinung, seit die geistlichen Dramen besser und besser bekannt wurden, und seit Jahrzehnten ist man nicht viel über die (gelegentlich auch präzisierte) Fragestellung vorgedrungen: sind die Fastnachtspiele des 15. Jhs. aus altheidnischen Wurzeln erwachsen oder im Anschluss an das geistliche Drama gezeitigte Nebentriebe? Diese Fragestellung steht im Hintergrunde auch unserer Ausführungen. Doch ist unschwer zu sehen, dass die Stellung einer solchen Alternative Gefahr läuft, an den Thatsachen überhaupt vorbeizustreifen. Jedes Entstehende setzt in Wahrheit eine solche Vielheit von Bedingungen voraus, dass man, bevor es nicht, losgelöst von seiner Umgebung, gründlich erkannt ist, nur Gefahr läuft, sich mit schnellen Hypothesen den Ausblick auf die thatsächlichen Zusammenhänge zu verbauen. Gar zu leicht verfällt die entwicklungsgeschichtliche Betrachtungsweise in den Fehler, die einzelnen Fäden, aus denen sich das geistige Leben einer Zeit oder Nation zusammenwebt, säuberlich einzeln herauszuziehen, aber statt die Webart zu Tage zu legen, das Gespinst zu vernichten.

I.

DRAMEN AUS ÖSTERREICHISCHEN LANDEN

I. ÜBERLIEFERUNG.

Die ältesten weltlichen Spiele, die wir besitzen, stammen aus bairisch-österreichischem Sprachgebiet. Besonders in Tyrol herrscht schon früh ein reges dramatisches Leben, und noch bis tief hinein in die Neuzeit lebt die Theaterlust in Städten und Märkten längs der alten Strasse, die von München und von Augsburg über Mittenwald nach Zirl-Innsbruck und von dort über den Brenner nach Italien führt durch grüne Thäler und starre Schluchten, an Bergen und Hügeln, an Flecken und Städten, Kirchen und Kapellen vorbei, durch lauter gut katholisches, der Aufklärung fremdes Land. Innsbruck selbst, Hall im Innthal, etwas seitab, und Sterzing an der Brennerstrasse pflegen, wie direkte und indirekte Zeugnisse lehren, gegen Ende des Mittelalters das Oster- und Passionsspiel wie später Ammergau und Brixlegg[1].

Wir können aus den Hauptsammlungen weltlicher Spiele noch sehen, dass im 15. Jh. eine Sammlung in Österreich,

[1] Vgl. A. Pichler, Über das Drama des Mittelalters in Tyrol. Innsbruck 1850. — J. E. Wackernell, Die ältesten Passionsspiele in Tyrol. Wien 1887 (Wiener Beiträge z. deutschen u. englischen Philologie II.)

„Die erste Spur eines Schauspiels in Tyrol zeigt sich in der Sage, dass Herzog Friedrich mit der leeren Tasche, als er, der Helfershelfer eines verbrecherischen Papstes, geächtet und gebannt umherirrte, in Landeck ein Stück aufführen liess von dem bittern Elende eines verstossenen Fürsten, und an der Rührung des Volkes erkannte, bei dem sei Hülfe zu finden gegen seinen abtrünnigen Adel". (Karl Hase, das geistliche Schauspiel. Leipzig 1858. S. 129).

vielleicht in Steiermark oder in Tyrol, niedergeschriebener weltlicher Dramen nach Schwaben, vermutlich nach Augsburg, wanderte, wohl dieselbe Strasse, die umgekehrt im 16. der älteste Text des Ammergauer Passionsspiels zog. Ein gewisser Claus Spaun (oder Span), den man nach Zeit und Sprache wohl mit dem Dichter des „schönen Spruchs von einem, der sollt ein Doktor werden“ in Valentin Holls Handschrift Bl. 76 (gedruckt bei Keller, Erzählungen aus altdeutschen Handschriften) identifizieren darf, legte im Jahre 1494 und 1516 zwei Sammelbände von Spielen und Spruchgedichten an. Es sind die Handschriften G und A nach Kellers Bezeichnung, für die ich hier Kellers Beschreibung berichtigen und ergänzen muss.

1. ZUSAMMENSETZUNG VON G.

Handschrift G ist, wie schon der Überblick über die Inhaltsangabe bei Keller lehrt, eine grosse, aus verschiedenen Partieen zusammengesetzte Miszellanhandschrift. Dasselbe Stück wird mehrmals wiederholt. Und zwar ist sie nicht so entstanden, dass sie aus verschiedenen Vorlagen nacheinander zusammengeschrieben ward; vielmehr besteht sie zum grössten Teil aus kleineren Sammlungen, die von einem Besitzer lediglich mechanisch zusammengefügt, durch eigene Abschriften ergänzt und durch ein Register vereinigt wurden. Im Ganzen besteht dies grosse Sammelsurium aus 409 Blättern, ohne das Register. Am Schluss steht die Zahl 1494 von der Hand des Registers, sodass sie sich auf die ganze Handschrift bezieht. Ein weiteres Blatt ist nicht gezählt und nicht registriert, von gänzlich fremder Hand, wie es scheint, 1533 beschrieben.

Im Einzelnen setzt sich nun die Handschrift aus folgenden Partieen zusammen, in denen ich die Hände mit deutschen (Schwabacher) Majuskeln bezeichne.

𝔄: Das Register von der Hand des Sammlers (vgl. unten.).

I. 𝔅: Bl. 1—183^{b}. Hübsch und gleichmässig eingerichtet und sauber geschrieben. Mit Tinte ist ganz fein

ein Rand gezogen an allen vier Seiten und so, dass die Linien, sich schneidend, bis zum äusseren Papierrand laufen. Die Zeilenanfänge sind mit rotem Strich geziert, die Namen der Sprechenden sind in der Regel rot unterstrichen, desgleichen die Anfänge der Reden und auch die Überschriften der Stücke selbst. Nur Blatt 61 bis 64^b (Stück 9) stehn gar keine Überschriften; es ist auch kein Raum gelassen. Blatt 65—83^b sind die Überschriften rot, von 𝔄 geschrieben, dessen Hand mit kleinen Zusätzen (*precursor* u. ä.) auch sonst gelegentlich auftritt, ohne dass ich das besonders anmerke. Auch ist die Schrift Bl. 61—84^a feiner, zeigt auch flüchtigere dünnere Züge als namentlich 1—57^b, 84^b—183^b; doch ist es sicher dieselbe Hand. Die Buchstaben, Fraktur, sind ziemlich hoch und steil, nur sparsam mit Harstrichen verbunden, daher denn die Schrift etwas gehackt erscheint. Es begegnen sowohl eckige 𝔇, ähnlich dem grossen lateinischen D, wie wir es heutzutage schreiben, oder dem griechischen $\varDelta$ mit verlängertem drittem Strich, als auch runde, dem kleinen lateinischen d vergleichbar, mit durch den Hals gezogener Schleife wie bei den ehemaligen Pfennigzeichen. Die Schluss-s zeigen fast immer einen deutlichen Kreis unten und Haken oben. Bei dem g wird der Schwanz nicht durchgezogen; zur Verbindung mit dem folgenden Buchstaben dient ein Ansatzstrich am Kopf, manchmal so, dass dieser erst durch ihn geschlossen wird. Die z teilen in der Regel die erstere Eigenschaft mit den g, zeigen ausserdem einen eckigen Kopf und an ihm links oben einen kleinen Ansatz. Es begegnen verschiedene Wasserzeichen.

Diese Sammlung, die sich, da Blatt 58—60^b mitten drin leer sind, nach dem Gesagten möglicherweise in zwei kleinere Sammlungen zerlegt (Bl. 1—57^b; 61—183^b), die ich aber nicht scheide, enthält Stück 1—37.

II. 𝔄: Blatt 184—188^b. Mit ihren zusammenhängenden niedrigen, breiten Buchstaben macht diese Schrift einen viel rundlicheren Eindruck. Die Tinte ist blasser. Alle Überschriften sind rot. Auch hier ist der Rand mit Tinte gezogen; auch hier roter Strich im Anfangsbuchstaben der Zeile; die Anfänge der Reden sind rot unterstrichen. Die D sind meist rund; die g sind so gemacht, dass beim untern Ende der linken Kopfhälfte und oben wieder angesetzt ist; der Kopf ist infolgedessen geschlossen und ziemlich oval. Der untere Teil der g bildet meist eine Schleife; vielfach geht der Haarstrich dabei durch den Kopf. Der Kopf der z ist durchaus rundlich. Die b, l, h sind nur selten mit Schleife, meist mit geschlossenem Hals in der Glockenschwengelmanier gebildet. Darin und in dem gedrungenen Charakter liegt der Unterschied von der ähnlichen und ähnliche Tinte benutzenden Hand der Dresdener Handschrift M 183. Besonders charakteristisch aber sind die Schluss-s, bei denen der Kreis zu einer Art Ansatzstrich zusammengeschrumpft ist, während der Haken bis zum obern Ende jenes Ansatzstriches heran und wieder nach rechts abgezogen wird, sodass etwas wie ein verkümmertes lateinisches Majuskel-R entsteht. Wasserzeichen ist eine hohe Krone mit Kreuz.

Diese Partie enthält Stück 38 und die ersten Verse von Stück 39 (bis 289_{8}), sodass deutlich 𝔄 als der Sammler erscheint, der im Notfall die fragmentarisch vorliegenden Sammlungen ergänzte.

III. ℭ: Blatt 189—196^{b}. Schöne deutliche steile Fraktur, gross und breit. Die Überschriften sind rot. Die d sind eckig; l, b, h haben geschlossenen, von oben bis unten ziemlich gleichmässig verlaufenden Hals; der Kopf der g ist durch den Verbindungsstrich geschlossen wie bei 𝔅. z hat einen eckigen Kopf; der obere Strich ist sehr lang und hat links von unten her einen gebogenen Ansatz.

Stück 39 ist hier als Fragment überliefert (289_{9} ff.) und zwar so, dass genau eine Seite vom Anfang fehlt. Da ℭ, das Fragment, auf einer rechten Seite beginnt, so ergiebt sich dass die Sammlung *ℭ noch mehr enthielt als Stück 39.

IV. 𝔄: Blatt 196^{b} unten (hier ist nur noch die Überschrift von Stück 40 angefügt) bis 228^{a} oben (hier sind, ganz offenbar nachträglich noch zwei Zeilen von 𝔄 hinzugesetzt). Es enthält, kleiner geschrieben als 184—188^{b}, mit schwärzerer Tinte und vielfach verwischtem Bleistiftrand, Stück 40—42. 7. 43. 44. 15 und einen Teil von Stück 45 (bis 343_{2}). Diese Stücke sind aber wohl nicht erst zur Kompletierung älterer Sammlungen hintereinander niedergeschrieben; darauf deutet, dass Stück 7 und 15 hier wiederholt werden. Vielmehr werden sie ältere Sammlungen oder Einzelniederschriften von 𝔄 sein, die in das grosse Sammelsurium aufgenommen wurden wie die Sammlungen anderer. Kleine Verschiedenheiten der Schreibmanier zeigen wenigstens Bl. 197—202^b, 203—221^b, 222^b—227 als zu verschiedener Zeit geschrieben an. Hinter Stück 40, Bl. 202^b, steht das Datum

Finis am Erichtag vor
Vitj 1486 jar.

Ob sich das auf das Stück oder die Niederschrift bezieht, bleibt offen. Die Aufzeichnungen von 40. 41. 42. 7. 43 können als ehemalige Einzelhandschriften angesehen werden. Alle diese Stücke beginnen auf einer rechten Seite; nur die Überschriften stehen zum Teil links.

Stück 40 reicht von 197 bis 202^b Mitte (Überschrift 196^b)
„ 41 „ „ 203 „ 205^b „
„ 42 „ „ 206 „ 211^b „ (Überschrift 205^b; dahinter leerer Raum.)

Stück 7 reicht von 212 bis 216^b (Überschrift 211^b.)
„ 43 „ „ 217 „ 221^b (Überschrift 216^b; dahinter leerer Raum.)

Blatt 222^a ist leer.

Stück 44 reicht von 222^b bis 225 und hat keine Überschrift.

Stück 15 reicht von 225^b bis 227^b.

Für die Textkritik ist das nicht ganz gleichgültig.

V. 𝔇: Eine deutliche, sehr schräge Schrift, sowohl an ℭ, als an 𝔄 etwas erinnernd; sie ist besonders charakterisiert durch die g mit offnem, in einem Zuge geschriebenem Kopf, bei denen die breite untere Hälfte häufig durch den Kopf gezogen wird. b und l, h sind mit Schleife gebildet, h mit weit nach links herabgestrichenem Schwanz, ähnlich auch y. Die Überschriften sind schwarz, rot unterstrichen, desgleichen die Anfänge von Reden. Runde z, runde s. — Es reicht diese Sammlung, welche Stück 45—49 enthält, von Blatt 228—248^b hat, doch so, dass 𝔄 sie offenbar fragmentarisch vorgefunden und ergänzt. Es rühren dabei von 𝔇 her:

Stück 45	mit Ausnahme des	Anfangs und Schlusses	228^{a}—233^{b}
„ 46	„ „	„ „ „ „	235 —237^{b}
„ 47	„ „	(d. Übschr. (238^{b}) u.) d. „	239 —243^{b}
„ 49	„ „	(„ „ (245^{b}) „) „ „	246 —248^{b}

Von 𝔄 stammen:

Stück 48, beginnend in der Mitte des von 𝔇 geschriebenen Blattes 243^{b} und reichend bis 245^{b}, und alles Fehlende d. h. Blatt 227^{b} und von 228 die ersten nachträglich aufgesetzten zwei Zeilen (siehe IV), ferner Bl. 234^{ab}, 238^{ab}, 249^{a}. Blatt 249^{b} ist leer. Es waren also wohl die von 𝔇 geschriebenen Stücke Einzelhandschriften und ungebunden, sodass die Umschlagblätter schadhaft wurden oder verloren gingen.

VI. 𝔅: Blatt 250—273^{b}. Eine Sammlung von Fastnachtspielen und Spruchdichtungen gemischt (vgl. Keller S. 1348 ff.) Bis Mitte 272^{b} etwas feiner geschrieben, als was sonst in G von 𝔅 herrührt. Die niedergeschriebenen Sachen beginnen sämtlich auf linken Seiten; es sind also nicht Einzelhandschriften. An Fastnachtspielen stehen hier: Stück 50. 45. 51. 52. Blatt 264^{a} hinter Stück 45 ist leer. Eine spätere Hand hat Stück 45 durchstrichen und notiert: *Iſt zuuor geſchriben am 228 plat.*

VII. 𝔈: Blatt 274—328^{b}. 𝔈 erinnert etwas an 𝔇, schreibt aber weniger schräg, hat engere Zeilen und nicht so langgeschwänzte h, f, s, auch eckige z. Es teilt die offenen g; die Schluss-s haben etwa die Form: y. Die Überschriften sind rot, die Zeilanfänge mit rotem Strich geziert, die Anfänge der Reden rot unterstrichen. Wasserzeichen ist eine gezackte Krone mit Reif und Kreuz.

Es enthält diese Sammlung:

Stück 53: Blatt 274—321^{b}.

Stück 54: Blatt 323—328^{b}.

Blatt 322 zwischen beiden ist leer.

VIII. Blatt 329 331 sind leer. Dann folgt 𝔅: 332—344^{b}, anfangs — bis 338^{b} Mitte (Ende von Stück 39) — kleiner als zu Beginn von G, auch 344 etwas abweichend; etwa wie 250.

Inhalt:

Stück 39: Blatt 332—338^{b} Mitte.

Stück 55: Blatt 338^{b} Mitte — 343^{a} Mitte.

Der Rest von 343^{a} und 343^{b} sind leer. Bl. 344^{b} stehn die beiden von Keller S. 1355 mitgeteilten Klopfans; 344^{b} enthält nur 3 Zeilen.

IX. 𝔈: Blatt 345—464.

Stück 56: Blatt 345—352^{b}.

„ 57: „ 354—364^{b} oben (Rest leer).

Blatt 353 zwischen beiden Stücken ist leer (vgl. VII). Es entsteht durch diese und die übrigen Ähnlichkeiten der Einrichtung der Anschein, dass VII und IX eine Sammlung bildeten. Auch die Wasserzeichen sind dieselben.

X. 𝔅: Blatt 365—409^{b}, enthaltend Stück 58. 59. 46. 60. 61. 62. 63. 64. 63. Nur Stück 46 und das wiederholte Stück 63 beginnen auf einer rechten Seite. Da vor Stück 63^{2} der grössere Teil von Bl. 404^{b} frei geblieben ist, so darf man in Bl. 405—409^{b} eine Einzelhandschrift sehn. Vor Nr. 46 ist kein freier Raum; so wird der Beginn rechts Zufall und Bl. 365—404^{b} eine zusammenhängende Sammlung sein. Am Schluss steht auf Blatt 409^{b}:

1494 jar
Claus Spaũ an ſant
w . . . . . tag.

Die letzten beiden Zeilen sind allerdings überschmiert, doch glaube ich die Hand von 𝔄 herauszuerkennen. 𝔄 sammelte also in den letzten Jahren des 15. Jhs. 𝔅 ist jedenfalls seine jüngste Quelle; ℭ, 𝔇, 𝔈 sind älter. Ich neige insbesondere dazu, 𝔈 noch in die erste Hälfte des 15. Jhs. zu setzen. Freilich Moriz Haupt sagt einmal: „Ich würde mich schwer entschliessen, zu bestimmen, ob eine Handschrift der Mitte oder dem Ende des 13. Jahrhunderts angehört". (Sitzungs-Berichte der Sächsischen Gesellschaft I [1846/47] S. 258). Und das gilt ähnlich auch fürs 15. Jahrhundert.

2. ZUSAMMENSETZUNG VON A.

Ähnlich wie G zerlegt sich auch A.

I. 𝔄. Blatt 1—46^{b}. Vermischte Gedichte, vgl. Keller Nachlese 324 ff. Die Hand zeigt dieselben Züge wie die

Hand 𝔄 der Wolfenbütteler Handschrift; nur ist alles viel kleiner, unregelmässiger, zittriger. Ich bin der Ansicht, dass hier eine Altersschrift von 𝔄 vorliegt. Die Jahreszahl 1516 auf dem Holzschnitt des Vorbildes weist darauf hin, dass die Handschrift im 16. Jh. entstand. Die Bilder, zum Teil ganz frühe Holzschnitte, die vielfach in den Text der zugehörigen Bildergedichte geklebt sind, wurden immer in einem dafür freigelassenen und passenden Raum angebracht, woraus deutlich wird, dass sie älter sind als die beigefügte Niederschrift des Textes. Auch zeigen die Worte des Holzschnitts auf Bl. 2[b] den Vers LAS MICH I͚ FRID DV ALTS KAFAL metrisch richtig, während 𝔄 verschlechternd schreibt *altes*. Bl. 34 ist Ausschnitt aus einem gedruckten Blatt (Buch?), das das folgende Lied enthielt, dessen Anfangsverse noch unter dem Bilde stehn, aber überklebt sind. Blatt 38—41 sind gedruckt und einfach nach der aus G bekannten Manier des Sammlers 𝔄 in diesen Band eingefügt. Grosse Partien sind auch aus Murners Narrenbeschwörung abgeschrieben. Von den von Keller ausgehobenen Versen entsprechen Nummer 20 = N. B. c. 18 (V. 2019 f. nach Balkes Zählung) und c. 26 (V. 2790 ff.) und c. 26 Vorspruch (V. 2742 ff.) und c. 39 (V. 4008 f.); Nummer 21 = N. B. c. 18 (V. 2015 ff.); Nummer 30 (Bl. 42) = N. B. c. 95 (*Der narren bycht*). Vgl. jetzt auch Narrenbeschwöruug hrsg. v. Spanier (Neudrucke deutscher Litteraturwerke des 16. und 17. Jhs. Nr. 119 - 124.) S. 310.

II. 𝔈: Blatt 74—89[b]. Dass die Hand dieselbe ist, die im Wolfenbütteler Kodex Blatt 274 ff. geschrieben hat, ist schon von Keller bemerkt. Möglicherweise war also die Partie ein Bruchstück einer und derselben Sammlung 𝔈, von der auch in G etwas eingeklebt wurde. Das hier mitgeteilte Stück 125 ist nur Fragment, und 𝔄 konnte es nicht ergänzen. Der Titel „das heiligkreuzspiel“ stammt aber von 𝔄 her, der in seiner Altersschrift dem Schluss mit roter Tinte die Zeilen angefügt hat:

Da hat das heylig kreutz ſpil ain end
Got der almechtig vns sein gnade ſendt.

III. ℭ (nicht 𝔅, wie man nach Keller Nachlese 332 annehmen müsste): Blatt 126—135[b]. Inhalt: Stück 126

— 𝔄 setzt auch hier hinzu: *Hie hat ſant Jorigen ſpil ain endt* u. s. w. — und der Anfang von Stück 39, überklebt. Dieses Handschriftenfragment passt genau mit dem in G enthaltenen zusammen, sodass wir die Sammlung *𝔈 aus A und G rekonstruieren können. Dem Sammler 𝔄 war offenbar anfangs, als er seine frühere Sammlung G anlegte, von *𝔈 nur die zweite Hälfte zugelangt; später setzte er sich auch in Besitz der ersten.

IV. 𝔄: Blatt 136—158[b] unten. In der Jugendhandschrift, mit jener blassen Tinte, die auch in G begegnet. Stück 127. (Am Ende: *Hie hat kunig Artus hoff ain endt* (rot) vor *Finis* (schwarz) eingeklemmt — wohl wieder späterer Zusatz). — Blatt 159 ist unbeschrieben, rückwärts bemalt, vgl. Keller Nr. 332.

V. 𝔈: Blatt 160 (bezw. 159)—167_b: Stück 128. Am Schluss ist wieder von der Altershand von 𝔄 hinzugefügt (rot): *Got vns ſein gnade ſendt.*

3. DIE BESTANDTEILE VON AG.

Es zerlegen sich also, um zusammenzufassen, die erste Wolfenbüttler und die Augsburger Handschrift in eine Anzahl älterer Sammlungen und Einzelaufzeichnungen, die ich hier zusammenstelle.

1) Einzelhandschriften:

𝔇. Stück 45. 46. 47. 49 in G.

𝔅. Stück 63[2] in G.

𝔄. Stück 40. 41. 42. 7. 43 in G, Stück 127 in A.

2) Sammlungen:

𝔈. Stück 126 in A. Stück 39 in A und G verteilt.

𝔈. Stück 53. 54. 56. 57 in G + Stück 125 (Fragment) in A. Stück 128 in A.

𝔅. Ein oder mehrere Sammlungen in G. Stück 1—37. | 50. 45. 51. 52. | 39. 55. | 58—59. 46. 60—64.

3) Füllungen (und Sammlungen?) von 𝔄 in G. Stück 38. 39 (Anfang). | 44. 15. | Ergänzungen von 45. 46. 47. 49. Stück 48.

Die von dem Schreiber 𝔄 selbst niedergeschriebenen Dramen zeigen uns, dass er ein Schwabe war wie der Dichter Claus Spaun (der z. B. *fraw* : *da* 335_{21} f. *auch* : *darnach* 341_{5} f. u. a. reimt). Allenthalben findet sich zwar nicht scharf ausgeprägter dialektischer Charakter in seinen Abschriften, aber doch leichte Spur schwäbischer Mundart, besonders *au* für *â*, *ch* für *h*, die 2. und 3. Pers. Pluralis auf *-ent*. Ich führe an, was 𝔄 hauptsächlich von den andern Fastnachtspielhandschriften scheidet, lediglich nach Kelter.

Stück 7. 67_{15} *mecht*; 68_{13} *an fachen*; 70_{15} *hand* 3 Pl.; 71_{4} *gewinſchet.*

Stück 15. 128_{2} *aubenteyrlich*; 128_{4} *gegriſt*; 129_{29} 131_{14} *pringent* (3 Pl.), 130_{25} *ſchreyent* (2 Pl.) (131_{16} *han*).

Stück 38. 286_{25} *tramen* (= *traumen.*)

Stück 39. (Nur der Anfang ist von 𝔄 geschrieben.) 288_{5} *horent* (= C).

Stück 40. 309_{23} *tâſchen* (für *taſchen* W, *taſch* MK); 310_{24} *kœme* (Konj. für *kam* W, *kom* M); ebenda *hette* (*het* WMK); *tette* (*tet* WMK), 311_{7} *gedâchte* (Konj. *gedacht* WMK); $311_{8.9}$ *warde* (*ward* WMK); 311_{20} *ergibe.*

Stück 41. 314_{4} *ſchweigent* (2 Pl.); 314_{9} *ſeient* (3 Pl. Konj.); 314_{20} *mûgent* (3 Pl. Konj.); 315_{6} *ſprechent* (2 Pl.); 315_{14} *aubenteir*; 315_{21} *get* (*get* M, *gêt* FKD); 315_{23} *halſen* (*helſen* FKMD); 317_{4} *ſindt* (*ſein* FKMD); 317_{8} *Das nachtarbait heiſſt began* (: *ſtan* für *gigaun* oder *gigengaun* : *ſchlaun*, *ſchlaunen* der andern Hss. Ein Schwabe konnte ein *-gaun* der Vorlage als *-gân* fassen); 317_{12} *geizig* (: *zeitig.*)

Stück 42. 320_{5} *habent* (2 Pl.), 320_{6} *horent* (2 Pl.), $320_{13.14}$ *-ſtan* : *gan*, $321_{4.5}$ *-ſtan* : *gan*, 321_{10} *Veranttwurttent* (2 Pl.), $323_{24.25}$ *ſpirt* : *beriert*, 324_{10} *paubſts*, 327_{14} *ſchittet*, 328_{1} *redent* (3 Pl.)

Stück 43. $330_{6.7}$ *ſechen* : *geſchechen*, 330_{8} *aubenteuriſchſt*, 330_{10} *begauben*, 331_{24} *geſchmachs*, 331_{19} *ungefar* (gegen 332_{15} *ungfer*, 383_{3} *gefers*), 331_{27} *krotten* (: *nôten*), 332_{8} *fill* (= *fiel*), 332_{9} *riemen* (=-*üe*-), $332_{18.14}$ *gſchechen* : *nechen*, 332_{20} *anleutung*, 332_{27} *kam* (= *kaum*), 332_{30} *drucken* (= *trocken*), 333_{9} *allerdûefeſt*, 333_{11} *laf* (= *louf*) 333_{15} *am reiſigoſten*, 333_{22} *hunlin*, 333_{24} *krotten*, 333_{32} *wortlin*, 334_{8} *riemen*, 334_{15} *zechent*, 334_{25} *ſeiberlich*, 336_{25} *wau*. Als Verfasser nennt sich Folz.

Stück 44. 337_{21}, 339_{8} *finft*, 337_{25} *zechent*, $339_{25.26}$ *riemen* : *verpliemen*, $341_{2.3}$ *sechen* : *verdrechen* (!).

Stück 45 Anfang. 342_{2} *ſibenzechen*, 342_{6} *aubenteurlich*, 342_{18} *zechent*, 343_{12} *dreizechenden*, *fierzechent*. (Von 343_{3} ab 𝔇: *funfzehent* u. s. w.) — Schluss: 350_{21} *gſechen* (: 20 *verſchmehen* 𝔇), 350_{25} *ſchweini proten*.

Stück 46 Anfang. 350_{2} *aubenteirlichs*, $350_{3.4}$ *lugin*, 350_{23} (*ain*) *gemeſchten* d. i. gemästeten (*ochſen*). — Schluss. 356_{26} *lugin*.

Stück 47 Anfang. 359_{2} *aubenteyrlichs*.

Stück 48. 365_{6} *ſullent* (2 Pl.), 365_{20} . 366_{32} *zechen*, $365_{25.26}$ *geſechen* : *geſchechen*, 366_{5} *möchtent* (2 Pl.), 366_{10} *meinent* (2 Pl.), $366_{18.19}$ *geſchechen* : *zechen*, 367_{4} *merckent* (2 Pl.), 367_{10} *trachenplůt*.

Stück 49. Anfang. 368_{2} *kuchinſpeis*. — Schluss. 371_{19} *vindent* (3 Pl.), 371_{30} *paubſts*.

Stück 127. N. 183_{18} *waugt*, N. 184_{1} *merkent* (2 Pl.), N. 184_{2} *geſchäch*, N. 184_{10} *mechten*, N. 184_{18} *berueffen*, N. 184_{24} *tuondt* (2 Pl.), N. 184_{30} *tritten* (=*dritten*.) Ich breche dabei absichtlich ab.

Das Verzeichnis liesse sich vermehren. Es fällt mir natürlich nicht ein zu behaupten, dass alles Angeführte schwäbisch und nur schwäbisch sei; die Vorliebe für gewisse schwäbische Besonderheiten lässt sich nicht leugnen. 𝔄 scheidet auch altes *uo* als *ů* von *u* (Keller schreibt *uo*), daneben *ue*, meist auch *ai* (*ay*, *ai*) und *ei*, zieht auch *wellen* dem *wollen* = *wöllen* der andern Handschriften vor, ebenso *geren* (*gern*). Zu Kellers Orthographie ist zu bemerken, dass die Handschrift viel häufiger *y* hat, wo Keller *i*, auch wohl *ie* setzt (z. B. *ſy*). Doppelschreibungen von Konsonanten sind von Keller meist beseitigt worden; also *t* für *tt* (*hintter*, *wartten*, *gartten*), *t* oder *d* für *dt* (*ſtůndt*, *ſindt*, *wardt*, *endt*, *verſtaudt*), *k* für *ck* u. s. w. Neben *eu*, *au* steht in der Hs. auch *ew*, *aw*, auch *ăw* und *ă* (*ſtăn*, *kăm* = Kellers *kaum*). Von Abkürzungen steht nur *-ñ*, das Keller meist in *-en*, gelegentlich in *n* auflöst.

Aber die Hss. die 𝔄 seiner Sammlung einverleibte, zeigen zum Teil ganz andern Charakter. Die Schreiber 𝔅 und 𝔇 darf man wohl nach Nürnberg setzen. Sie schrieben die in Nürnberg übliche Sprache und die meisten ihrer Stücke sind nachweislich Nürnbergischen Ursprungs. Was die Orthographie anlangt, die Keller sehr unglücklich normalisiert hat, so schreibt 𝔅 fast nur *u*, sehr selten *ů* (z. B. *gefůgen* 148₅), fast nur *ei* und *ey* (Keller *ei*), auch *ej* im Auslaut (*zwej, frej, pej*), nicht *ai*. Umlaut von *u* ist in der Regel nicht bezeichnet, manchmal durch *ú*. Die Doppelschreibungen sind ähnlich wie bei 𝔄. Abkürzungen begegnen so gut wie gar nicht: d^t = *dicit*. 𝔇 bezeichnet sowohl Umlaut als altes *uo* durch übergesetztes *e* (*bőſe, wőllen, verůbel, růben, gůte,* so auch *eůch*), das aber meist nicht von zwei übergesetzten Punkten zu unterscheiden ist.

ℭ war ein Schwabe wie 𝔄.

𝔈 haben wir wohl in den österreichischen Alpenländern zu suchen. Sprachlich weisen die Stücke selbst, wie sich zeigen wird in bairisch-österreichisches Gebiet. Ein Stück lässt sich in Steiermark, ein anderes in Tyrol fixieren. Nichts spricht dagegen, dass auch der Schreiber 𝔈 in dieser Gegend zu Hause war.

II. DIE SPIELE IN 𝔏.

Die in 𝔏 überlieferten Stücke, 53. 54. 56. 57. 125. 128, haben auch bei oberflächlicher Durchsicht als sprachliches Gemeinsames erkennbar, dass sie sämtlich in bairischer und zwar nicht nürnbergischer Schreibung aufgezeichnet sind. Eigenheiten, die sich in allen Stücken gleichmässig finden, sind *a* für unbetontes *e* z. B. (53) 417_{9} *tanzat*, 418_{22} *nindart*, 447_{14} *gefahan*, 448_{30} *leirat* u. s. w.; (54) 475_{18} *richtarin*, 475_{27} *woltaſt*, ebda. *ſchonan*; (56) 493_{25} *wanna*; (57) häufiger: *dienarin, zaubrarin*, 497_{28} *futtar*; (125) 87_{10} *kayſarin*; (128) 217_{18} *ſetzat*, 221_{14} f. *hórat* : *bethórat*, 227_{17} *dyenarin*. Das ist im Bairischen (allerdings gelegentlich auch im Alemannischen) beliebt vgl. Weinhold Bair. Gr. § 8 (Al. Gr. § 10). Ferner Abfall und Zusatz des *t*: Beispiele bei den einzelnen Stücken. *ſlagen*, *ſchlagen* im Reim für *ſlân*. Nur bei manchen Stücken findet sich die 2 Plur. auf *-ent*, *ch* für *k*. Das ist auf bairischem Sprachgebiet besonders tyrolisch.[1] Auf das einmalige *ſchawmen* (im Reim zu *namen*) (128) 228_{18} hat man nichts zu geben.

Zur Orthographie sei bemerkt, dass der Umlaut durch übergeschriebenes *e* oder zwei schräge Punkte, die daraus entstanden sind, bezeichnet wird (so auch *nu* : *zü* bei Keller). Davon ist deutlich geschieden *ů*, *üe, ůe* : *plüemlein*, *gefůegen*. Neben *ei* begegnet *ey*, neben *i* : *y*. Meist *ew*. Von Doppel-

[1] Vgl. jetzt auch Jellinek ZfdA. 36, 80 f.

konsonanz ist nur ganz spärlich Gebrauch gemacht (*rüefft*, *dörpper*, *vilcz*, *herczog* u. a.) Von Abkürzungen begegnet fast nur *vñ* = *vnd*, *ñ* = *-en*, *v* = *ver-*.

Stück 53.

(Das grosse Neidhartspiel.)

Nach Österreich wird man von vornherein geneigt, sein, ein Neidhartspiel zu verlegen. Ob wirklich an Niederösterreich, etwa die Tulner Gegend oder Wien zu denken ist, lässt sich nicht ausmachen. Struombühl und Kaiserthal (425_5) vermag ich nicht festzulegen. Der Wortschatz dient nur zur Bestätigung österreichischer Heimat. *kuchenknaur* 396_{13} ist durch S. Helblings *erknüren* für Österreich wahrscheinlich gemacht. *œde* (*œden sin* 397_8), ein Lieblingswort Neidharts (Haupt zu Neidh. 90_{11}), ist in Österreich beliebt (z. B. Ottokar 43033 *œde gouch*), *dörper* 400_{26}, 401_{33}, *gätlinge* 403_2 durch Neidhart eingegeben, *gämlich* 406_4 auch in Österreich gebräuchlich vgl. Ottokar 4 2976 das Substantivum *gemlîche* 'Spass', das Adjektiv *glanz* 408_{10} ebenfalls aus Ottokar (94232) zu belegen, *lofen* 408_{22} noch heute dem österreichischen Dialekt eigen (vgl. auch Ott. 25515, 34893, 57354, 67912). Die Präteritalform *hiet* steht 406_{24}, 436_{29}. Vergleiche ferner *ſalzmen* 896_{29}. *ſarg* 396_{29}. *Damit entruochen mir nit* 413_{33}, *nun mueßen mir* 420_8. Imperativ *Pis* 419_{21}.

Charakteristisch sind die Reime.

Sie scheiden im allgemeinen *ei* und *ai*. Ja es reimen noch *î*, *ie* und *ei*, nämlich

394_5 f.	Müge gehaben als frölichen ſin Als die lieb und zarte fraue mein.
395_{26} f.	So wellen wir gen frölichen Die ſpilleut heißen pfeifen.
416_{34} f.	endleich : ſich
431_{16} f.	diemütigklich : peicht
448_{30} f.	Eckereich der leirat Auch ist Fridrauna gezieret.

Ich halte doch namentlich die erste Stelle für sehr bemerkenswert, obgleich die Reime, wie ich sofort hinzufüge, gewisse ganz bestimmte Ungenauigkeiten, aber mehr in Bezug auf die Konsonanten zeigen. Daneben stehen zwei Fälle, in denen doch *ei* und *ai* gebunden sind. (Ein dritter 413_9 f. *ſchalmeien* : *raien* gehört nur scheinbar[1] hierher):

498_{34} f. So heiß ich der Hebenſtreit
Vnd pin auch also verhait.

449_{14} f. Er (der Wein) ist ſaiger vnd vnrain.
Den hat mein herr in dem vaſſe ſein.

Es ist vielleicht ein Zufall, dass die beiden ersten Verse in unsern Fastnachtspielen noch einmal und zwar ganz rein gebunden erscheinen, nämlich 398_{34} in Stück 21 (dem kleinen Neidhartspiel) 196_{34} f.:

Hort, ſo heiß ich der Hebenſtreit.
Neithart, wer dich, wann es iſt zeit.[2]

Die ganze Partie 449_{8-15} aber begegnet auch (56) 484_{20-27}, wo die letzten beiden Verse lauten:

Er iſt ſäger vnd vnrain.
Den hat mein herr vor der helle gemain.

Man mag diese Thatsache irgendwie verwerten oder nicht, jedenfalls kommen in dem sehr langen Stück zwei so zweifelhafte Fälle nicht in Betracht. Und ich finde für die sonst höchst sorgsame Scheidung von *ei* und *ai* und die Bindung von *ei* mit *ī*, *ie* keine einfachere Erklärung, als dass dem Dichter *ī* als der korrekte Vokal galt, er *i* in Sprache und Schrift bevorzugte, aber doch durch seinen Dialekt gelegentlich verleitet wurde, dafür *ei* zu gebrauchen. Es sei gestattet, eine scheinbar fernliegende Beobachtung einzuschieben.

In Vintlers „Blume der Tugend“ finde ich in 1000 Versen, die ich beliebig herausgreife, also V. 4274—5275 nach Zingerles Text, 91 Reimpare mit *ei* oder *ai*, nämlich 40 Mal *ei* : *ei*, 42 Mal *ai* : *ai* und ausserdem die folgenden Fälle:

4550 f. *ſich* : *reich*.
4624 f. *ſich* : *göteleich*.

---

[1] Vgl. jetzt Wrede ZfdA. 39, 257 ff.: Die Entstehung der nhd. Diphthonge.

[2] Aber (62) 550_{32} f.: Nu wer dich wundrer! Es ist zeit.
Dir wirt der ſtrick ſelbs um geleit.

4700 f. *im : ſein.*
4740 f. *ſein : hin.*
4805 f. *im : ſein.*
4956 f. *froleich : mich.*
4974 f. *chaiſerin : pein.*
5010 f. *was chans geſchaden? ich lueg darein : mein man der wirt ſein nimmer inn.*
4274 f. *ſein : hin.*

Dagegen nur 4950 f. *ſein : rain* (lies *vein*??), also etwas über 1 %. Dazu halte man ferner Bindungen wie 4290 f. *Philiſteim* (den Philistern) : *ſein*, 4300 f. *Philiſtim : im.* Es scheint mir daraus mit Sicherheit hervorzugehen, dass Hans II Vintler — denn dieser wird doch wohl der Dichter sein (Zingerle S. XIV seiner Ausgabe gegen ZfdA. X 25 f.[1]) — noch *î* schrieb und sprach. Hans Vintler starb 1419. Die Handschriften haben durchweg *ei*. Die ältesten gehören nach Zingerle der ersten Hälfte des 15. Jahrhunderts an. Nun sprach man aber bekanntlich im bairischen Gebiete vielleicht schon im 12. Jh. hie und da, sicher aber Ende des 13. Jhs. überall bis auf die Alemannien unmittelbar angrenzenden Gebiete *ei* (vgl. Weinhold Bair. Gr. § 78); auch in Tyrol, wie eine Urkunde des Grafen Meinhart 1283 (Meichelbeck II No. 179) wohl beweist. Auch haben die Handschriften aus dem Ende des 13. und dem 14. Jh. meistens *ei*, seltner *i*. Die Dichter beginnen in der zweiten Hälfte des 13. Jhs. altes *ei* und *î* zu reimen; es fragt sich, wie das im Einzelfalle zu beurteilen ist. Jedenfalls werden Dichter wie Vintler in ihren Originalaufzeichnungen nicht, wenn sie *î* sprachen, dem modernen Sprach- und Schreibgebrauch zu Liebe *ei* geschrieben haben; das wäre ein in der Geschichte der Orthographie unerhörter Fall. Mit andern Worten: es gab auch noch um die Wende des 14./15. Jhs. eine traditionelle mittelhoch-

[1] Allerdings macht Leitzmann in der Rezension von Vetters Sammlung 'Lehrhafte Litteratur des 14. u. 15. Jhs.' (Litteraturbl. f. germ. u. rom. Phil. 1889 Sp. 405 f.) dem Herausgeber zum Vorwurf, dass er Hans Vintler für den Verfasser des P. d. t. halte; aber ohne seinerseits für Konrad Gründe zu bringen.

deutsche Schrift- oder wenigstens Dichtersprache, die von den Abschreibern in der Regel einfach in die moderne Prosasprache, die dialektisch gefärbte Sprache der Urkunden, umgesetzt wurde. In dieser vornehmeren Dichtersprache war auch Stück 53 verfasst, in dem der Dialekt gelegentlich durchbricht. Zu derselben Auffassung ist für Ottokars Reimchronik neuerdings Seemüller gelangt (Mon. Germ. hist. Deutsche Chroniken V, 1. Einleitung S. CXII f.)[1]. (Schrieb 𝔈 oder schon seine Vorlage *𝔈 *î* in *ei* um, so lässt sich vermuten, dass gelegentlich auch Fehler unterliefen vgl. 394_{16} f.:

Der ſol von ir haben den lon,
Das er ſi (Hs. ſei) das ganze jar
Hofier[n] mit der jungfraun ſchar.

Ebenso 438_{25} *ſei* für *ſi* (*ſie*). Vgl. dazu Erlauer Spiele hsg. v. Kummer S. XVIII. XXIII.)

Zu diesem Schluss auf die Sprache des Originals stimmt mhd. *iu* (*ü*) im Reim: 449_{20} f. *künden* : *freunden.* Auch wird wirklich *friunt*, *friundin* (462_{10}, 463_{24}, 455_{31}) geschrieben, eine ja allerdings länger als in andern Wörtern festgehalten Schreibung. Auch *hiuen* 464_{15}. Mit *tuir* 421_{22} mag es eine andere Bewandtnis haben. Ebenso darf man wohl kaum *gepütt* 406_{2} (*was die gepütt das thuon ich*) heranziehen. Nicht widerspricht 421_{1} f. *gau* : *neu*; denn was heisst:

Mein vetter Englmair iſt ſo neu,
Das er der red von euch nit leidt —?

Gemeint ist offenbar das seltene *nou* (*nouwe*, „sorgfältig, genau"), vielleicht *nöu* : *göu* (vgl. Vrîdanc 122_{11} in a: *niemant alſo genöuwe ſchirt, ſô da ein gebûr ein herre wirt*). Das Wort ist allerdings nur mitteldeutsch belegt: „Im korrekten Mhd. findet es sich noch nicht, doch vgl. *nauigo* Graff II 1053" (Zarncke Mhd. Wb. II, 1, 418^{b}). Das Pronomen heisst *eu* oder *euch* (D. pl.); im Femininum ist *-u* und *-eu* geschrieben, für letzteres ein paar Mal fehlerhaft *-en.*

[1] Meine Ausführungen sind im Wesentlichen vor Erscheinen der Seemüllerschen Einleitung niedergeschrieben, nachträglich nur leise verändert unter Benützung dessen was ich mir aus Seemüllers Einleitung aneignen konnte. Ich kann mich nur freuen in vielen Punkten mit Seemüller zusammenzutreffen.

Nicht so scharf ist *au* von *ou* (< *û*) getrennt. Es begegnet *frau* : *pau* (*bûwe*) 435 24 f. — das könnte noch altbairisches *pouwen* sein (Weinhold Bair. Gr. § 99) —, *auen* : *pauren* 421 7 f., *gaumen* : *pfraumen* 421 15 f., *erlaubt* : *Madenhaut* (schwerlich in *Madenhaubt* zu verbessern) 421 7 f. und häufiger *auch* : *rauch* (*rûch*) z. B. 403 27 f. 327 24 f. u. ö. Dazu vergleiche man was Seemüller über die Bindung *u* : *ou* bei Ottokar bemerkt (S. CXII) und bei Vintler aus dem vorhergewählten Abschnitt 4332 f. *lauf* : *hinauf*, 4774 f. *auf* : *lauf*. Ein Blick in Weinholds Bairische Grammatik (§ 100) lehrt, wie häufig die bairischen Reime von *û* und *ou* namentlich vor *m*, *b*, *f*, schon frühe sind. Die Erklärung liegt, denke ich, darin, dass mhd. *û* und *ou*, wie ja auch die Schreibung andeutet, allenthalben oder wenigstens auf einem grossen Teil des Gebiets zusammengefallen waren (z. B. niederösterreichisch vgl. W. Nagl, Da Roanad, Eine Übertragung des deutschen Tierepos in den niederösterreichischen Dialekt. I. Teil. Grammatische Analyse d. n.-ö. Dial. S. 455 § 67), während *î* und *ei* bis auf den heutigen Tag geschieden blieben. Vor Labialen entwickelte sich bekanntlich *û*, *ou* noch gemeinschaftlich weiter. Den Dichtern, die der alten Tradition folgend eine (scheinbar alemannische) Dichtersprache verwendeten, bot bei *ei* und *ai* ihr Dialekt eine bequeme Handhabe für die strenge Zurückführung auf den älteren Standpunkt, nicht so bei *ou* (= *û*) und *au* (= *ou*). Daher das allgemein verbreitete bairische *ſoufen* neben *ſûfen*, das aus dialektischem **ſâfen* gemacht sein wird nach Massgabe von **lâfen* = *loufen*. In den Erlauer Spielen begegnet einmal *trourigen* mit *ou* neben sonstigem *au*, wie Kummer richtig bemerkt (Erlauer Spiele S. XXVII), darthuend, dass so in der Vorlage stand, die aber sonst, wie kaum zweifelhaft sein kann, wenigstens *î* schrieb. Man neigte natürlich hier im Zweifelfalle zu dem neuen Diphthongen; daher ist es nicht besonders auffällig, dass umgekehrte Abirrungen kaum aufzufinden sind. Doch wird zu ihnen doch wohl das durch Reimzwang veranlasste *tû* = *tou* bei S. Helbling 12 50 gehören.

Vielleicht lässt sich auch Folgendes heranziehen. Seemüller spricht in seiner Einleitung zu Ottokars Reimchronik

(Monum. Germ. hist. Deutsche Chroniken V, I) S. CXII von der Verwandlung des alten *ou* in *ae* im Dialekt Ottokars, der *urlœbe(n)*, *erlœbe(n)*, *gelœbe* mit *gœbe(n)*, der Konjunktivform, reimt, ferner *gœmen* (für *goumen*): *kœmen, gœme* (*goume*) : *ſchrancpœme* (*-boume*). Die Hss. schreiben jenes *œ* für *ou*, gewöhnlich *á*, *ë*, *e*. Die umgekehrte Verwandlung von *œ* in *au* findet sich scheinbar in unserm Stück, wo einer der Bauern *Schnabelrauß* heisst (im Reim zu *laus* 379,24 u. ö.). Das ist natürlich *snabel-rœze*. Es liegt offenbar derselbe Lautprozess vor wie bei Ottokar, aber umgekehrte Schreibung. Nur kompliziert sich hier der Vorgang. An einen Übergang von *ou* in *œ*, der bisher in österreichischen Dialekten meines Wissens nicht nachgewiesen ist, vermag ich nicht zu glauben. Vor der Hand ist mir, obgleich Seemüller eine Warnungstafel aufgestellt hat, am Wahrscheinlichsten, dass Ottokar mhd. *œ* und mhd. *ou* wenigstens vor Labial schon als *ā* sprach und aus einem *ā* seines Dialektes den schriftsprachlichen Laut, — wie der Augenschein lehrt, nicht immer richtig — rekonstruirte. Mit den Reimen *geeft* : *kœft* (= gekauft) 87654 und *urlœb* : *steb* 28211 weiss ich mich allerdings nicht in entscheidender Weise abzufinden. Doch vergleiche Sterzinger Spiele VI 65 f. (= XXIV 143 f.) *Sy kinder, weder mainz, ich wolt enckh affen, Das ir die ſalben nit welt kaffenn?* Für unser Stück lässt sich jedenfalls mit einem Übergang von *ou* in *œ* nicht rechnen; denn das Reimwort *laus* enhält nicht *ou* sondern altes *û*. Wie man sich auch drehen und wenden mag, so erhält man einen unreinen Reim. Man kommt am Glättesten durch die Schwierigkeiten, wenn man annimmt, dass der Dichter ein dialektisches *Schnabelrāß* auf den vermeinten schriftdeutschen (mhd.) Standpunkt zurückschraubte, dialektisches *laus* aber beibehielt. Dass *œ* den Laut *ā* hatte, beweist vielleicht auch die Schreibung *Gábein* (*Gawein*) 405 33. Derselbe Bauer — oder ist es doch ein anderer? — heisst übrigens auch *Schnabelrauch* (: *auch*). *Engelmair* für *Engelmâr* in unserm Stück kommt nach Ausweis der Reime lediglich auf Rechnung der Handschrift. Auf ganz grobe dialektische Aussprache schon des Dichters deutet aber der Reim *berait* : *spat* 455 14 f., wo wohl nicht mhd. *ei* mit mhd. *â*, sondern mit mhd *œ* gebunden ist. Doch reimt mhd. *æ* und *â* 416_{5} *trät* : *rat*, was kein dialektisch genauer Reim ist. *a* : *o* begegent einmal *herzog* : *tag* 394,27 f., auch kein genauer Reim, aber doch in bair.-österr. Dichtungen schon des 13. Jhs. gang und gäbe. Überhaupt wird bei Betrachtung der spätmhd. Texte das Bemerkenswerteste sein, was die Dichter an dialektischen Reimen meiden. Nach den später so beliebten, namentlich auch bei den Nürnbergern verwandten Reimen mit *tân* (*tôn*, gebunden etwa mit *lân, lôn*) sucht man vergeblich. Ottokar hat bereits *tân*, und er nach Weinhold (B. Gr. § 301) zuerst. In unsrem Stück heisst es noch *thûn*. Man darf es deshalb freilich nicht gleich vor Ottokar setzen; aber beachtenswert ist es doch.

Dialektische und unreine Reime:

1. *m* : *n* (vgl. Kummer, Erlauer Spiele S. XX, Seemüller Ottokar S. CXIV).

wuneſam : *han* 411_{32} f.
haim : *allain* 396_{24} f.

2. Differenz eines auslautenden *n* (vgl. Kummer, Seemüller aaO.).

êrn : *herr*[*e*] 456_{23} f.
meren : *here* 446_{10} f.
helle : *geſellen* 442_{36} f.
zerſnitten : *mitte* 441_{1} f.
tritten : *ſitte* 446_{8} f.
du : *thûn* 431_{12} f.
thûn : *zu* (l. *zû*) 413_{16} f.
klee : *ſten* 418_{16} f.
neu : *gereuẹn* 456_{13} f.
ſein : *pei* 465_{25} f.
vil : *ſpiln* 430_{67} f.
beginnen : *minne* 405_{24} f.
beſinnen : *minne* 405_{35} f.
Zeiſlmaur : *paurẹn* 465_{18} f.
abe : *haben* 412_{35} f.
jungen (l. *junc*?) : *vorſprunge* (l. *vorſprunc*? 420_{17} f.)
ſitten : *mitte* 451_{21} f.
herzoginne : *gewinnen*? 422_{34} f.
hofſitten : *vortritte* 395_{23} f.
peſſer : *leſter n* 423_{14} f.
drei : *prein* 396_{6} f.
ſchaiden : *laide* 426_{3} f.

3. Differenz eines auslautenden *t* (vgl. Kummer a. a. O. S. XX).

tanzt : *roſenkranz* 395_{32} f.
ich : *ſpricht* 406_{2} f.
viel : *pehielt* 420_{27} f.
diemûtigklich : *peicht* 431_{16} f.

gewiß : *iſt* 462$_{23}$ f.
wol : *ſold* 462$_{27}$ f.
ungemach : *gedacht* : *pracht* 458$_{8}$ ff.

4. Differenz eines inlautenden Konsonanten (vgl. Kummer a. a. O. XXI). Unser Spiel ist ungenauer als Ottokar (Seemüller a. a. O.).

erlaubt : *Madenhaut* 402$_{2}$ f.
tat : *habt* (*hât*?) 467$_{2}$ f. 450$_{2}$ f.
empfacht (*empfât*?) : *lat* 394$_{31}$ f.
allzeit : *leicht* („leiht“) 435$_{10}$ f.
Pernhart : *ſchad* 432$_{10}$ f.
Neithart : *tat* 459$_{26}$ f.
rat : *gelert* (l. *gelart*) 434$_{9}$ f.
fraun : *paurẹn* 436$_{1}$ f.
wor[*de*]*n* : *torn* 438$_{7}$ f.
vinden : *innen* 410$_{33}$ f.
verderbt : *gefert* 426$_{29}$ f.
habt (*hât*?) : *tat* 425$_{20}$ f.
ſtat : *habt* (*hât*?) 462$_{5}$ f.
geweihẹt (*-cht*?) : *peicht* 435$_{28}$ f.
zuckten : *ſtucken*? 466$_{4}$ f.
paun : *paurẹn* 436$_{1}$ f.
auen : *pauern* 421$_{7}$ f.
mör[*de*]*n* : *erzürn*[*en*] 443$_{19}$ f.
ſtalle : *kalbe*? 436$_{21}$ f.

5. Verschiedene Medien (Kummer a. a. O. XXI. Unser Spiel ist ungenauer als Ottokar).

peleiten : *vermeiden* 420$_{21}$ f.
vegen : *geben* 427$_{8}$ f.
ande : *lange* 458$_{31}$ f. (vgl. Kummer S. XXI)
ſteig : *neid* 442$_{23}$ f.
treiben : *leiden* 453$_{1}$ f.
ab : *tag* 439$_{31}$ f.
ſchweigen : *treiben* 454$_{3}$ f.
Milchfridel : *Hellrigel* 445$_{31}$ f.

6. Verschiedenes.

a) *herzog* : *tag* 394$_{27}$ f.
gürtl : *pörtl* 396$_{8}$ f.
hold : *verſchuld*? 429$_{12}$ f.
vilz : *gehülz* 428$_{4}$ f.
halten : *ſchelten* 456$_{11}$ f.
ſtille : *alle* 460$_{11}$ f.
reſche (doch wohl *riſche* : *friſche* 457$_{28}$ f.
muemen : *komen* (l. *kumen* und so natürlich überall, wie auch der Reim zu *frummen* zeigt) 426$_{17}$ f.
geſig : *krieg* 399$_{4}$ f.
trät : *rat* 416$_{5}$ f.
mör[*de*]*n* : *erzürn*[*en*] 443$_{19}$ f.
berait : *ſpat* 455$_{14}$ f.
meingen : *pringen* 441$_{38}$ f.
allen : *willen* 460$_{24}$ f.
ligen : *kriegen* 429$_{26}$ f.
ſchauen : *freuen* 464$_{25}$ f.

b) (*Wegenprant* : *alſampt* 403$_{17}$ f.)
geben : *jehen* 425$_{9}$ f.
gelihen : *verzigen* 461$_{12}$ f.
Ackertrapp : *Maulaff* 445$_{37}$ f.
volgen : *ungemolchen* (*lg*?) 437$_{22}$ f.
frolichen : *pfeifen* 395$_{26}$ f.

diern : *piegen* 400_{11} f. *peſſer* : *leſtern* 423_{14} f.
liſt[*e*] : *erwiſch*[*e*]*t* 460_{17} f. *bewarn* : *kragen*? 443_{2} f.
veioln : *lon* 394_{15} f.
c) *Swertfeger* : *tegen* 426_{38} f.

(Eine Reihe falscher Reime sind deutlich erst durch die Überlieferung hineingebracht 396_{29} *nicht* (st. *nit*) : *gedicht*: 399_{18} *Milchfrid*[*el*] : *mit*; 399_{22} f. *Engelmar* (so überall statt *-mair*) : *ſchar*; 399_{14} f. *kund* (st. *bekant*) : *mund*; 418_{34} *nicht* (st. *nit*) : *geſchicht*; 434_{26} f. *geſendt* (st. *geſandt*) : *convent*; 437_{10} f. *ſchlân* : *vân* (st. *vahen*); 438_{9} *nicht* (st. *nit*) : *pöswicht*; 439_{1} f. *geſprachen* (st. *geſprochen*) : *prachen*; 440_{27} f. *gewunden* : *gepunden*; 440_{12} *machen* : *geſchwachen* (st. *geſchwechen*); 440_{14} f. *gefân* (st. *gefahen*) : *getan*; 396_{33} f. = 448_{12} f. lies:

Si treten in hin ûf den zehen,
Daz ſi nit ûf den verſen gên — ?

450_{6} f. *gericht* : *nicht* (st. *nit*); 443_{9} f. *nicht* (*nit*) : *getícht*; 457_{26} *geweſen* (st. *geſen*) : *geneſen*. 423_{24} vielleicht:

Durch dîn getriuwe ritterſchaft
Vnd durch den dienſt, daran (?) du ſtâſt.

Auch 456_{9} f. wird verdorben sein. (Anderes ist bereits oben verbessert.)

Auch die Verstechnik steht der guten mittelhochdeutschen noch relativ nahe. Ganze Stellen lesen sich glatt; an andern freilich hat man bessernd einzugreifen, doch hiesse es das ganze Spiel neu herausgeben, wollte ich das hier exemplifizieren. Goedeke (Grundriss I² 326) scheint an gelegentliche Interpolationen zu denken: ich finde dafür aber keinen Anhalt. Bloss metrische Kriterien verfangen nicht. Auch dass es zum grossen Teil die Reden der Bauern sind, in denen sich überladene Verse finden, hat nichts Befremdliches und braucht nicht dem Original zur Last gelegt zu werden. Ein Abschreiber, der nicht rein mechanisch verfuhr, musste sich hier am meisten in seinem Element und versucht fühlen, gelegentlich ein kräftig Wörtlein einzuspielen, eine Wendung zu modernisieren. Für einen besonders charakteristischen Fall des Zusetzens halte ich die standesgemässe Anrede *gnädiger herr* für *herre* oder nichts der Vorlage. (Vgl. dazu Kummer, Erlauer Spiele S. XXIV).

Einhebige Reime (Typus: 4 ⌣) begegnen neben zweihebigen (3 ×́). Schon der König Laurin zeigt diesen Wechsel, obwohl 3 ×́ überwiegt. Aber - × ist doch schon mit ⌣ × gebunden, wenn auch nicht häufig, z. B. 398 13 f.:

Wolt ir nit verzagen,
So wolt ichs mit euch wâgen.

Es ist auch eine andre Atmosphäre als in den andern Spielen, in der wir uns bewegen. Fürsten, Grafen, Herren, Ritter und Ritterskind sind als Zuschauer gedacht, Kaufleute nur bedingt zugelassen;

Auch kaufleut die mit hübeſchheit
Sich zieren künen in hôhe kleid
Und darnâch künnen wol gepârn.

Es ist also ein höfisches Spiel. Auch die Terminologie des Minnesangs ist noch in vollem Schwange, nicht etwa lediglich zur Persifflierung verwertet, sondern ganz naiv angewendet. Der Einschreier ist der *pote* der schönsten Frau. Gott hat *in aller kristenheit* keine schönere geschaffen, heisst es mit bekannter Übertreibung; bei den Bürgerlichen genügt, dass die Geliebte die Schönste ist *von Beiern unz in Franken* oder ähnliches. Dass man in ihrer Schar manche schöne Frau findet, heisst ganz stilgerecht: man finde *manig rôten mund* (394 27 . 31).

Waz mag dann peſſer geſîn,
Wan da mund lacht gen mündelîn?

heisst es. *minne* wird noch ohne Bedenken verwendet, was im Lauf des 15. Jhs. bedenklich, im 16. Jh. beinahe unmöglich wurde (vgl. Haupt zu Engelhard 977 f. Milchsack, Beiträge V 288 f., Euling, 100 Priameln 18, Kaufringers Gedichte S, II). Der Ritter pflegt der Minne mit *dienſt und mit beſcheidenheit* (404 16); wenn er sich einen *pûlen* wählt — dieser moderne Ausdruck ist doch schon durchgedrungen — so geschieht es unter dem Beding, dass

doch ir êr wær wol bewart (404 28).

Er wirbt auf *gûten wân* (405 13). Sie *trôstet ſeinen ſennden mût* (405 31). Darf er in ihrem Bett

> Gar taugentlich[en] erwarmen
> Vnd umbefân mit [leiplichen] armen (405 20 f.),

so *will er tragen hôhen mût* 405 15. Die Geliebte ist

> aller eren und tugend ein vaz (405 3)

oder:

> aller tugend glas,
> ein kron, ein plûm, ein adamas
> junkfraulîcher zucht und gût
> und an êren hochgemût (406 13 ff.).

Nichts ist an ihr vergessen; alles steht nach Wunsch (vgl. Scherer, Deutsche Studien II 39 ff.; Lehfeld, Beiträge II 371 ff.; Gottschau, Beitr. VII 381, 384). Ihre Güte bezwingt sein Gemüt (407 3). Folglich soll sie ihre *hilfe ſchein tûn* 407 5 (vgl. Meyers Sammlungen ZfdA. XXIX, 158).

Auch für die Schilderung des Frühlings (410 20 ff.) wird die Terminologie des Minnesangs ausgenutzt (vgl. Meyer ZfdA. XXIX, 193 ff.). An Neidhart von Reuenthal selbst erinnert verhältnismässig wenig, an die in jeder Beziehung jüngere Gestalt der Legende im Neidhart Fuchs fast gar nichts.

Vgl. 414 13 f.

> Wâffen mir heut und immer mer,
> Wâfen mîner grôzen êr . . . .

mit Neidh. Fuchs, Bobertag S. 146

> Waffen vber mich tummen,
> ſprach Neithart, daz ich wer tod . . .

414 29

> Der an mir daz laſter hât getân

Neidh. Fuchs, Bobertag S. 157

> Das laſter das er hat getan.

413 36

> Ach Neithart, waz haſtu getân?

Neidh. Fuchs, Bobertag S. 156

> her Neithart, was hapt ir getan?

Zu dem Minnegruss 409 4 ff. vgl. Uhland Schriften III, 243 ff. Beachtenswert ist die Ähnlichkeit mit der zweiten

Strophe von Hans Sachsens „Buhlscheidlied“ (Dichtungen hrsg. von Goedeke u. Tittmann I, ² 4). Vgl.:

Neidhartspiel.	Hans Sachs.
409 10 Got grüez [euch] iur spilende öuglîn klâr	21 Gesegent feint dein euglein klar
Darbî iur wenglîn wolgefar	Vnd auch dein kelen weiße!
. . . .	Gesegen dir got
16 Got grüez iurn rubînroten mund	auch deinen rosenfarben munt
. . . .	
20 Got grüez iuwer gelbez har	und auch dein gelb geflochten har,
Daz ift gefchickt nach wunfche gar	
Got grüez iur helslîn hermînwîz	dein brüftlein ziert mit fleiße!
Daz got gefchuof mit ganzem flîz.	

Dass Hans Sachs, der bekanntlich im Alter selbst ein Neidhartspiel dichtete, unser Stück in der Jugend aufgeführt sah, hat nichts Unwahrscheinliches.

431 7 ist offenbar eine Reminiszenz an Berthold von Regensburg. Die Teufelspredigt (439 20 ff.), mit ihrem Zugeständnis (439 33 f.):

Die bûrschaft hôch ftîget
Vnd ritterschaft nider fîget,

gemahnt an die Satiren auf den Kleiderluxus der Bauern seit Meier Helmbrecht und Verwandten. Überhaupt reiht sich das Stück in die Dichtungen ein, die mit den ritterlichen Kreisen sympathisieren und Partei ergreifen gegen die Bauern, ohne die Tendenzen des Bürgerstandes zu vertreten. Die Teufel selbst, geschickt verwertet, sind offenbar notwendiges Requisit von andern Dramen übernommen. Dass 449 3-15 = (56) 484 20-27 ist, ist schon erwähnt. Über die Priorität lässt sich nichts anmerken. Vielleicht entlehnten beiden Stücke aus einem dritten. Der Knecht, der im Ton der Anpreisung den Wein seines Herren schmäht, erinnert an Rubin, den possenhaften Knecht des Salbenkrämers im geistlichen Drama.

Für die Entwicklung der Neidhartsage ist unser Stück von R. M. Meyer ZfdA. XXXI. 64 ff. nicht beachtet worden,

447 20 f. *Künd er die list, die der fux kan, Er mag uns nimer entgan* ist vielleicht für die Entstehung des Neidhart Fuchs nicht ganz unwesentlich[1].

---

[1] Lier hält Stück 21 für älter (Stud. zur Gesch. d. Nürnberger Fastnachtssp. I, 53 Anm. 1). Daran ist schon des Inhalts wegen schwer zu glauben. Dass Engelmaier hier gleich auf Stelzen auftritt (193_{31} ff.) zeigt, dass „Engelmaier auf den Stelzen“ bereits eine typische Figur geworden ist. Die Geschichte von der Salbe, auf die 196_5 ff. anspielt, erzählt das Volksbuch auch (XIV, V. 1452 ff. = Bobertag, Narrenbuch S. 203 ff.), aber gänzlich abweichend. Über Reime und lokale Beziehungen s. u. Der Stil erinnert allerdings auch noch an die geistlichen Spiele. So treten die Ritter auf in der dort üblichen Weise (vgl. Wirth, Oster- u. Passionssp. 153 ff.). So erscheint der Teufel und freut sich der erschlagenen Bauern. Der Bauer klagt über den erschlagenen Bruder wie die Grabeswächter bei der Auferstehung: *Wafen jo vnd imer wafen! Wie han ich heut ſo lang verſchlafen!* (197_{10} ff.) vgl. Wirth 107 ff., wozu ich anmerke, dass in der ältesten mir bekannten Stelle der Formel Erec 4037: *ſtille ſchrei er 'wâfen! Wir haben uns verſlâfen. Wol ûf mîne geſellen; Die mir helfen wellen!'* — auch die letzten beiden Verse auffällig an eine Formel der geistlichen Spiele anklingen. Vgl. auch Kudrun 1360 *Ludwîges wahtære krefticlîchen rief: 'Wol ûf ir ſtolzen recken! wâfen, herre, wâfen! Ir küene von Ormanîe, ja wæne ich ir ze lange habet geslâfen'.* Auch der Arzt begegnet wie in den geistlichen Spielen (197_{22} ff.). Mit dem Namen Laurein weist das Stück doch wohl zugleich auf Bekanntschaft mit der Heldensage und auf tyrolische Tradition. Die Verse 195_{28} f. begegnen im König Laurin als stehende Formel: 73 f. *Der müeſte mir lâzen ſwæriu pfant, Den zeſwen fuoz, die linke hant* vgl. 261 f. 379 f. 401 f.; vgl. ferner im Sterzinger Spiel vom König Vayel (XI) 657 f.: *Der mues durch irn willen laſſen ain pfant Den rechten fues vnd die linckke hant,* Spiegel v. Hermann v. Sachsenheim *Küng Laurin der vil clain kund nit ſo ſueſſes grueſſen, Do er von henden vnd fueſſen Dem Berner ieſch ein pfant, Dietleiben vnd meiſter Hiltbrant Zu Tirol in den roſen.* (Martins Einl. S. 31). Auf die Formel 196_{34} f. ist schon oben im Text hingedeutet. 153_{19} f. begegnet auch im Sterzinger Neidhartszenar Q XXVI S. 244. 194_5 f. ebenda S. 246 u. ö.

Stück 54.
(Vom Tanawäschel.)

Die Reime tragen ausgesprochen bairisch-österreichischen Charakter.

469_{21} f. *ſchaur* : *ungeheur* (vgl. W. Helmbr. 1783 f. *ungehûr* : *gebûr,* Parzival G., Weinhold, Mhd. Gr. § 186); 472_{1} f. *ſpeiben* : *pleiben* (Weinhold, Bair. Gr. § 125); 472_{5} f. *innen* : *ſingen* (Weinhold, Bair. Gr. § 170); 472_{10} f. *kloſter* : *laſter*, 472_{26} f. *man* : *thuon* (Inf.), 473_{27} f. *lan* : *thuon* (Inf.), 473_{32} f. *man* : *enthuon* (1 Ps.). Der älteste Beleg für *than* (*thon*) wäre nach Weinhold Ottok. c. 739. Vgl. zu Stück 53. 476_{18} *tod* : *hat*; 471_{28} f. *geporn* : *orden*; 474_{26} f. *worden* : *verlorn* (vgl. Ottok. c. 314). 472_{13} f. *here* (l. *her*?) : *perge* (*perg*?), 471_{8} *Mereberg* : *geverd*, 474_{13} f. *ſagen* : *haben*, 476_{10} f. *ſun* : *from*, 475_{27} *ſchonen* : *frommen*.

Es wird *ſargen* geschrieben (475_{10}). *chüche* (472_{18}), *cham* (472_{3}), *chumpt* (476_{18}), *richtend* (469_{9}), *friſtend* (475_{21}) scheinen nach Tyrol oder wenigstens den Alpengegenden zu weisen. Es begegnet noch *baidu* (469_{7}), *liebu* (472_{8}); zwar *worheit* (474_{23}), aber durchgehends auch *an, want. Tanawäſchel, fläſchel* (472_{16}) sind nach bairischer Art diminuiert; daneben *klöſterlein* (471_{18}). *ſult* (*ſült*) und *ſolt* gehen durcheinander.

ei und *ai* werden nicht gebunden, vgl. aber *au* und *ou*: 472_{18} f. *pauch* (*bûch*): *rauch* (*-ou-*), 471_{14} f. *pauen* (*-ûw-*): *frauen* (*-ouw-*). Einmal begegnet (475_{18} f.) *richtarin* : *mein.* Darf man daraufhin *î* für *ei* einführen? Das scheint doch unsicher. Da die rätselhafte Krankheit[1] ins Jahr 1414 gesetzt wird, so ist das Stück vielleicht ein paar Jahre später entstanden. Mit dem Mereberg 471_{8}, aus dem der Kauf-

[1] „Die Pest" sagt Weinhold in Gosches Jahrbuch S. 6; ich weiss nicht aus welchem Grunde. Eher dürfte nach 472_{15} ff. an Cholera oder nach 472_{1} f. an Influenza (Grippe) zu denken sein. *wäsche; wesche, wäschel (waschl)* bedeutet nach Schmeller ([1] IV, 189) 1) einen Wäscher namentlich den *badwaschl.* Übertragen: *ei, dass dir des henkers badwaschl den kopf zwag!* Ferner *kuchelwaschl.* 2) einen Menschen der plump, schleppend einhergeht; ebenso ein zu weites plumpes Kleidungsstück. Vgl das Adjektiv *waschat* schleppend, weit, unbequem.

mann herkommt, kann wohl kaum etwas anderes gemeint sein als der Markt Maremberg westlich von Marburg in der Steiermark, im Mittelalter sonst als Merenberch, Mernberch, Mermberg belegt, vgl. v. Zahn Ortsnamenbuch von Steiermark im Mittelalter S. 329[a]. Danach dürfen wir annehmen, dass das Stück aus Marburg stammt.

Die Verse sind nach mhd. Art gebaut: Synkope der Senkungen möglich, Fehlen des Auftakts möglich und sogar häufig. Es fragt sich, ob noch zweihebige Reime vorliegen. Im überlieferten Text fordert unbedingt diese Lesung nur 470 11

Eé ich ſu ließ wénkèn,

doch lässt sich leicht ein *hinnen* einschieben.

Folgende kleine Verbesserungen legt teils der Sinn teils das Metrum nahe: 469 1 *Es ſei* [*juncfrau*] *frawe oder man*; 469 2 *an* [*alles*] *gefär*[*t*]; 469 3 *kume*; 469 5. 17 *Herre*; 469 14 *Ich will euch* . .; 469 20 [*Und*] — *landen*; 469 22 *kain*[*em*]; 469 27 *Trewe, warheit unde ſtät*; 469 28 *hinweg*; 469 32 *han*; 470 1 *Darumbe*; 470 10 *setzt*; 470 12 *gebt*; 470 15 *unde*; 470 23 *nimmer mer* (?); 470 24 *darumbe*; 470 28 *dem*; 470 32 *ir ſolt*; 471 1 *Er käm mich villeicht auch* [*h*]*an*; 471 9 *an*[*all*] *gever*[*d*]; 471 12 *Er tůt mir in dem kopf ſwer*(?); 471 20 *Unde*; 471 24 *ain*[*en*]; 471 32 *unde*; 472 1 *unde*; 472 2 *Mocht wir nit*; 472 4 *pei*[*de*]*m*; 472 8 [*cloſter*]*frau*; 472 13 f. *her*[*e*] : *perg*[*e*]?; 472 14 *vom*; 472 13 *Hort* — *haltet*; 473 2 [*Sô*]; 473 3 *alſe*; 473 12 *Ainer*; 473 14 *ſtinket*; 473 15 *ain* [*rechter*] *fras*; 473 16 *dritte*; 473 20 *So hat der der jar ſovil*; 473 21 [*lenger*]; 473 25 *fürſprechen* (vgl. 473 34, 475 14); 473 27 *rede*; 474 11 f. *abſlahęn* : *hahęn*; 474 14 [*rat*]; 474 15 *waidenlicheſt*[*e*]; 474 18 *Darumbe*; 474 19. 24 *unde*; 474 25 *erde*; 474 29 *abſlagen* (: *fragen*); 475 10 *Darumbe*; 475 14 *Das ir mir* [*habt*] *verſagt ain*[*en*] *fürſprechen*; 475 19 *abgeſagt*; 475 23 *Darumb fall ich für eur füße*; 475 25 *du übeltätig*[*er*] *man*; 475 31 *erparmeſt*; 476 4 *mache*; 476 5 *ende*; 476 12 *menſche*; 476 14 *darumbe*; 476 15 *ſünde*; 476 16 [*Aber*]?; 476 19 *am*. Dazu ein paar Mal *g-* für *ge* und Ähnliches. Auffällig ist, dass sämtliche Verse, in denen der Name *Tanawäſchel* begegnet einen leichten, meist auch leicht zu hebenden Anstoss bieten. Ist der Name erst für einen andern eingesetzt?

Mhd. Redewendungen, die später in Vergessenheit geraten, begegnen wenige: 473_{9} *Ir ſült ſenften euren zorn*; *en-* als Negation 473_{33}. Zu 472_{19} f. vgl. 720_{14}, 732_{11}; Q XVII 267.

Das eigenartige Stück endet nach Art der Schwerttänze mit einer Hinrichtung, vgl. Müllenhoff Festgabe für Homeyer 132 ff., ZfdA. 18, 9 ff., 20, 10 ff.

Stück 56.

(Das Spiel von den bösen Weibern.)

Das Stück ist offenbar sehr schlecht überliefert: ein paar Mal ist der Reim gestört; von Metrik kann manchmal kaum noch die Rede sein. Gleichwohl schimmert mhd. Verstechnik durch, namentlich das Fehlen der Senkungen: *Hérre, ích heiß Gúmprécht; Ích gén gérn zu dir; Dés ſölt du ſicher ſein* u. s. w. Die zweisilbigen Reime sind, scheint es, zum Teil als zweihebig zu fassen.

Das Stück weist nach Tyrol:

> Wan von dem Intal pis an [dem] Rein
> Mag mein geleich nicht ſein,

sagt 489_{18} f. Weinzunge von sich. Dazu stimmen die Reime: 482_{11} f. *üppigkeit* : *gät* (d. i. *gât*; z. B. Vintler Plům. d. tugend 393 f. reimt *ſnödichait* : *hạ̊t* vgl. Weinhold Bair. Gr. § 44); 484_{15} f. *thuon* : *zuo*; 486_{17} ff. *dank* : *Pinkenpank* : *pfand*?; 486_{29} f. *wan* : *allain*; 487_{4} *verre* : *gerrne*; 488_{1} f. *thün* : *nun*; 491_{18} f. $_{24}$ f. *zue* : *küe* („Herrschend ist *üe* = *uo* im Zillerthal und im Stubai, auch im Tiroler Mittelgebirge zeigt es sich", Weinhold Bair. Gr. § 109); 491_{13} *Luciper* [*meinen geſellen*] : *emperẹn*; 492_{23} f. *Nimerguot* : *ſtuet*; 493_{9} f. *muot* : *ſtuet* (Plural vgl. 491_{25} *ſtuet*, $_{19}$ *ſtüeten*); 409_{26} f. *ſpringen* : *gewinnen*. Übrigens sind die Reime ungenau: 490_{14} f. *röcke* : *köpfe*. *t* ist mehrfach abgefallen und zugesetzt, wo es nicht hinzugehört.

ai und *ei*, *au* und *ou* sind im Reim nicht gebunden. Man könnte also vermuten, dass noch *î* im Original stand, etwa 486_{71}:

Wir wellen dörthin gên zum wîn.
Frow Gattenkling gêt mit uns hin[ein]?

Doch ist das gänzlich unsicher. Das Original schrieb *vih* (: *hie* 492 34, 493 16 f.), die Hs. hat überall *vich.*

An die grotesken Teufelszenen der geistlichen Spiele erinnert unser Stück, das merkwürdig heidnisch berührt und auf das ich in anderm Zusammenhang zurückkomme. *Pinkepanck*, hier als *Weinschenk vor der Heln* eingeführt, ist sonst wohl volkstümlicher Name des Schmiedes, vgl. Lauremberg Scherzged. (1) S. 7. *De Schmieddeker dem Schmidt antwort: du Pinckepanck, Men kan genochſahm ſehen an dyner ſchwarten Keke, Dat du dem Düvel biſt gelopen ut der Bleke.*

Wörtlich bis auf Kleinigkeiten stimmt 484 20-27 zu (53) 449 8-15. (Vgl. dazu Wirth, Oster- u. Passionsspiele S. 173 ff.). Sehr ähnlich wie in (54) 475 3 f. ist die Einführung des Knechtes 483 17 f., wozu man das bei Wirth a. a. O. S. 174 Bemerkte halte. Dann ist die Frage nach dem Namen 483 19 f.:

Und ſag mir wie piſtu genannt,
Das mir dein nam werd bekant,

ähnlich dem Innsbrucker Spiel 477 f.:

Du ſalt mir ſagen alzuhant,
Wye dein name ſye genant.

Und Gumprecht antwortet auch mit ähnlicher Ironie wie Rubein. Pinkepank will mit ihm *kürzweilen*,

Daß du von mir lieber wärſt ein meilen,

wie der Krämer dem Rubein solchen Lohn geben will,

daz er daz jar nicht kunde ubir leben.

(Wirth S. 179). Er begrüsst die alten Vetteln, wie der Krämer die drei Marieen:

Seit wilkomen ir drei frauen!
Mein knecht und ich wellen euch gern ſchauen.

(Innsbr. Sp. 833 f. Got grüez euch ir drei frawen!
Waz iſt euch in den auwen?)

Sie tanzen, wie wohl gelegentlich Maria Magdalena, und der Schluss wird zu einer Schlägerei gewendet, ähnlich wie in den Krämerszenen der geistlichen Spiele eine Schlägerei zwischen dem Krämer und seinem Weib den Knalleffekt bildet. Die Teufel werden mit der in den geistlichen Spielen beliebten Formel zusammenberufen:

Wol her, wol her aus der hellen,
Allen mein lieben gesellen!

wofür Wirth S. 188 f. die Belege zusammengestellt hat. Diese und die beiden folgenden Verse (492 8-10):

Und allen mein genoßen,
Die mit mir wurden verstoßen,

über die Wirth S. 192 f. zu vergleichen ist, finden sich im 4. Erlauer Spiel 26—29 ebenfalls verbunden. Die alten Weiber berühmen sich wie Meister Vivian in den Fastnachtspielen; sie können *mit hübslichen sachen* (vgl. (82) 679 15, (98) 751 16) Jungfernschaft verlieren lassen und wiederschaffen vgl. (82) 689 19 ff., Innsbr. Sp. 708—721, Erlau III 620—622. Offenbar ist für das ganze Stück die weitverbreitete Erzählung 'Von einem zornigen Weib' Quelle gewesen (Hätzlerin S. 218, Keller Erzählungen aus altdeutschen Handschriften S. 80, Keller-Sievers Altd. Hss. S. 13. 65). 494 11-32 ist sie wörtlich benutzt vgl. Hätzlerin II Nr. 52 V. 25—32, 35—40, 45—46, 55, 61 f. Diese Erzählung ist auch für Stück 57 verwertet, indem der Schluss dieses Stückes 511 12-19 gleichlautend ist mit Hätzlerin II Nr. 52 V. 61—68, ferner 509 9 f. ähnlich mit Hätzlerin V. 31 f. = (56) 494 18 f. Das führt auf die Vermutung, dass beide Stücke denselben Verfasser haben.

Stück 57.

(Die alten Weiber.)

Bairische Reime: 498 19 f. *vertreiben*: *weibe*; 499 1 f. *junkfraue* : *beschauen*; 501 3 f. *sinnen* : *pringen*; 507 25 f. *zwingen* : *hinnen*; 509 31 f. *innen* : *bezwingen*; 509 31 f. *komen* : *gelungen*; 502 5 f. *zorn* : *ersparn*; 508 9 f. *zarge* : *sarge* (*sorge*); 502 10 f. *haben* : *sagen*; 506 14 f. *gelauben* : *augen*; 503 6 f. *verraten* : *verschroten*; 499 21 f. *han* : *nam* (Weinhold B. Gr. § 169) 510 31 f.; *lon* : *thuon*. Der Verfasser sprach *me* (*mer*) : *ge* 498 9 f.; *empfolgen* (Ptc.) : *folgen* 499 6. Entschieden bairisch und besonders auch tyrolisch ist der Inf. *kemen*, geschrieben *komen* 507 31 f. : *nemen*. Die Schreibung *Chum* 502 24 scheint auch nach Tyrol zu weisen.

Es reimt nicht *ei* und *ai*. Vielleicht hatte das Original noch *î* vgl. 500 8 f.: *ſicherleich* : *dich*, 500 33 f. *zaubrarin* : *dein*. So stand wohl auch 501 24 f. *Alheit liebu dienarin* [*mein*] : *ſchrein*. Im Text ist 501 10 *freulin*, 501 13 *frauenlin*, 508 22 *Läſterlin* geschrieben — darf man sagen : stehen geblieben? Es steht Dativ *eu* neben *euch*, in der Endung *-u* : *liebu* u. s. w. 502 1 ist *in* für *eu* verschrieben. Darf man daraus schliessen, dass die Vorlage noch *iu* verwandte? Ich übersehe nicht, dass nach allgemeiner Annahme *eu* im bairischen Dialekt bereits im 13. Jh. feststand (Weinhold Bair. Gr. § 84); aber Dialekt und Sprache der Poesie sind zweierlei.

Zweihebige und einhebige klingende Reime halten sich ungefähr die Wage; mehrfach ist auch hier die Lesung unsicher. *pìttèn* : *ſìttèn* scheint die naturgemässe Lesung 498 13 f. zu erfordern.

Die Verse sind durch kleine Zusätze entstellt. Die Anrede *Herr* ist wohl ein solcher 498 22, 499 21. 28 (*Lieben herrn* 499 13?). Gelegentlich sind ältere Ausdrücke durch jüngere ersetzt, z. B. 497 19

> **Nun wirbt der junge man**
> **[Umb] Des alten tochter wolgetan.**

vgl. Nib. 27 3 L. *werben ſchœniu wîp*, 55 4 *die hêrlîchen meit* u. a.;

498 20 **Das sie mir würd zu [ainem eelichen] weibe.**

Es begegnen noch mhd. Ausdrücke wie *wolgetan, in tugent wol behuot* (498 28), *benüeget iu daran* (499 3), *mit ſelden leben* (499 29; 501 18), *möcht wir das an ewren hulden han* (498 22), *geporn von hoher art* (500 11), *Des ſült er in genießen lan* (502), *hart* „sehr“ u. a. Im Ganzen ist die Überlieferung offenbar besser als die von Stück 56.

Auch hier die Formeln der Teufels- und Krämerszenen. Vgl. zu 499 31 f., 509 17 f. : Wirth 188 f., 193; zu 503 20, 509 13 : Wirth 107, 167; zu 504 20, 510 10 : Wirth 169: zu 505 31 f. : Wirth 194 unten und 195. 505 33 f. begegnet so gut wie wörtlich Alsfelder P. 232 f. und Erlau IV 128 f. = Fastnachtsp. (111) 907 28 f., ähnlich auch sonst vgl. Wirth S. 196. 509 35 f. vgl. Innsbr. Sp. 279. 278 u. Wirth 190. 511 2 ff. vgl.

Wirth 173. Auf die Berührungen mit Stück 56 ist oben hingewiesen. 509_{19} f. ~ (56) 494_{14} f.; 510_{3} f. ~ (56) 484_{13} f.; 511_{12} f. = (56) 494_{31} f.[1] Mit (98) 751_{9} f. vergleicht sich 509_{21} f. Andere Formeln 497_{10-12} (vgl. Wirth 165), 498_{4} f., 502_{11} (vgl. Wiener Ostersp. 299,20, Redentiner Sp. 42) u. a. sind weiter verbreitet. Nur zufällig klingt wohl 509_{2} f. an eine bekannte Stelle Gottfrieds von Strassburg (Trist. 4687 f.) an.

Der Stoff ist mehrfach behandelt (vgl. Goedeke zu Wendunmuth hsg. von Oesterley I, 366, V, 60 und Dichtungen von Hans Sachs I², 195, Liebrecht Germania XXIV, 138, Fränkel Germ. XXXVI, 310), als Fastnachtspiel auch von Hans Sachs (No. 18). Auch dort bilden ein paar Schuhe den Lohn; nur gelingt es dem Weib wenigstens eine Schlägerei der Eheleute herbeizuführen. Der Teufel nähert sich ihr mit ausgesuchter Vorsicht:

Dann solcher alter weiber drey
Fingen im Feld den teuffel frey (V. 248 f.).

(Vgl. auch H. Sachs Fastnachtsp. 76). Wenn Goedeke zu dem Meistergesang Hans Sachens (Dichtungen I², 195) bemerkt, die unmittelbare Quelle sei ihm unbekannt geblieben; denn die lateinische Bearbeitung habe Hans Sachs schwerlich gekannt, die deutschen seien später: so hat er eben dies Fastnachtspiel übersehn. Der Ehemann ist hier noch ein

---

[1] Zu 511_{7} ff. vgl. Erlau III 824 f. 835 f.

Da da nüßel!
Mein Herr schlecht mein frawn an drüßel.
. . . . .
Er thuot ir gar recht:
Ich vancz nächten pei meinem knecht.

und Alsf. P. 7614 (jüngere Partie):

Hœret ir hern nu an geverde!
Ich wil uch ſagen nuwe mere:
Es hat mein herre mein frawn geſlagen
Mit der fuhst vff den kragen.
Das hat er ir nicht vmbſuſt gethan,
Wan er ist ein bidder man.
Er thut der huren gar recht,
Wann ſie verſprochen het' ſinem knecht.

Ritter, während in späteren Stücken der typische Ehemann entweder gar keine bestimmten Züge seines Standes trägt, d. i. als Bürger gedacht wird, oder als Domherr (Folz, Hans Sachs) und Kaufmann (Hans Sachs) erscheint.

Stück 125.

(Das Heiligkreuzspiel.)

Stück 125 fällt als geistliches Spiel aus dem Rahmen unser Betrachtung. Ich behandle es nur, um Charakter und Quellen der Sammlung 𝔏 schärfer zu beleuchten.

Dass das Original noch *î* für *ei* hatte, ist leicht zu zeigen:

N. 56_{14} f. 59_{35} f. *Conſtantin* : *ſein.*

65_{26} f. *hin* : *mein.*

70_{24} f. *ſei* : *alhye.*

74_{31} f. 78_{22} f. *ſein* : *kayſerin*; 87_{10} *kayſarin* : *ſein.*

107_{33} f. *hin* : *dein.*

113_{19} f. *ſein* : *fliehen.*

115_{8} f. *leicht* : *nicht.*

Auch ist *ai* und *ei* nicht gebunden.

Andere Reime:

1. Vokale.

1) *a* : *o.*

55_{56} f. *da* : *unfro*

60_{25} f. (*mir*) *mugen* : *verzagen.* Ist das alte *magen* einzusetzen? Wahrscheinlicher ist *mogen* : *verzågen* (Bair. Gr. § 325. Al. Gr. § 378).

2) *e* : *i.*

71_{14} *verprennen* : *intrinnen*

78_{30} f. 79_{7} f. *wenden* : *vinden*

87_{27} f. *pringen* : *lengern* (l. *lengen* vgl. N. 105_{4} f.)

(71_{12} *reſche* [l. *riſche*] : *erwiſchen*).

3) *ê* : *ie.*

71_{34} f. *ziehen* : *gen.* Man wird doch wohl an das im Bair. seit dem 14. Jh. auftretende *gien*, *gen* zu denken haben.

110_{20} *peſten* : *fliehen.*

4) *u*, *ü* : *eü* (= mhd. *iu*), *ew* : *aw.*

95_{14} f. *gepüt* : *leüt*

119_{6} f. *krewtz* : *nutz*
121_{14} f. *freunt* : *kunt*
116_{10} *vernewen* : *pawen*.

5) *ie* : *i*, *uo* : *u*.
vor *r*
109_{18} f. $_{22}$ f. *ligen* : *triegen*
86_{16} f. *thuon* : *ſun*
56_{2} *Mercurius* : *puos*.

6) Anderes.
65_{30} f. *Jeruſalem* : *hônig ſain*
68_{15} f. *gefüert* (l. *gefuort*) : *würt* (l. *wort*)
77_{23} f. *zorn* : *turn*
76_{13} f. *gehört* (l. *gehọrt*?) : *gefüert* (l. *gefuort*.)
99_{12} f. *behuot* : *hat* (d. i. *hât*)
66_{24} f. *gewert* : *dört*
(68_{19} f. *euch* : *ſicherleich*)
84_{16} f. *ziehen* : *müen*.

2. Konsonanten.

1) Überschüssiges *n* am Ende.
70_{17} f. *wege* : *geben*
71_{12} f. *reſche* (l. *riſche*) : *erwiſchen*
(73_{22} f. *kayſerin*[*en*] : *gewinnen*)
80_{8} f. *dancken* : *tranke*
80_{25} f. *werden* : *erde*
81_{1} f. *geſtauden* (l. *geſtrûche*) : *ſuochen*
82_{29} f. *geraten* : *tratte* (mhd. *drâte*)
113_{8} f. *emperen* : *her*
114_{17} f. *gegangen* : *lange*
118_{10} f. *gende* : *ſenden*
120_{26} f. *ergangen* : *lange*
70_{10} f. *ſein* : *pey*.

2) Überschüssiges *r* am Ende.
98_{29} f. *vaſte* : *laſter*.

3) Überschüssiges *t* am Ende.
75_{9} f. *iſt* : *gewiß*.

4) *n* : *l*, *m* : *n* im Auslaut.
86_{6} f., 88_{6} f. *nagel* : *geſchlagen*
86_{20} f. *haben* : *nagel*

87_{25} f. *haym* : *klain*
106_{13} f. *hin* : *Jeruſalem*.
5) Lenis und Fortis.
70_{8} f. *ritte* : *fride*
71_{30} f. *tretten* : *reten* (*reden*)
55_{5} f. *velde* : *zelte*?
6) Verschiedene Lenes.
70_{17} f. *wege* : *geben*
84_{18} f., 87_{12} f. 85_{16} f. *geſchlagen* (*geſlân*?) : *haben* (*hân*?)
108_{28} f. *ſagen* : *haben*
105_{16} f. *clagen* : *ſchaden*
98_{14} f. *abſchneiden* : *peleiben*.
7) *-nd-*, *-ng-*, *-nn-*.
86_{18} f. *hynne* : *kinde*
88_{4} f. *kind* : *dingk*
90_{4} f. *kinden* : *pringen*
92_{1} f. *ſinnen* : *vinden*
102_{24} f. *entrinnen* : *vinden*
108_{5} f. *prennen* : *lengen*
112_{22} f. *manne* : *ſchande*.
8) *-ld-* : *-ll-*.
100_{17} f. $_{27}$ f. 109_{29} f. 112_{19} f. *ſchnelle* : *felde*.
9) *-gt*, *bt* : *-t*.
93_{27} f. *rat* : *habt* (l. *hât*?)
105_{9} f. *bezaigt* : *laid*
10) 82_{15} f. *macht* : *krafft*.

Zu verbessern sind ausser den bereits berührten die Reimworte 59_{21} (*verne*), 64_{13} (*behuot*), 67_{22} (*ſagen*), 69_{31} (*gehort*), 72_{4} (*puochen*), 73_{22} f. (*gelart*), 76_{13} f. (*gehort* : *gefuort*?), 113_{27} (*ſal*). 83_{23} ergänze etwa *hie*.

Die Reime weisen wiederum nach Baiern-Österreich; gegen Schwaben würde schon die häufige Bindung *gen* : *geſchehen*, *ſehen* u. s. w. sprechen. Längen und Kürzen sind im zweisilbigen Reim durchweg gebunden.

Über die Verstechnik ist im Wesentlichen das zu den übrigen Spielen von 𝔏 Bemerkte zu wiederholen. Das umfangreiche Spiel ist eigenartig genug. Nur die Teufelsszenen sind im üblichen Styl gehalten (Wirth S. 188 f.) Die unmittelbare Quelle bleibt noch nachzuweisen.

Stück 128.

(Aristoteles.)

Keller hielt „die Sprache des Stücks, wie es vorliegt", für fränkisch (Nachtrag S. 230). Damit meinte er wohl nürnbergisch. Holstein (ZfdPh. XXIII 104 ff.) billigt diese Angabe, setzt aber allem Anschein nach fränkisch gleich mitteldeutsch und mitteldeutsch gleich thüringisch. Davon kann gar keine Rede sein. Das Spiel, „wie es vorliegt", ist so bairisch, wie alle andern von 𝔈 überlieferten Stücke; dafür bedarf es keiner weiteren Ausführungen. *enck* gleich *euch* ist weder fränkisch noch thüringisch (222 5). Auch die von 𝔈 beliebten Eigenheiten finden sich: *ſetzat* 217 18, *hörat* : *bethörat* 221 14 f., *dyenarin* 221 17, Abfall von auslautendem *t*-Laut: *ſol(d)* : *hold* 228 13 f. Nürnbergische Eigenheiten fehlen. Nun hat aber Holstein die von einem der Einschreier genannten Orte *Pinttersleuben* (in der Hs. lese ich *Pintterſleuben*, ebenso 217 6 *Giſperſleuben*) als das heutige Bindersleben, *Hilbersgehoffen* als Ilversgehofen, *Giſperſleuben* als Gispersleben (Viti — Kiliani, 2 Dörfer 6 km von Erfurt), *Hochhaym* als den noch heut gleichnamigen Ort, *Rewt* als das heutige Roda sämtlich in Thüringen nachgewiesen. Daraus würde folgen, dass das Stück aus Thüringen stamme. Ich halte diesen Schluss für übereilt und lege nirgends auf die Worte des Ein- und Ausschreiers für lokale und chronologische Fixierung viel Gewicht, am allerwenigsten, wo, wie hier, mehrere Einschreier auftreten. Das Original konnte sehr gut mit N. 217 20 beginnen: niemand würde etwas vermissen. Ausserdem gilt von der Partie 216 10 ff. schon die Bemerkung Greiffs: „Vielleicht wurden diese Orte, je nachdem das Spiel irgendwo aufgeführt wurde geändert". Es liesse sich also höchstens schliessen, dass die unmittelbare oder mittelbare Vorlage von 𝔈 aus Thüringen stammte, wenn nicht der Eingang aus einem ganz fremden Stück zufällig an die Spitze geraten ist.

Die Reime weisen auch hier deutlich nach Baiern.

1) *â* : *ô* : *rat* : *todt* 227 11 f. (vgl. 227 11 f. *lôn* [= *lân*] : *beſtan*) *mân* : *ſchon* 228 27 f.

2) *lerne(n)* : *gerrne* 219₂₈ f.
wille(n) : *ſtille* 220₁₁ f. *ſtille* : *willen(n)* 224₂₇ f.
reiſe (*reiſen?*) : *preiſe(n)* 226₉ f. (mhd. *rîſe* : *brîſen*.
3) *ſtuol[e]* : *zue* 217₃₄ f.
landen : *Flandern* 218₁₀ f.
ſtat : *zart* 224₂₃ f.
4) *hausdiern* : *enpiern* (d. i. *enpern*) 225₅ f. u. a.

Alte und neue Diphthongen reimen nicht. Auch *uo* (*ue*) ist nur mit *uo* gebunden, *ie* mit *ie*, was für Thüringen auffallen müsste. *jehen* und *kallen* für *ſagen* (im Reim) kann schwerlich für thüringisch gelten. 218₂₈ steht *edlew*. 228₁₇ *ſchawmen* (: *namen*) ist wohl nur Schreibfehler.

Das Stück ist offenbar durch die lange Reihe der Überlieferung schwer beschädigt worden. Der Inhalt ist höchst verworren und, wie das Stück vorliegt, kaum verständlich. 225₅ *Nayn, ſprach die hausdiern*, 225₁₂ *Nayn, ſprach das magetein*, sehen aus, als wären sie irgendwoher in das sonst ganz dramatische Stück eingeflickt. 222₂₄₋₂₇ begegnen auch ziemlich wörtlich (die ersten beiden Verse in umgekehrter Folge) Sterzinger Spiele VII 307—310; desgleichen erinnern 228₁₆ f. an VII 277 f. Auch die Metrik ist offenbar verstört, vgl. 226₇ ff. Anderswo sind die nach mhd. Technik gebauten Verse glatt. Zweihebige zweisilbige Reime (3×) treten häufig auf neben etlichen einhebigen (4‿).

Snacken lant (222₃₃) ist auch (47) 359₇, (79) 648₂ u. ö. erwähnt. Von Anklängen an bekannte Formeln der Oster- und Passionsspiele finden sich hier verhältnismässig wenige. Zu den Einführungsformeln 216₁₁ f. vgl. (57) 497₁₀ f. und Wirth S. 165; zu 217₂₀ f. : (54) 469₂₇ f., (57) 497₁₂ f. und Wirth S. 165; zu 219₈ f. : (54) 468₁₄ f. Zu 219₁₆ f.

> Got grüß euch frauwe raine!
> Wes ſtet ir hie allaine?

vgl. die Anrede des Knechts an die drei Marieen im Passion:

> Got grůz euch ir drei vrauwen!
> Was iſt euch in den auwen? (Wirth S. 170.)

Dass das Stück gänzlich zerspielt vorliegt, braucht nicht erst bewiesen zu werden. Nun behandelt in den von Zingerle herausgegebenen Sterzinger Spielen — ich bezeichne im Anschluss an Kellers Bezeichnung der Handschrift von Stück 115 auch diese Hss. mit Q — Stück VII denselben Stoff.

Dialektisch und im Versbau steht QVII dem Stück 128 sehr nahe. Die Reime weisen in bairisch-österreichisches Gebiet. Alte und neue Diphthonge sind nicht gebunden, auch nicht *ů* : *u*; nur *ſein* : *rain* (37 f.), *rain* : *mein* (443 f.). Von vokalisch ungenauen Reimen begegnet nur *â* : *o* (*hat* : *not* 25 f.; *lon* : *verſtan* 233 f.; *hân* : *vnderton* 375 f.; *har* : *tor* 397 f.); von konsonantisch ungenauen: *ſampt* : *pekant* 19 f.; *fremd* : *endt* 115 f.; *ſchlawn* : *traum* 172. 223 f.; *ergeben* : *pflegen* 33 f.; *pringen* : *gelinge* 35 f.; *dringet* : *pindet* 53 f.; *ſporn* : *gelingen* 141 f.; *papiern* : *kielen* 67 f.; *wol* : *ſolln* 86 f.)[1] Die Verstechnik ist die mhd. mit gelegentlich fehlendem Auftakt, fehlender Senkung, Zeilen des Schemas 3 x neben 4 ◡. Die ersten überwiegen und begegnen auch bei fehlendem Auftakt vgl. 529 ff.

Aller fraúen ain krónè
Gót in ſeínem trónè.

Von Reimen der Form ◡◡ ist nur *jugent* : *tugent* (295 f.) einmal zweihebig gemessen. In der minniglichen Sprache gleicht QVII ganz dem Neidhartspiel.

Zu Stück 128 stimmen wörtlich VII 278 f. (~ Nachtr. 228_{16} f.), VII 307—310 (~ N. $232_{25.24.26.27}$). Es fragt sich wie das Verhältnis zu denken ist.

Nun ist QVII offenbar ein ebenso verständiges Drama wie Stück 128 ein verworrenes ist. Indessen giebt es doch eine Stelle an der St. 128 den Vorzug verdient. QVII 461 ff., nachdem Aristoteles Pferd gespielt hat, stellt urplötzlich ein Rusticus an die Königin das höchst unmotivierte zynische Ansinnen:

ir mueſt mich auch lan reytten,

und die Königin antwortet sonderbarer Weise:

Du haſt vill zu lang gepitten,
Den du haſt vor ſolln geritten.

Dagegen verwundert man sich, dass Aristoteles nicht die

[1] Für *raumpte* (: *traume*) 245 f. ist wohl *raume* zu lesen. Auch *geſwnd* : *tawſnth*, 97 f. *ligt* : *gib* 79 f. [*lit* : *git*?] sind offenbar verderbt.

Einlösung des ihm gegebenen Versprechens (V. 440) fordert wie in Stück 128

> **Fraw ir ſolt euch beraytten u. s. w.** (N. 220_{27} f.)

und nun ihm die Königin antwortet:

> **Herr do ir ſollt haben geritten,**
> **So lieſt irß euch ab derpitten.**
> **Alſo get es den thoren allen,**
> **Die ſich lassen vber kallen** (N. 221_{5} ff.)

Die beiden Verse QVII 461 f. allerdings passen nur in den Mund eines Rusticus; sie sind aber nach 455 f. fabriziert. Klärlich ist eine bearbeitende Hand über QVII gewesen.

Man empfindet auch unangenehm, dass vor V. 455 das Reiten der Königin schweigend vor sich geht. Wie die Verhältnisse liegen, ist es nicht unwahrscheinlich, dass vor V. 455 die Rede der Königin *Ich han ein pferd, das iſt guot,* und des Schreibers *Waffen, herr, zu diſer ſtund!* wie sie (128) N. 220_{17-25} stehn, ausgefallen sind. Der Schreiber (= Servus QVII) blickt auch in QVII voll hoher Verehrung zu seinem Meister auf.

Das Stück QVII hat keinen Schluss. Es kann ja einfach die Rede des Ausschreiers weggefallen sein; aber ebenso gut auch mehr. 486 ff. sagt Aristoteles: Einst kommt die Stunde, wo das aufgewogen wird ..... Dann werdet ihr heimlich mit einem Buben unter die Bank schlüpfen *ân allen ewern dank.* War (als eine Art zweiter Akt) eine Rache des Aristoteles wegen der verschmähten Liebe beabsichtigt? Man denkt an die Rache des Zauberers Virgilius, dessen Abenteuer in Bildern ja so gern mit dem des Aristoteles zusammengestellt wird. Die Rache müsste hier darin bestehn, dass die Königin sich mit einem gänzlich Unebenbürtigen in ein schimpfliches Liebesverhältnis einlässt und dabei überrascht wird.

Nun lässt sich in Stück 128 von N. 229_{29} ab trotz aller Unklarheiten und Verworrenheiten doch etwa folgende Handlung herausschälen. Ein Ritter (aus Snackenland) kommt an und erklärt der Königin zunächst durch seinen Knecht seine Minne. Er wird aufgefordert persönlich zu erscheinen; aber sein Turnieren hilft ihm nichts. Mehr Glück hat ein

Mönch, der, wie es scheint, zunächst bei einem Gesellschaftsspiel (*rayen* 225 12) sich der Gunst der Mägde versichert und, obwohl ihm der Ritter feindlich gesonnen, sich mit Hülfe seines Geldes die Minne der Königin erkauft. (Dass Geschenke den Frauen gegenüber mehr vermögen als Jahre treuen Dienstes, ist auch die Moral des Servus QVII 498 ff., die an dieser Stelle nicht recht passend ist.) Die Unklarheit wird darauf beruhn, dass sehr viel ausgelassen ist. Ist etwa der Priester, der dem Mönch Gozolt N. 225 26 ff. mit Geld aushilft, der verkleidete Aristoteles? N. 224 13 f. ist es der Vorläufer des Aristoteles, der dem Knecht (!) des Mönchs über den Aufenthalt seines Herrn Auskunft geben kann.[1]

Die beiden Dienerinnen aus der zweiten Hälfte von Stück 128 begegnen auch QVII, obgleich hier die eine *Diemut* (statt *Reut*, 227 14 im Text) heisst. Es passt, dass die eine jung (*virgo* QVII nach 300), die andere alt (*vetula*, nach 306) ist: die junge rät zum Ritter, die alte zum Pfaffen.

Noch mehr. In QVII heisst die Königin sonderbarer Weise *Amor*; nach der noch näher zu beleuchtenden Vorliebe Vigil Rabers, des Schreibers von Q, für lateinische Bühnenbemerkungen, die eine so durchaus unglückliche ist, dass man ihn vielfach gar nicht versteht, zu urteilen, hat er den Namen einfach übersetzt. So hat er in QXI aus einem König Veyel

---

[1] Eine Bemerkung des Grafen Caylus, die v. d. Hagen zitiert und nach welcher sich Alexander in einen Geistlichen verkleidet, möge niemanden irre führen. *Elle réſolut de se venger du philoſophe*, sagt er, *& exigea d' Alexandre qu'il se mît le lendemain à sa fenêtre déguiſé en Abbé : le choix de ce déguiſement est bizarre, j'en vois très-peu la raiſon.* (Mémoire s. les Fabliaux. Par M. le Comte de Caylus, Mémoires de Littérature tirés des Regiſtres de l'Académie Roy. des Inscriptions et Belles-Lettres T. XX Paris 1753). Caylus, der aus dem auch von Barbazan benutzten Ms. de St. Germain-des-Prés no 1830 schöpfte, hat die betreffende Stelle Henri d'Andeli's missverstanden. V. 260 ff.

Or soiez demain en abé
Aus fenestres de cele tor,
Et je porverrai mon ator.

En abé ist natürlich gleich *en abeth*, wie gewöhnlich geschrieben wird, d. h. *en guet.*

(V. 41) einen *Rex Viole* gemacht. Man hätte dann also anzunehmen, dass die Geliebte des Aristoteles *frou Minne* geheissen habe.

Und vielleicht haben wir in der That einen Fingerzeig für eine bisher nicht beachtete Phase in der Entwicklung der Aristotelessage. Dass Aristoteles, dem natürlichen Meister, der personifizierten menschlichen Weisheit, die personifizierte göttliche Thorheit gegenübergestellt werden konnte, hat für den der mit der allegorisierenden Art des späten Mittelalters vertraut ist, nichts Befremdliches. Als die Liebhaberin *κατ' ἐξοχήν* erscheint ja Frau Minne oder, was doch dasselbe ist, Frau Venus auch in der Tannhäusersage. Auf Frau Venus in der Aristotelessage aber weisen wenigstens zwei Bilder. Sprengers sogenannter 'Sokrates auf Xanthippe reitend' gestochen von Sadler (1546—1627) stellt eine Dame dar, auf einem Philosophen reitend. *Mais elle est entièrement nue,* bemerkt Legrand d' Aussy, *façon fort singulière de se promener.* Es ist offenbar Venus. Auch F. von Bossuits († 1692) malte eine nackte Venus Pan reitend, der nach allgemeiner Annahme an Aristoteles Stelle getreten ist; ein Amor hat ihn am Gängelbande. (Legrand, Fabliaux ou Contes . . . traduits ou extraits. 3 Éd. (1829) 1,280 und v. d. Hagen 1 LXXX.)[1] In der Romania 11,138 bemerkt Gaston Paris, dass im 13. Jh. zugleich 3 verschiedene Versionen der Aristotelessage auftreten: die lateinische (Jacobus de Vitriaco), die französische (Henri d'Andeli) und die mittelhochdeutsche. Hier wäre also eine vierte, allerdings erst spät bezeugte, aber mit altertümlichen Zügen. Mündliche Tradition durch die *clercs* nimmt Gaston Paris an. Ob wirklich die Geschichte von dem arabischen Vessier des Pantschatantra auf Aristoteles übertragen ist? Sie differiert doch ziemlich bedeutend.

---

[1] Die gesamten Abbildungen des Aristoteles in der Sage stellt zusammen v. Antoniewicz, Ikonographisches zu Chrestien v. Troyes (= Romanische Forschungen V 241—268) S. 10 ff. — Die neuere Litteratur über Aristoteles im MA., Charles Gidel La légende d'Aristote au moyen âge in seinen Nouvelles Études sur la littérature grecque moderne Paris 1878 S. 331—384 und M. Gaster Ilchester Lectures on Greeko-Slavonic Literature London 1887, bieten nichts gerade für die Sache Förderliches.

Unsere Stücke müssten, wenn diese Ausführungen, die wir auf sich beruhen lassen, das Richtige treffen, eine jüngere Gestalt dieser vierten Fassung repräsentieren. Denn „die Minne" in Person kann im Aristotelesspiel die Umworbene schon nicht mehr gewesen sein. In Stück 128 heisst diese *Tremminne* (N. 228 12 u. 21) d. i. *triuwe minne* oder *trûtminne* (vgl. *du bist so guot ze triutenne*, *trûtminne* ZfdA. 4,536); die Zusammensetzung wurde doch wohl noch empfunden.

Fügt sich so der Schluss von Stück 128 sehr wohl an QVII, so muss die Differenz, die im Übrigen zwischen 128 und QVII besteht um so mehr auffallen. QVII weicht sehr eigenartig von den übrigen Überlieferungen der Aristotelessage ab. Von König Alexander, dessen Geliebte oder Gemahlin die Umworbene sonst ist, auch in 128 zu sein scheint, ist hier mit keinem Wort die Rede. (In Stück 128 wird Alexander allerdings nicht mit Namen genannt; er heisst nur der König.) Die Königin scheint in QVII nicht verheiratet; dass sie *fraw* genannt wird, kann uns dabei natürlich ebensowenig beirren wie in (128) 219 24 die Bezeichnung *frewlein*. Und dazu stimmt im zweiten Teil von 128 das Auftreten der beiden Bewerber. Hier erscheint nun '*der künig*' (227 1 ff.). Die beiden Liebhaber verklagen sich gegenseitig vor dem König. Vor dem Ehemann? Vor dem jugendlichen Alexander? Man sollte erwarten, dass der ihnen allen beiden die Minne gründlich legte, statt einen ruhigen Schiedsspruch zu fällen. Ich vermute also, dass hier der Vater der Tremminne spricht. Sollte nun das Fehlen des Alexander in der Sage nicht ein alter Zug sein? Man versteht nicht, wie ein Dichter diese sagenberühmte Person aus der Geschichte ausmerzen konnte, während recht verständlich ist, wie sie hineingebracht wurde.

Die Geliebte ist in QVII von Aristoteles durch das Meer getrennt (V. 104.) Auch das sieht wie ein alter Zug aus, der an die Spielmannsepen gemahnt, nur dass diesmal die Umworbene im Occident, der Minnewerber im Orient sitzt und *hayden* ist. Von einem Gegensatz der Religionen wissen die sonstigen Fassungen der Sage nichts. Schon dieses Gegensatzes wegen muss die Werbung verunglücken. Sie hat ihn nie gesehen (V. 118) — ebenfalls spielmannsmässig — vermutlich er sie auch nicht. Er muss sie also auf gut spielmannsepisch durch ein Bild oder eine Beschreibung kennen gelernt haben, und das muss vorher dargestellt worden sein. Hier fehlt also in QVII etwas auch am Anfang, und wir dürfen uns in St. 128 danach umsehn. Das beginnt sehr verständlich damit, dass sich der Meister mit seinem lernbegierigen Schüler an die Abfassung eines gelehrten Werkes macht. Bei diesen Arbeit, kann man vermuten, kommt er irgendwie auf Bild oder Beschreibung der Schönen. Findet er sie einfach in den gelehrten Werken, die er benutzt? Bis N. 218_{20} geht alles glatt. Auch das Lob, das seiner Keuschheit gespendet wird (218_{22} ff.), mag es nun wirklich Alexander oder nur der Schreiber sprechen, schliesst sich gut an. Aber dann tritt die Königin in Aktion (218_{26}), und die Fäden verwirren sich. Dass hier St. 128 in Unordnung ist, zeigt 219_{8} ff. Hier erst wird die Königin durch ihren Einschreier in der üblichen Weise angekündet. Auch heisst sie hier Säldenrein (*Seltenrayn* 219_{12}); aber das Wort kann appellativisch zu nehmen sein. Oder ist es etwa eine zweite Königin, die dort angekündigt wird und zwar die Schöne von Jenseit des Meeres deren Auftreten mit ihren Frauen hinter N. 219_{13} ausgefallen ist? Und hatte die Gemahlin Alexanders ursprünglich nur die Aufgabe, dem unglücklichen Philosophen das Bild der Schönen in die Hände zu spielen? Dann läge mit Ausnahme der Lücke hinter N. 219_{8} alles glatt bis 220_{3}, nur dass man 218_{32} *meiner* vor *minne* tilgen muss, was schon das Metrum empfiehlt. Die Königin, zweifelnd an der Standhaftigkeit, sucht Aristoteles über der Arbeit auf. Das Zwiegespräch hat nichts von einer Liebesszene. Aristoteles sagt nur, was er als gebildeter und höflicher Mann, der er auch Q VII durchaus ist, seiner Königin billig sagen kann, und interessiert sich, obwohl er ihre Schönheit lobt, sehr vielmehr für seine Wissenschaft als für sie. Er bietet ihr Unterricht an.

Dye kunſt die ir ſeyt treyben,
Dye zimen kainen weyben

antwortet die Königin. Sollte sie weiter sagen: wir lieben den Minnedienst und etwa ein längeres Gespräch beginnen, das auf die Schöne führte?

Doch leget euch nyder auf die hende,

fährt sie statt dessen fort (beiläufig hier zwei Verse des Schema: 4 ◡) und die komische Katastrophe wird mit Windeseile herbeigeführt.

Ich weiss, wie viel oder richtiger wenig Wahrscheinlichkeit so komplizierte Hypothesen, wie ich sie hier vortrage, für sich haben. Ich habe keine einfachere und gegen das bequem-gefällige Ignorabimus wenigstens muss ich mich verwahren. Es war meine Aufgabe die Gestalt des alten Aristotelesspiels aus der höchst traurigen Überlieferung herzustellen, und ich suche sie zu lösen, so gut ich kann.

Um zusammenzufassen: Stück 128 der Kellerschen Sammlung und Q VII sind zwei Bearbeitungen eines bairisch-österreichischen (tyrolischen?) Aristotelesspieles, aus denen sich das ursprüngliche Aristotelesdrama nicht mehr mit Sicherheit konstruieren lässt, Stück 128 die ältere stark zusammengestrichene, aber im Text wohl zuverlässigere, Q VII die jüngere, freiere, aber im Sinn verständlichere. Man wird dies ältere ziemlich umfangreiche Aristotelesspiel wohl um die Wende des 14./15. Jhs. ansetzen dürfen.

Sehen wir uns nun an, was uns die bisher betrachteten österreichischen Dramen lehren. — In der Metrik knüpfen sie an die mittelhochdeutsche Manier an: die Verse sind meist kürzer als die der Nürnberger. Im Stil setzen sie die geistlichen Dramen fort; auch an die Heldensage finden sich Anklänge. Die Stoffe sind entlehnt aus der volkstümlichen Sage (Neidhart, Aristoteles). Zum Unterschied von den Nürnberger Stücken herrscht ein gemütlicher Humor, nicht Witz und Witzelei, die naive Lust am Komischen, die helle Freude an den altbekannten grotesken Figuren. Jedes satirische Element fehlt, wie überhaupt die sozialen und politischen Leidenschaften. Auch im Neidhartspiel. Denn hier ist es doch vielmehr die frische Fröhlichkeit über den Sieg der Schlauheit im Kampf mit der groben Tölpelhaftigkeit als die Bauernfeindschaft, die zu uns spricht. Eine so gründliche moralische Verachtung der Bauern, wie sie die Nürnberger Stücke atmen, macht sich nirgends geltend. Und es fehlt vor allen Dingen die Lust an der Zote, die den Witz in den Nürnberger Stücken vielfach ersetzen muss. Man kann hier mit viel sanfteren Mitteln wirken als in der Grossstadt, wo die Tradition sich schnell abnutzt, und hat nicht nötig aktuell zu sein und die Augenblickswirkung mit groben Effekten um jeden Preis durchzusetzen. Erst in dem Augenblick, wo die neue Nürnberger Ware in Sterzing eingeführt wird, ändert sich der Geschmack.

Stück 57 ist wegen 511₄ zu Fastnacht gespielt worden; aber von einer festen Sitte solcher Aufführungen merken wir noch nichts, obgleich diese Zeit nicht selten gewählt sein mag. Der Neidhart wurde doch wohl ursprünglich im Mai gespielt. Ein etwas jüngeres Spiel trägt die Unterschrift *Scriptum eſt a me Vigilio Räber de Sterczing in festo Auguſtini et factum eſt* (doch wohl „aufgeführt") *totum in die decolacionis Johannis wapti/te in bozano* u. s. w. (QV). Auch zu Hochzeiten mag gespielt sein, wie es bei einem andern Spiel heisst: *Ludus ſolatioſus exercendus tempore nuptiarum vel carnis brevi* (115. S. u.)

Und wenn man nun fragt: wie sind diese Spiele entstanden? so wird die Antwort lauten, dass sie sich in erster Reihe als Fortsetzung der Linie verstehen lassen, die von den Weihnachts- und Osterspielen zu den Heiligen- und Legendenspielen führt. Das Stoffgebiet wird erweitert: es kommt nun die volkstümliche Sage an die Reihe. Ja die Verbindung mit dem Osterspiel ist noch enger. Wir können deutlich beobachten, wie die Szene mit dem Salbenkrämer im Osterspiel zu einem selbständigen kleinen Drama wurde.

Entwicklung und Stil der Krämerszenen im Oster- und Passionsspiel hat Wirth verfolgt (S. 5. 11 ff. 37 f. 168 ff.). Durch die Worte der drei Marien im Osterspiel: *Sed eamus unguentum emere cum quo bene possumus unguere corpus domini sancratum* wurde man frühzeitig veranlasst, die Figur eines Krämers einzuführen, der Salben feil hielt. Der volkstümliche Humor bemächtigte sich dieser Neuschöpfung und weitete die Episode aus. Den reellen Verhältnissen entsprechend wurde der Salbenkrämer zugleich zum Arzt. Die Jahrmärkte des Mittelalters kannten diese Figur. Schwerlich darf man mit Du Méril (Le théatre classique I 56) annehmen, dass ein kleines, durch die untersten Schichten der Bevölkerung von Land zu Land gewandertes, Spiel vom Arzt (Doktor Eisenbart) auf die Osterspiele eingewirkt habe. Mit der Annahme derartiger verlorener Dramen muss man sehr vorsichtig sein. Was nutzt es auch wenn man x durch y erklärt? Französischen Einfluss hat Martin (AnzfdA. 8, 311), offenbar ohne sich des Vorgangs von Du Méril zu erinnern, zu zuversichtlich behauptet, Wirth zu zuversichtlich abgelehnt. Dass einst durch die Verbindung der Luxemburger Herrscher mit dem Westen die Stoffe nach Böhmen und den Nachbarländern gekommen seien, ist unwahrscheinlich, da es quacksalbernde Ärzte überall gegeben haben wird. Der Name Rubin, den in deutschen Dramen der Knecht des Arztes führt, beweist nicht, wie Martin meinte, für Frankreich (Wirth S. 179 Anm.). Aber er kann natürlich, was Wirth nicht recht bedenkt, durch die Figur des französischen Robin hervorgerufen sein. Beachtenswert ist auch die französische Redensart *Va cum do al mal aventur* Erlauer Sp. 815 = Innsbr. 915 *Faculdey malaventure*, freilich auch nicht entscheidend, weil es ein dem Leben abgelauschter Zug sein kann, dass die Quacksalber, die natürlich ihrem Publikum mit fremdländischen Brocken zu imponieren suchten, auch unbewusst ausländische Flüche einmengten. Nachweislich ist von französischen und englischen Spielen, in denen der Quacksalber eine Rolle spielt nichts früh, und in späterer Zeit ist Beinflussung durch Deutschland, direkt oder indirekt gar nicht ausgeschlossen.

Auch deuten nicht etwa die deutschen Fastnachtspiele darauf hin, dass die Krämerszenen einst selbständig gewesen sind; vielmehr darauf, dass sie es g e w o r d e n sind. Das vierte Sterzinger Spiel der Ausgabe von Zingerle, 'I p o c r a s', ist deutlich aus dem Osterspiel herausgehoben. Vgl. 374 ff.:

Aube, ach vnd layder!
Seind das nun meine cklayder,
Dy du mir zu vasnacht wild geben?

Im Innsbrucker Osterspiel 924—927, Wiener 321,8—10, Erlauer III 837—40, Alsfelder Passionsspiel 7604—7 begegnen dieselben Verse, nur dass die neuen Kleider, der Aufführungszeit entsprechend, auf Ostern in Aussicht gestellt waren, und das ist offenbar das Ursprüngliche, da man zur Fastnacht keine Festgewänder anzulegen pflegte. Doch muss sich die Arztszene relativ früh zum selbständigen Fastnachtspiel entwickelt haben, wie die Benutzung der zitierten Verse in einem relativen alten Stück beweist: (57) 511,2—5:

Ach ach und immer leider,
Sind das die neue klaider,
Die du mir zu diſer fasnacht giſt?

III. ÄLTERE RESTE IN DER STERZINGER SAMMLUNG.

Die jüngere Tyroler Spielsammlung, von Vigil Raber seit dem Jahre 1510 angelegt, hat, wie sich erwarten lässt, neben dem Einfluss der Nürnberger Spiele der sich hier in Umdichtungen und Nachbildungen breit machte, die ältere Tradition fortgepflanzt. Es sind deutlich drei verschiedene Schichten schon sprachlich zu erkennen: die eine zeigt bairisch-österreichische Mundart in den Reîmen, aber ohne die ganz groben dialektischen Spuren; nicht z. B. das bairische *oa* gleich altem *ai*. Man darf sich über dies *oa* nicht täuschen lassen. Vigil Raber schreibt es gewöhnlich als *ai* oder *ae*, ganz selten als *ue* so z. B. in Q 115 (Kellersche Sammlung): *kluen* 987_{25}, *ruen* 994_{15} : *einlan* (lies *allain*); letzteres deshalb weil auch mhd. *uo* über *ue* zu *ua* oder *oa* geworden ist. Auch dies alte *uo*, *ue* wird deshalb gelegentlich *ai*, *ae* geschrieben. So begegnen z. B. QXI die Reime:

thain (d. i. mhd. *tuon*) : *gemain* 5 f. 625 f.
thain : *allain* 611 f. 619 f.
haim : *thuen* 311 f.
thaen : *haen* (d. i. mhd. *huon*) 92 f.

Die zweite Schicht zeigt die in Nürnberg üblichen Reime, eine dritte die berührten grobdialektischen. Die erste stimmt in Stoffen und Stil und, soweit sichs erkennen lässt, in der Metrik so gut zu den älteren Tyroler Stücken, dass man sie ihnen ohne weiteres anreihen darf; die zweite und dritte

Schicht zeigen eine Mischung von Altem und Neuem, Einheimischem und Fremdem.

Zu der ältesten Schicht gehören sicher, wenn auch zum Teil überarbeitet: QIV (*Ipocras*), QVII (*Ariſtoteles der hayd*), QIX (*Reckenſpil*). Auf der Grenze steht das flotte Spiel von *Rumpolt und Mareth* (QI . Q VIII . Q 115 . Z 130), das doch wohl schon recht nah ans 16. Jh. herranrückt.

1. DAS ARZTSPIEL.

Die Arztszene, wie sie sich gegen Ende des 15. Jhs. in Deutschland in den Osterspielen ausgebildet hatte, zeigt folgende Teile:

I. Der Arzt sucht einen Knecht.
  1. Name und Lohn des Knechts.
  2. Anpreisen des Meisters (wohl auch seiner Frau).
  3. Der Knecht mietet einen Unterknecht (Pusterbalk).

II. Der Kram wird aufgeschlagen und angepriesen.

III. Die 3 Marieen verlangen Salbe.

IV. 1. Zank mit der Frau (die meist mit dem Verkauf nicht zufrieden ist).
  2. Die Frau entflieht.
  3. Wiederfinden (zum Teil abweichend).

Auf diesen ältesten Typus, der in keinem der uns erhaltenen Osterspiele so vorliegt, wie er der Ausgangspunkt der Fastnachtspiele geworden ist, geht offenbar QIV unmittelbar zurück; aber leider sind die einzelnen Szenen so durcheinander gewürfelt, dass man das Ursprüngliche nicht mit Sicherheit herstellen kann. Folgendes lässt sich von vornherein bei selbständiger Gestaltung des Arztspiels erwarten:

1) es muss fortbleiben III, die ernste Szene, die zur Verbindung mit dem Osterspiel diente,

2) es muss eine Einführung geschaffen werden, die kaum anders als ein Abklatsch von I_2 zu denken ist,

3) es werden die komischen Motive verstärkt, nämlich I_2, die ironische Anpreisung des Meisters, II die Anpreisung des Krams, IV_1 der Zwist mit der Frau.

Endlich lag es sehr nahe, da ja der Salbenkrämer ein Arzt geworden ist im Anschluss an deutsche Jahrmarktszenen, ihn auch eine wirkliche Heilung vornehmen zu lassen. Alles das ist in QIV geschehen; nur lässt sich leider nicht ganz deutlich sehen in welcher Gestalt. Wir sehen dann, wie sich das Krammotiv sowohl als das Heilungsmotiv zu selbständiger Gestalt auswächst. Vielleicht haben beide schon von da aus wieder das Arztspiel in der vorliegenden Form beinflusst.

QIV verläuft nun so:

1. Der Arzt wird durch den Präcursor angemeldet. (1—16).

2. Rubein preist ihn. (17—38).

3. Traybenschalkh stimmt zu und fügt das Lob der Meisterin bei. (39—61). — 2. und 3. können an dieser Stelle unmöglich richtig stehn; denn

4. die übliche Anwerbung des Knechts Rubein, die doch offenbar vorausgesetzt ist, findet erst nachher statt. (63—127).

5. Rubein wird von seinem Herrn abgeschickt:

> nach meinem knecht pufterbalckh,
> der mag wol fein ein groffer fchalkh.

(129—142). Auch dies kann nicht an der richtigen Stelle stehn. Rubin will ihn *ſchlagen vnd rauffen*, *Das ers hin fur nymer thuet* — was er eigentlich gethan hat, erfahren wir nicht. Die Verbindung mit 4 ist auch zu lösen: der Arzt muss Rubein erst dreimal rufen, während er in 4 unmittelbar neben ihm steht. Und nun

6. tritt Pusterbalk auf als ein blinder Mann, wird geheilt und muss zum Lohn dafür dem Arzt dienen. (143—198).

7. Rubein soll den Meister anpreisen. Er thut es in ironischer Weise; der Arzt ist unzufrieden. Pusterbalk stimmt mit Rubein. Rubein entläuft (199—242).

8. Rubein wird gerufen und soll die Salben ausschreien. Es geschieht abermals zur Unzufriedenheit des Meisters. Rubein droht zu entlaufen (243—310).

9. Das Weib soll „es schaffen“, während der Arzt schläft. Sie entflieht mit Rubein. Treybenschalk — ein

Quidam, man weiss nicht recht, wo er herkommt — weckt den Arzt. Klage desselben:

Zbar nun pin ich gar verdorben:
den leytten ist ain froindt gestorben,
Dy da wolten deiner salben kaufen
vnd zu irn frointen lauffen. (vgl. Osterspiele).

(312—314). Auch diese Partie steht an sehr wunderbarer Stelle. Denn der Zank, der sonst die Flucht der Frau veranlasst, folgt erst nach.

10. Rubein wird gerufen. Er kommt aus dem Volk hervor. Mit einem Mal ist auch das Weib wieder da, bricht einen Zank vom Zaun und bekommt ihre Schläge. Auf Rubeins Missbilligung antwortet der Arzt:

Ich mueß sie doch lan schauen,
das ich ir man pin;
sy luf mir leicht heint noch ainmal hin.

Und da Rubein sie entschuldigt, entgegnet der Arzt so, dass man, wenn man die Verse unbefangen liest, den Eindruck hat, als spreche er gar nicht zu Rubein, sondern zu einem Fremden, den er erst in diesem Augenblick erkennt:

Sy, lieber, ich main, du saist der[1]
Damit sy sey gangen von hinn;
mich triegen den all mein sinn.
Oder man gklaub mir nimer nicht:
ich main, du seyst der selbig poswicht.

Rubein will ihn schlagen; Pusterbalk ergreift Rubeins Partei; das Weib vermittelt. Schluss.

Ich vermag die Wirrnis nicht durch einfache Mittel zu lösen.

2. DAS HEILUNGSMOTIV.

Das Heilungsmotiv des Arztspiels ist in zwei älteren Dramen ausgearbeitet worden: das erste ist Stück 6; von dem zweiten besitzen wir 3 selbständige Rezensionen: Stück 48 (𝔄KM), 82 (M), XXI (Q). Stück 6 ist nur in der wahr-

[1] An dieser Stelle begegnet Reimbrechung.

scheinlich Nürnberger Hs. 𝔅 überliefert. In der Metrik ist es ziemlich wild. Es finden sich noch kurze Verse wie:

> Ferre aus Schlauraffen.
> Lauf hin zu den pauren.

Die Reime zeigen Abfall von *-n leite* : *vertreiben* (61 3 f.) 62 10 f.), *leibe* : *beleiben* (61 23 f.), *weile* : *übereilen* (63 17 f.), *wute*[n]: *gute* (64 23 f.). Das kommt gelegentlich auch in Nürnberger Stücken vor, namentlich bei Folz; aber doch nur gelegentlich. Ganz unrein ist *leben* : *ſehen* (59 10 f. 62 24 f.) — allerdings ein traditioneller Reim der Arztdramen vgl. (82) 684 9 f., QXXI 173 f. — *geſchehen* : *leben* (63 2 f.). Schon durch die teilweise noch lateinischen Überschriften fällt es aus den übrigen Stücken von 𝔅 heraus.

Ich halte Stück 6 für das ältere dieser Stücke. Es steht aber der Tradition freier gegenüber. Die schon vorhandenen komischen Effekte des Salbenmotivs sind kaum verwertet. Verlauf:

I. Es tritt der Arzt auf mit seinen zwei Knechten. Ankündigung.

II. *Servus Hulletusch* begiebt sich zu den Bauern, die gerade die Fastnacht mit einem Zechgelage begehn. Sie halten ihn bezeichnender Weise für einen Fahrenden, ein *jaufkint* (vgl. (63) 553 12), halten ihn frei und verlangen dafür *niuwe mære*:

> Was ſagſtu fur neuer mer?
> Du laufeſt doch aus fremden landen her?
> Hulletuſch Servus. Ich wais nit vil neuer mer,
> Sunder ich lauf von einem groſſen meiſter her.

(Vgl. Wirth aaO. „Rubein ein Spielmann!“)

III. Die Bauern haben einen Kranken. Beratung, ob ihm der Arzt helfen könne.

IV. Der Kranke wird herbeigetragen (*'Got grüß euch meiſter Viviam!'*). Sein Harn gefangen und untersucht. (Nebenmotiv: der Harn ist sehr zweifelhafter Natur 63 27). Heilung durch eine Purgatzen, die ihm das Leben verkürzen soll (vgl. QVI 165 f.), und durch Besprechung. Schluss.

Das zweite Drama in seinen verschiedenen Rezensionen, die aus einer gemeinsamen Quelle stammen, gehört möglicher Weise schon unter die Nürnberger Stücke, weil die Art, wie die einzelnen Bauern ihren Rat geben, auf die Rosenplütische Revueform zurückzuweisen scheint. Es knüpft an die festgewurzelte Komik des Anpreisungs- und Salbenmotivs an und kennt nicht die hübsche Szene zwischen den Bauern und Hulletusch. Dagegen lässt es verständiger Weise das Beiseitetreten des Kranken und das Auffangen des Harns fort, ohne das komische Nebenmotiv aufzugeben [(82) 684_{16} = QXXI 178 = (48) 366_{12} ~ (6) 63_{27}]. Die Heilung wird weiter ausgeführt: ein Heilungsversuch des Knechts mit den besten Salben schlägt fehl, weil er die Natur des Bauern misskennt. Erst der Arzt weiss Rat; nur Rossdreck und im Notfall tüchtige Prügel heilen einen Bauern. Hier liegt die Komik schon nicht mehr allein in der Figur des marktschreierischen Arztes und seines witzigen Knechts: die Bauern werden karikiert; die tiefe Bauernverachtung bricht durch.

Verlauf:

I. Der Einschreier kündigt den Arzt an (82) 679_{11}—680_{2}. QXXI 17—37. (48) 365_{5-13}.

[(82) $679_{4.5}$ = $QXXI_{1-3}$]
(82) 679_{11-22} = QXXI 11—28.
(82) 679_{12} ~ (48) 365_{7}
(82) 679_{13} f. ~ (48) 365_{11} f.
(82) 679_{25}—680_{2} = QXXI 35—38.

II. Das Salbenmotiv. Der Arzt tritt auf und befiehlt dem Knecht die Medikamente auszulegen. Anpreisung in bekannter Weise. (82) 680_{4}—681_{7}. QXXI 39—68. Fehlt in Stück 48.

(82) 680_{4-9} ~ QXXI 39—42
(82) 680_{15}—681_{7} = QXXI 46—68

III. Unter den Bauern ist ein Kranker, Beratung ob der Arzt in Anspruch zu nehmen. (82) 681_{9}—683_{27}. QXXI 69—160. Fehlt in St. 48.

(82) 681_{9} = QXXI 69.

(82) 681_{12} = QXXI 71
(82) 681_{20} ~ QXXI 79
(82) 681_{21} = QXXI 80
(82) 681_{22} f. ~ QXXI 81 f.
(82) 681_{24} f. = QXXI 85 f.
(82) 681_{26} f. ~ QXXI 88 f.
(82) 681_{29-32} = QXXI 90—92
(82) 682_{4} = QXXI 96
(82) 682_{6} f. = QXXI 98 f.
(82) 682_{26-32} ~ QXXI 103—108
(82) 682_{34}—683_{5} = QXXI 113—118
(82) 682_{11-25} vgl. QXXI 119—138
(82) 683_{9-12} = QXXI 141—144
(82) 683_{17-27} = QXXI 147—156.

Die Folge in Q ist verständiger. Q hat auch einen besseren Übergang zu IV. (QXXI 157 ff.).

IV. Der Kranke wird gebracht. In allen drei Rezensionen, deren Entsprechungen ich hier nebeneinanderstelle, ohne auf die kleinen Differenzen einzugehen.

1. *'Got grüß euch lieber Viviam'* (Q: *häniman*).

(82) 683_{29} f.	XXI 161 f.	(48) 365_{14} f.
—	—	365_{16-18}
683_{31} f.	163 f.	(cf. 365_{21} . 20)

2. Arzt: Ohne den *prunnen* kommt ihr vergeblich. Bauern: *'Mein herr, wir habens wol pedacht'*.

(82) 683_{33}—684_{4}	XXI 165—167	(48) 365_{23-26}
—	—	365_{27} f.

3. Arzt: *'Ir pauren vnd ihr röhling!'* Der *prunnen* ist verdächtig.

(82) 684_{12-17}	XXI 175—180	(48) 366_{9-14}

3a. Ein Bauer: *'Nit Viviam, lieber herre mein'*.
Fehlt in 82 und XXI. (48) 366_{11-25}

4. Der Arzt diagnostiziert. Abweichend in 82 und XXI (684_{29} f. = XXI 193 f.). Fehlt in 48.

5. Zum Knecht, ihm den Kranken übergebend:

(82) 684_{26-32}	XXI 195—200	(48) 366_{26-32}

6. Knecht: Ich kann ihm wohl helfen. Wiederholung des Salbenmotivs.

Fehlt in 82 und XXI. (48) 366_{34}—367_{15}

7. Der Knecht bestreicht den Kranken.

(82) 685_{5-12} In XXI nur Szenar. Fehlt 48.

8. Ein Bauer: 'Bist du gesund?' Antwort: 'nein'.

(82) 685_{14-23} XXI 201—210 Fehlt 48

9. '. . . . *lieber gvatter mein, Ein hurnſun mag der arczt ſein*'.

(82) 685_{26}—686_{1} XXI 211—217 (48) 367_{16-24}

(82) 682_{2} f. Fehlt in XXI und 48.

V. Die Heilung durch den Arzt fehlt in 48, stimmt in (82) 686_{5}—687_{19} und QXXI 219—264 in allem Wesentlichen überein.

Die Plusverse der einzelnen Rezensionen sind so durchaus verständig und zu besserer Motivierung und Füllung teils notwendig, teils erwünscht (vgl. besonders IV 3a. 8), dass an Interpolation nicht zu denken ist. Alle 3 Rezensionen haben gekürzt, am meisten 48. QXXI und 82 stimmen nahe zusammen; in Einzelheiten geht bald XXI, bald 82 mit 48.

In dem Nürnberger Stück 85 ist offenbar nach den älteren Mustern (der Revue-Manier zu Liebe) das Brunnenschauen aus dem Heilungsdrama ohne Geschick vereinfacht.

Folz, der das Heilungsmotiv in Nürnberg effektvoll ausarbeitet (St. 120 vgl. unten), lässt das Salbenmotiv fort und gestaltet den vergeblichen Heilungsversuch um. Die Hauptkomik fällt bei ihm auf die Bauerntölpel. Er fügt neue komische Elemente — das Missverständnis gehäuft — hinzu, die Hans Sachs später benutzt. Sein Drama wird dann auch in Sterzing populär. QXIX ist nichts als eine Umarbeitung von St. 120.

QXXII (*Ain zendprecherey*) ist offenbar ein spätes echt tyrolisches Stück, sonderbar konfus, zum Teil viel stärker dialektisch angehaucht, in gereimte Prosa übergehend. Daneben hat es sonderbarer Weise den Nürnbergischen Reim *ſton* : *thon* (240 f. geschrieben *ſton* : *thain* d. i. *tuon*). Mit dem Zank und der Schlägerei, bei der der Zahnbrecher zur Thür hinausfliegt, erinnert es etwas an Folzische und HSachsische Dramen. Es ist schon der Ton der späteren oberbairischen Volkskomödie. An Hans Sachsens (spätere) „Rockenstube" gemahnt es, wenn Bauern und Bäurinnen zusammensitzen und in dem ziellos hin- und hergehenden Geplauder, das dem Leben nicht übel nachgebildet ist, die Aufforderung ergeht, ein Lied zu singen (V. 249):

Sy, mein gratz, ſing: het ich ain puelln als monige hat.

Vgl. Rockenstube (HSachs' Fastnachtspiele 10) V. 68 ff.:

Mein liebe Gredt heb an vnd ſing
Das new liedla (ich kůnts auch gern)
Vom holder trüſchel vnd morgenſtern.

3. DAS SALBENMOTIV.

Das Anpreisungs- und Salbenmotiv ist von QVI und QXXIV ausgearbeitet worden (vgl. auch Folz bei Keller Fnsp. III 1199). QXXIV 'Doctors Apotegg' kann als eine Sammlung von Scherzen über Arzneien gelten. Heilmittel werden angepriesen. Einiges deutet darauf hin, dass drei Reihen entstanden waren: in der einen wurden die Salbenbüchsen als erste, andere, dritte . . . . aufgezählt, in der zweiten nach den Buchstaben ABC . . ., in der dritten nach äusseren Zeichen (Hand, Rosskopf u. s. w.). Aber alles ist durcheinander geworfen. So finden sich offenbare Wiederholungen namentlich in Stück XXIV vgl. Vers 205—208 und 593—596, 603 f. und 645 f., 489 f. und 609 f., 399 f. und 613 f. Es war ein Feld für Improvisationen. Angehängt ist dieser Aufzählung eine Heilung mit überladenen Versen, Reimbrechung und Missverständnissen lateinischer Witze; sie setzt wohl schon Folzens Arztspiel voraus.

Auch Stück VI, in seiner ersten Hälfte (VIa = 1—185), zum Teil zu XXIV stimmend, hat eine kleine Heilung zum Schluss. Die zweite Hälfte (VIb = 186—193) ist ein sonderbares Mischprodukt aus dem Arztspiel und dem Ehegericht: der Arzt vollzieht eine Ehescheidung!

Ich begnüge mich die wörtlichen oder nahezu wörtlichen

Entsprechungen von VIa, XXIVa und XXI zusammenzustellen, damit man die nahe Verwandtschaft überschaue.

VI 11 ff. siehe Wirth S. 185 und XXIV 1 ff.

VI	XXIV / IV
VI 21 f.	XXIV 11 f.
Nun also siczet nider vnd last rasten eure Glider!	Also sitzet ain weyl da nider vnd lasst rassten Eure Glider!
VI 24.	IV 186.
das ir imer unselg muest sein!	Waß wollt ier? das ier unselg must sein!
VI 29—32.	XXIV 59—62.
Er khan den altn weiben die Runczln auss dem ars vertreiben Vnd khan in darnach ain salben gebn, das sie das jar nit auss leben.	Er kan den allten weiben dj runtzl von oben Biß zu vndrist vertreiben, Thuet In darnach ain salben geben, das sy vber hundert nit leben.

Zu VI 29 f. vgl. ferner VI 145 ~ (98) 751_9 f. ~ (57) 509_{21} f. ~ Folz III 1199 (V. 20) u. a. Zu VI 21 f. vgl. (6) 64_5 f. und Wirth S. 175 (Rubin).

VI	XXIV / IV
VI 37—42.	XXIV 83—88.
Secht ir hie mein herrn siczn,	Secht Ir mein herr doctor da sitzen?
der pfhligt gar ckhlueger wiczen,	der phligt mit lesn gklueger witzem,
Vnd dy salbn vor im stan? ir kinder, ir solt her zu gan	hat statigs wenig rue. Lieben nachpaurn, nun trettet her zue,
Vnd last euch damit gestreichn, so mag der gesund von euch beichn.	Lat euch mit den Salbn pstreichen, dauon mag euch gesund entweichenn.
VI 45 f.	XXIV 89 f.
Er ist so gar auch nicht ain kind, der gesicht, den macht er plind.	Dann Er ist So gar nicht ain kind, wer gesicht, den thuet er machn Blind.
	Vgl. IV 12 f.
	Was man im gesunter fur pringt, die macht er all an payden augn plindt.

VI 49—54.	XXIV 93—98.
Hiet ainer ain spanlange wund,	Het ainer ain Spanne lange wundt,
er machts im in x Jarn nit gsunt;	er macht Sy Inerhalb zway Jaren gsundt;
Er kann gar guete erczney,	Er kan gar guete Ertzeney
er ist pesser den ander drey.	vnd ist Besser mit den ander drey.
Wer das nit will gelauben,	Wer sollichs von Im nit thůt gelaubm,
den pescheist er mit gesechntn augen.	der wirt von Im pschissn mit gsehenden augen.

VI 57 f. ~ (48) 63_{67} ~ (101) 368_{31} f.

VI 59 f. = XXIV 349 f.

VI 65—68.	XXIV 143—146.
Sy, kinder, weder maincz, ich woll enckh affen,	Ir went villeicht, Ich well euch affenn,
das ir die salben nit welt kaffenn?	das Ir der Salbn nicht wellet kaffen?
Nun will ich euch die salbenn lassn nemen,	Nun will ich Sy euch da lassen benennen,
das ier sy dester pas mugt erckhennen.	das ier yede dest pas mugt erckhennen.

VI 69 f.	XXIV 155 f.
Schmiczinkuckn, mein lieber knecht,	Rubein, Steig auf vnd Schickh dich bald
rueff auss die salm, daran thuestu recht!	vnd rueff aus ain yede Salb.

VI 71—74.	XXIV 177—180 f.
Nun hort, ir vill liebm leute,	Nun merckht, Ir vill leute,
wass die salm pedeute!	was yede Salbm bux bedeute!
Die Salb ist gmacht von wilden schneken,	Die erst salb ist gmacht von wilden schneggen,
die ist den altn weibm guet für den peken.	vnd ist den altn leitn guet furn peggen.

VI 76 vgl. (6) 69_9 f.

VI 77—80.	XXIV 485—488.
Das ist den aines altn weibes harm,	das ist ainer altn betagten frauen harem,
den solt ier trinckhn also warm;	denn soll man trinckhen also warem.
Mag der pey euch peleibm,	mag der Bein euch Beleibm,
so ist er guet fur die speibm.	So ist er guet fur dj Speibm.

VI 83—86.	XXIV 529—232.
Das sind trensn von ainer schelmigen khue.	Das sind trennsn von ainer schelmigen kue.
die niest in der morgnfrue,	dj sol man Niessn in der morgen frue,
So raumpt es euch den magn.	So raumbt es aim den magen,
das mans in scheffern von euch muess tragn.	das mans In schaffern von aim mues tragen.
VI 87—92.	XXIV 339—344.
So sind das pendl von ainer gaeß.	So Seind das pondler von ainr gaiß,
die solt ir essn also haiß,	dj Soll man essn also hayss,
Wan sy erst von dem ars herfallen,	Wann Sy erst vom nesst her valln,
So sind sy guet fur die gallen,	So Sind Sy gesunndt fur dy galln.
vnd vacht sy in den mundt, e in der tampf verge,	dj vacht in mund, e In der tampf vergee,
so sind sy guet fur den zand wee.	So sind Sy guet fur den Zandwee.
VI 93—96.	XXIV 521—523.
Nun schaut, ob die salb nit schmeckh!	Nun kostet, ob dy Salb nit schmegkh!
das ist aines altn weibs dreckh.	das ist ains altn wolfs dreckh.
Den solt ir salbm an die zen,	das soll man streichn an dj zenn,
das euch kain khalte speis nit pren.	das euch kain kaltj Speis drann prenn.
VI 97—100.	XXIV 345—348.
So sind das taubm dreckh,	da ist fur feder weis dauben dreckh,
damit man vertreibt die fleckh,	da mit man vertreibt dj veh und fleckh,
Die die frauen haben vnder den Augen.	So ye aine hat vnder den augen,
die sollen sy anstreichen gar taugen.	gemisst mit harber, scharpfer laugen.
VI 107 f.	XXIV 603 f.
Mit ainem knutl vmb die lend,	Zwischen den Schultern auch vmb dj lennd;
sie mocht puegn fues vnd hend.	ob Sy Schon puegn fuess vnd hennd.
	XXIV 645 f.
	Dj Sol man mit schmirbn vmb dj lennd,

	das Sy thuet Biegen fuess vnnd hennd.
VI 165 f. ~ (6) 64_5 f.	
XXIV 39 f.	XXI 39 f.
Leg furderlich auß vnnd lass dier schlaunn dj gelben Salbm vnd dj braunn.	Leg auß, knecht, vnd la dier schlaunn. die gelbm salbn vnd auch die praun.
XXIV 43 f.	XXI 43 f.
Ob Wier zu ainem geltle mochten kumenn, dannes wer vnns schier zerunng her zerunnen.	Ob wir zu dem pfennig mochtn kumen, des hietn wir nutz vnd frumen.
XXIV 45 f.	XXI 45 f.
Darumb Sey fleissig, lieber ruwein, Dann wir dem wiert vil Schuldig sein.	Darumb, lieber Rubein meinn, Du waist, das wier dem wiert, vill schuldig sein.
XXIV 163 f.	IV 253 f.
Nun secht an den grossen schatz, den wir bracht haben auf den blatz.	Secht an all disn grossn schacz den wir habm gepracht auf disn placz!
XXIV 169 f.	XXI 49 f.
Die buchsn die Sind alsamt vol, dj man zu ertzney brauchen Soll.	Die puchsn die sind allsam vol, die mein maister nutzn soll.
XXIV 185 f.	XXI 55 f.
So ist das die ander, die kumpt her von Brugg auß flandern.	So ist das die ander, die hab ich gebracht von flandern.
XXIV 187—190.	XXI 65—66.
Das ist gar ein edls stuckh! wenn mans aim auf ain aug drugkht, Dem wiert von stund an lutzlbass vnd gwingt ain schein wie an alts kuchen glas.	So ist das sunst ain edls stuckh. Wenn Ichs aim auf ein auge druckh, dem wiert von stundan lutzl pass Vnd gewinnt ain schein als ain kuchsglass.
XXIV 191 f.	XXI 61 f.
So ist das die dritt, di salb ist gmacht aus ainer esls ripp.	So ist das die dritt, Die hab ich gemacht auß ainr esls ripp.

XXIV 197—204.

So ist das dj viert.
wenn ainer magt zu weit wiert,

Vnnd Bsorgt sich des vor ainem mann,
vnd so er sy Sy nimbt für Junckfrau ann,
dj bestreich damit Jern nabl,
So wextz ier zue wie ain ofn gabl,
Vnd hallt dy Bein zsamenn weit,
So wiert sy wider ain Raine Maid.

IV 292—299.

So ist das die viert;
wenn ainer Junckfraen zu weit wiert,
Vnd psorgt sich das vor ainem mann,
so er sy nimpt fur Junckfhra an,

Die pestreich damit Irn nabl,
So wagstz ir zu als ein ofn gabl,
Vnd hab die pain nur zue weit,
So ist sy den ain Raine meit.

XXIV 259 f.

Wolh Sind die Salbm Bixn,
dy wir negst gmacht haben zu brixenn.

IV 279 f.

Sag an Rubein, wo sind die andern salben mein,
Die ich enschtag han gemacht?

XXIV 261—264.

Ist mir recht, So ist das di ain
vnnd das dy ander, als Ich main.
Auf der da Stet ain A,
dj hat Beschmaist ain totj kra.

IV 282—285.

ist mir recht, so ist das die Ain
vnnd das die ander, als ich main.
Auf der da steet ain a,
die hat geschissn ain tote kra.

XXIV 265—270.

Wer sich damit thuet pstreichn,
der mues hin furan alzeit keichn.
Er wiert frisch vmb Sein' Brust
gantz nach Seins hertzn lust,
Als Sam er het verschlunden
10 kopf von toten hunden.

IV 265—270.

Wer sich damit lat pestreichn,
Der muess albeg keychn,
So wiert er dan vmb sein prust
frisch nach Seines herczen lust,
Vnd als er hab verschlunden
xij kopf von totn hunden.

XXIV 273 f.

Oder das er auff geschwillt,
von der Salben wirt er nider gstillt.

IV 302 f.

Wem der aindlefft finger gschwilt,
von der salben wird er aim gestillt.

XXIV 279—282.

In der buchsen Ist aller lay.
Es ist darinnen rabm gschray.
Vnd des Brenner wints ain gaffn voll,
Auch ains verprunnen walds zway kol.

IV 271—274.

In der puxen ist aller lay:
es ist darin rabmgschray.
Vnd ist darin der taurn windt ain flaschen voll
vnd des verprunnen wald ain koll.

XXIV 363—366.	IV 357—260.
Streicht Sy yemand an pese augen, furwar Sol mir der selbig glauben, Er wirt gesehendt an der vartt gleich wie der blind egghardt.	Vnd streicht sy jemand an dy augn, er soll mir das sicher glaubn, Er wirt gesund an der vart gleych als der plindt eckehart.

XXIV 399 f.	IV 289 f.
Streichtz yemand auffs haupt ain mal oder zwae, Es wirt Im rauch wie ain gennss ae.	es wexst dauon nimer khain har. pschtreicht ain sein kopf ain mall oder zbai.

XXIV 409 f.	IV 275 f.
Es ist dapey das plabm Vom himl vnd den huef von aim weissn schiml.	Vnd des plaben von dem himell vnd ab dreyen regn pogn der schimell.

XXIV 593-596.	XXIV 205—208.
Gleich wie Ir lieben mueter was, do Sy des erstn kinds genas, Vnnd haillwartig wie ains wolfs mundt, dauon Sy noch zu ern kumpt.	Gleich wie Vor Jarn Ir mueter was, da Sy des andern kinnds genas. Wyrdt hailsam wie ains wolfs mund. Es nems oft aine nit fur ir h.

XXIV 609—613.	IV 286—292.
fur vbringe schen Ist Sy fast guet. wer sich damit pstreichen thuet, das glaubt sicherlich fur war, es wext dauon nimmer khain har. Streichts ainer an kopf ain mal oder zway, Es wirt als rauch als ain genns ay.	Wer sich damit pschtreichen thuet, fur ybrige schon ist sy vast guet; das sag ich euch furwar es wexst dauon nimer khain har. pschtreicht ain sein kopf ain mall oder zbai er wird als rauch wie ain ganz ay.

4. RECKENSPIEL.

Die Sprache der Reime weist das „Reckenspiel“ in bairisch-österreichisches Sprachgebiet, vgl. besonders *nemen* : *khemen* (Ptc.) 31 f. (nicht Nürnbergisch), *peſtonn* (*â*) : *lon* (*ô*) 47 f., *ſchon* : *han* 459 f., auch *tonn* : *ſon* („Sühne“; vgl. (39) 289_7 f.), *vermittn* : *ſchuten* (*ſchütten*) 315 f., *abgeſait* : *erfraet*

425 f., *erſchlagenn* : *habenn* 97 f. kann man als *erschlan* : *han* fassen, aber 421 f. steht *leben* : *verbegen* 421 f. *ſprechn* : *geſchechn* 418 f. ist wenigstens nicht Nürnbergisch zu belegen. Tyrol war wohl die Heimat des Stücks, jedenfalls die bairische Alpengegend, wenn wir die Worte des Ausschreiers nicht für einen Zusatz halten wollen, wozu keine Veranlassung vorliegt. Vgl. 479 f.

Den wir ſeind zogen perg vnd hohe Joch,
Das vns gar hart durſtet noch.

Ausser 231 f. *hercznlaid* : *zeit* sind alte und neue Diphthonge nicht gebunden, nicht einmal *uo* : *u*. Einmal steht *ei* : *i* 299 f.

Hochgeporne kinigin fein
achtet nur nit, das ich ain munich pin.

Vgl. 147 f. Und ſagt Krimhild der kinigin fein : Rein.

Das ist allerdings zu unsicherer Grund, um darauf zu bauen.

Die Metrik zeigt ein Schwanken zwischen Altem und Neuem, soweit sich bei der Verderbtheit des Textes beurteilen lässt. Verse wie *Das kam ir zu groſſem vnſtet* (17), *Vnd ſchafft vns ain kleine weill rue* (34), *Es mueſt ainem gelten das leben* (122) scheinen nach meistersingerischer Technik gebaut. Daneben begegnen Verse mit synkopierten Senkungen und fehlendem Auftakt. Bei zweisilbigreimenden Reihen findet sich meist Schema: 4 ◡; nach 3 × kann man lesen:

149 *Zu díſem róſen gártèn.*
167 *Die híe in irem gártèn.*
191 *Ich wíl dich ſélber reíchènn.*
251 *Durch gót vnd ſchìne[r] fraúènn.*
255 *Vmb róſn in díſem gártèn.*
279 *Mít meíner ſtechlen ſtángènn.*
295 *Nách wém thuet ir híe ríngèn.*
361 *Ich gíb euch paéden gebúnnèn.*
373 *Von júnckfrau vnd von fraúènn.*

Von Charakteristik ist nicht viel zu reden. Das Spiel ist lediglich interessant als Nachwirkung der Heldensage.

Das Spiel vom *Perner und Wunderer* (Keller No. 62), das sich inhaltlich ganz an „König Etzels Hofhaltung" anschliesst, reimt altes und junges *ei* (*lait* : *weit* 549 26 f., *zeit* :

gelait 550₃₂ f.) und liesse sich sprachlich nach Nürnberg setzen. Flüchtig an Folz erinnert 517₅, vgl. (1) 1₅ und unten.

Hans Sachsens „Hürnener Seufried" ist das letzte Glied in dieser Kette.

5. RUMPOLT UND MARETH.

Die Oktavhandschrift Z, die neben den Sterzinger Handschriften das Spiel von 'Rumpolt und Mareth' enthält, das sich hier, von den übrigen etwas getrennt anreiht, ist nach Hoffmann von Fallersleben im 15. Jh. geschrieben. Die ersten Partieen scheinen dem Jahre 1494 zu entstammen; denn so wird das „anno domini IC lxxxiiij°" mehrerer Überschriften doch wohl zu deuten sein. Hoffmann giebt nicht an, ob die Hs. von ein oder mehreren Händen herrührt. Was speziell unser Stück (130) betrifft, so steht es hinter einer Abschrift der Niclas v. Wyle'schen Translatze des goldenen Esels, durch ein geistliches Lied von ihr getrennt. Da das Lied, wie das Spiel beide auf einer linken Seite beginnen, so sind diese Partieen jedenfalls nach einander geschrieben. QI ist 1510, QVIII 1511 von Vigil Raber geschrieben, auch Q 115 rührt, schon nach der Behandlung und Orthographie der lateinischen Überschriften zu urteilen, von Vigil Raber her[1]; zum wenigsten steht es den Raberschen Abschriften so nahe, dass sich die Bezeichnung auch der Sterzinger Spiele mit dem gleichen Buchstaben Q rechtfertigt. War Vigil Raber wirklich Schreiber und Redaktor des Stücks Q 115, so hat man Grund es für seine frühste Arbeit zu halten. Später schreibt er meist *ai, ae* für bairisches *oa* (s. o.), hier noch *ue*: 987₂₅ *kluen*, 988₂₁ *muen* (ich meine), 990₁₆ *ruen*; doch vgl. 986₂₄ *zaen* d. i. *zorn* (*tsoǫrn*) : *geladen* (= *gelǫǫn*).

Die Existenz von mindestens 3 verschiedenen Rezensionen zeigt gegen Pichler, wie beliebt das Drama in Tyrol war. In der Anordnung der Verse stimmen I und 130, VIII und 115 zusammen. VIII ist die ausführlichste Redaktion.

[1] Pichler drückt sich darüber nicht ganz klar aus.

Der Gang der Handlung ist hier sehr korrekt und verständlich. Nach einem ausführlichen Proœmium kündet der Pedell das Gericht an. Der Angeklagte Rumpolt erscheint mit dem Zitationsbrief: Notar und Advokaten machen auf Lateinisch ihre Glossen über ihn; der Offizial verweist sie auf Lateinisch zur Ruhe und fragt den Angeklagten, wer ihn geladen. Darauf antwortet Rumpold, von vornherein verdutzt, im Gefühle seiner Hülflosigkeit gegenüber den gelehrten Herrn, ganz passend:

Herr ich kan nit latein,
Erlaubt mir einen vorſprech.

Die Bitte wird gewährt, und Bauer und Advokat sind bald handelseinig. *Nun, wo iſt nun der ander tayl?* wendet sich der Pedell ans Publikum, und die Klägerin erscheint. Wieder ein kurzes lateinisches Zwiegespräch zwischen Notar und Offizial. Auch die Klägerin verlangt einen Advokaten. Beide Teile werden vereidigt. Dann schreitet man zur Verhandlung. Der Sachwalt der Klägerin trägt zuerst die Sache vor, der des Angeklagten antwortet und beantragt Vertagung. Der Offizial lehnt den Antrag ab und fragt darauf den Angeklagten, ob er sich schuldig bekennt und Sühne leisten, d. h. die Mareth, die ihn um die Ehe anspricht, zu seiner rechtmässigen Frau nehmen will. Rumpold weigert sich und erregt dadurch den Zorn von Mareths Mutter. Ein heftiger Zank der beiden Parteien schliesst sich an, den der Pedell mühsam beschwichtigt. Darauf die wiederholte Frage des Offizials: Bekennst du dich schuldig? Angeklagter: Nein. Ich kanns beschwören. Abermals platzen Klägerin und Angeklagter auf einander; abermals muss der Pedell sie zur Ruhe weisen. „Hast du Zeugen?“ lautet die naturgemässe Frage an die Klägerin. „Ja, meine Mutter, und eine Jungfer Rueley“. Die Mutter wird vernommen. Aber der Anwalt des Beklagten erhebt Einwand gegen ihr Zeugnis. Kurzes erregtes Gefecht der Advokaten, erst deutsch, dann lateinisch, was zu einem komischen Missverständnis seitens der Mutter der Klägerin und einer Rede *ad spectatores* seitens des Vaters des Beklagten führt. Die zweite Zeugin wird vorgeladen und giebt ihr Zeugnis. Rumpolt unterbricht sie und verschnappt sich. *Jam ipſe confitetur* bemerkt der klägerische Anwalt. *Ex hoc verum* (mit Q I. Z) *non ſequetur*, wendet der andere ein. *Vere eſt suſpectus* giebt der Offizial zu. (Wieder ein komisches Missverständnis der Mutter.) „Schreiber, nimm es zu Protokoll!“, verlangt der klägerische Anwalt, und der Notar schreibt offenbar während einer längeren Rede nieder.

Damit ist der Thatbestand aufgenommen, und der klägerische Anwalt fordert das Urteil. Hier folgt nun nach ein paar albernen Worten der Mutter sehr passend ein Bestechungsversuch von Rumpolts Vater. Weil Geld und Gaben doch viel vor Gericht vermögen sollen,

> Darumb will ich euch die hand ſchmieren,
> das er khäm von dieſer diern.

Darauf antwortet der Offizial ebenso prompt wie passend:

> Schmier an galgn, das iſt mein rat.

Es entsteht eine kleine Pause, während welcher der Offizial das Urteil abfasst und die streitenden Parteien einen Höllenlärm vollführen. Dann folgt die Urteilsverkündigung lateinisch seitens des Offizials, deutsch erklärt durch den Notar: Rumpold hat verloren, Mareth hat gewonnen: Freu dich Mareth! hier ist das Urteil; kostet einen Gulden. Bezahle auch deinen Advokaten; nachher kannst du noch die Schadenklage vorbringen.

> Mareth reſpondit:
> Herr den gulden gib ich gern,
> ich will auch meinen vorſprech ern
> Mit ainem gulden geld,
> das er mir ſcheden vnd zerung meld.

Die Schadenklage wird vorgebracht und Rumpold zur Zahlung von $3^1/_2$ Pfund verurteilt; will er aber die Dirne nehmen, so sollen sie ihm geschenkt sein. Der klägerische Anwalt triumphiert, Rumpold ist wütend auf den Seinigen. Dieser rät zur Appellation. Der Advokat der Mareth hat gegen die Apellation juristische Einwendungen, die auf seinen Kollegen gar keinen, finanzielle, die auf Rumpolds Vater desto mehr Eindruck machen. Der Zusammenhang ist hier völlig glatt:

Secundus procurator:

. . . .
Nun helffen doch nit hundert pfund,
E das recht kem zum grundt.

Pater dicit:

Ja [ja] nun verſte ich wol den ſin:
Der ſach ich gar zu arm pin.
Ich will ott nit verrer dringen.

Nach einer kurzen Verhandlung über das Heiratsgut, schickt sich der Offizial an sie zusammen zu geben. Da stürzt Jans hinein und verlangt Mareth auf Grund eines früheren Versprechens zur Ehe. Aber er kommt zu spät: die Sache ist entschieden, und Rumpold und Mareth werden zusammen gegeben zur allgemeiner Freude und Befriedigung.

Hier ist offenbar alles glatt von Anfang bis zu Ende und von einem genauen Kenner gerichtlicher Verhältnisse herrührend, während an der Folge in Z QI ein Jurist wenig Freude haben würde. Da wird der Eid abgenommen, nachdem sich Rumpold bereits verplappert hat und ihm sein Advokat erklärt hat: die Sache ist so gut wie verloren; wir können aber appellieren. Appellieren vor dem Urteilsspruch! Und Rumpold bezahlt auch gleich!

Es ist auffällig, dass das Stück bei den Forschern so gut wie gar keine Beachtung gefunden hat. Der Dichter war vielleicht ein Jurist, jedenfalls ein sehr scharfer Beobachter. Vielleicht ist unter den vielen Stücken des 15. und 16. Jhs., die Gerichtsverhandlungen schildern, keines, das so realistisch gehalten wäre. Es lebt der Offizial, der als Präsident ruhig zusieht, wie die Parteien über einander herfallen, und dabei doch die Würde des Gerichtshofs wahrt, den Advokaten gegenüber, den Parteien gegenüber, ohne ganz den Humor der Lage zu übersehen, der zum Schluss *re bene acta* auch bei ihm durchbricht:

Schbeigt, laſt euch geben zu der ee!
Ir ſeyt payde frum als ee.
Mit den henden gib ich euch zu hauffn,
mit den füssen migt ier von nander lauffn.

Es leben die Advokaten, die sich rein *ex officio* ernstlich erzürnen und mit ihrem Latein gegen einander losfahren (*in ira* vor 371, *iracunde* vor 373) und nachher ruhig mit einander heimgehen können (vgl. 379). Selbst der Notar, der hauptsächlich monologisiert und seine Randglossen macht, ist nicht ganz schemenhaft gehalten, etwa als ein brummiger alter Herr zu denken:

> Nun wer mocht das alles erſchreiben
> waſſs ſie heut alles klaffen vnd ſpeiben . . .

Wie lebendig sind die Parteien geschildert, die Hauptbeteiligten von vornherein charakterisiert: Rumpold schon in der Bühnenbemerkung *grossis moribus et habitu*, ein *filius paupertatis*, über den die Advokaten ihre Bemerkungen nicht unterdrücken können; Mareth auch in ihren ersten Worten — *Schöner herr*, redet sie den Offizial an, während Rumpold ihn dem Gebrauch nach *Gnediger herr* tituliert —; der Vater, dem die Familie des Mädchens vor allem widerwärtig ist, mit seinem plumpen Bestechungsversuch; die schwatzhafte Alte, die sich krampfhaft bemüht die lateinischen Brocken aufzugreifen und immer ungefragt redet; auch die Zeugin, die tugendhafte Rüeley, die *als ein frumm junckfra* über höchst bedenkliche Dinge aussagt und selber dabei nicht zum Besten fortkommt.

Man muss die Treffsicherheit der Komik bewundern, hält man das Stück gegen die Masse der öden Nürnberger Machwerke, deren Witz, um einen pointierten Ausdruck Kuno Fischers zu gebrauchen, auf eindeutige Zweideutigkeiten hinausläuft. Ein überlegener Humor beherrscht das Ganze. Jans der zweite Liebhaber greift ein, da es zu spät und durch den drastischen Effekt des „Verploderns" zum Urteil gekommen ist. Nun erscheint Mareth durch seine Aussage in ganz anderm Lichte, was Rumpold vorher von ihr Nachteiliges ausgesagt hat, wird zur Wahrheit, wo er es selber nicht mehr wahr haben will. Der Kontrast ist scharf hervorgehoben:

> Nun mueſtus zu ainem waib haben,
> oder dich eſſn kran vnd raben,

sagt die Mutter am Anfang, während sich Rumpold standhaft weigert:

Dann ich wils zu ainem weib haben,
vnd ſoltn dich (lies mich?) eſſn kran vnd raben,

sagt Rumpold zu Jans am Schluss — ohne freilich die Nebenbemerkung unterdrücken zu können:

(Vnd werſtu nur vor ainer ſtund komen,
Ich hiet nit geacht, hieſtus genomen).

Die verschiedenen Rezensionen zeigen das Verhältnis:

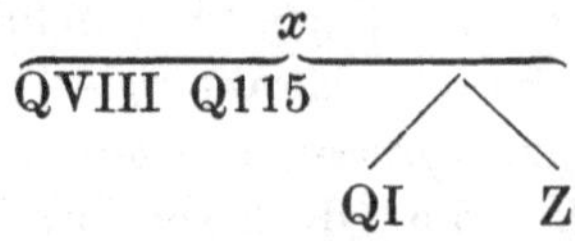

Jede hat gekürzt, QVIII und Q 115 nur wenig. QVIII hat aber auch interpoliert: 1—129, die erste Rede des Präcursor; 626—637, die Verhandlung über das Heiratsgut, 720—799 den Ehekontrakt. Die Stellen lassen sich mit Leichtigkeit herausheben. Der erste sehr lange Prolog — wozu überhaupt zwei? — spricht von Dingen, die mit dem Stück gar nichts zu thun haben. (Vgl. dazu HSachs „der Bauer mit dem Säumagen"). Nur im Prolog und im Heiratskontrakt werden die vollen Namen Rumpold Schmuczgaisel und Mareth Olhuet (118 f. 736) genannt; man kann allerdings einwenden, dazu sei sonst keine Veranlassung. Nur in der Verhandlung und im Ehekontrakt begegnen wirkliche und dicke Obszönitäten. Im Prolog, in der Verhandlung, im Eingang des Ehekontraktes begegnen zu lange, im Prolog und der Verhandlung auch zu kurze Verse, während sonst die Zeilen teils in QVIII als regelrechte Vierheber überliefert, teils als solche auf Grund von QI Z herstellbar sind. Nur im Prolog und ihm Ehekontrakt zeigt sich die Vorliebe, Synonyma zu häufen und die Rede durch allerlei Schnörkel zu erweitern, wobei namentlich der auf Reimwirkung beruhende Klangwitz zur Verwendung kommt. Er erinnert etwas an Fischarts Manier. So wird das bekannte:

Nun hort jr herren al geleich
peid arm vnd reich

im Prolog erweitert in

Reich vnd arm,
Kalt vnd warm,

klein vnd groſſ,
nackhend vnd ploſß,
hoprat vnd kuoprat,
huckät vnd zneckhet . . .

Vgl. im Ehekontrakt 730 ff. *allen den daſigen, dy den gegenwartigen prieff heren — ſchnecken oder greyffn, ſingn, fidln* oder *pfeyffn.* Man hat daher auch auf das nicht ganz verständliche Datum des Ehebriefs nichts zu geben.

Eine Folge der Interpolation war es, wenn QVIII nach 697 die Z 263_{8-14} = QI 518—531 entsprechende Stelle ausliess. Hier werden Rumpold und Mareth mit ihren Vollnamen genannt, und die lauten anders als bei dem Interpolator. Der Reim geht darüber in die Brüche.

Auch Z 260_{27-30} haben in QVIII keine Entsprechung. Es fehlt sicher etwas; denn Jans stürmt herein:

Ja, ja, herr, ja,
Ich pin eurſt auffruefen gar fro,

ohne dass der Offizial etwas aufgerufen oder ausgerufen hat (wie QI liest). Es ist also offenbar Z 260_{27-30} = QI 434—437 vorher einzuschalten, wo der Offizial sie wirklich ausruft; nur bleibt auch dann noch eine Lücke, weil er sie danach *„zum triten mol"* ausruft.

Im Übrigen lässt sich das Stück aus den verschiedenen Rezensionen recht gut herstellen. Ich stelle im Anhang die gleichen Verse in der ursprünglichen Folge einander gegenüber.

Durch unser Spiel ist Niklaus Manuels berühmtes Drama „Elsli Tragdenknaben" beeinflusst. Manuel hat die Effekte zum Teil verstärkt, war aber juristisch weniger gut geschult. Das wenigstens ist meine Auffassung des Verhältnisses, das noch eine nähere Untersuchung verdient. Bächtold, Niklaus Manuel (Bibliothek älterer Dichtwerke der deutschen Schweiz II) S. ccv, ist allerdings der Meinung, dass die Stücke 115 und 130 der Kellerschen Sammlung „Nachahmungen mit wörtlicher Anlehnung an Manuel" seien. Aber Bächtold kannte die Sterzinger Handschriften noch nicht, die bereits 1510 und 1511 geschrieben sind, während Manuels dichterische Thätigkeit erst um 1522 beginnt und sein „Elsli Tragdenknaben" nicht vor 1528 verfasst sein wird. Die

Fragen, an denen ich vorbeistreifen muss, finden hoffentlich Erledigung, meine Ausführungen vielleicht Berichtigung durch eine in Aussicht stehende Göttinger Dissertation über Manuels „Elsli“ und verwandte Dramen [1].

---

[1] Über den Stoff zu 'der tote König' (Rex Mortis wie V. Raber übersetzt) vgl. C. Müller in der Einleitung zu d. Hallischen Neudruck. No. 53. 54 und Peter ZfdPh. 21, 188 f. — 'Mai und Herbst' (QXVI) lässt, abgesehn von der übrigen weit verzweigten Verwandtschaft des alten Conflictus, zunächst an das holländische *Abel ſpeel van dem winter ende van dem ſomer* (Horae Belgicae 6, 125 ff.) erinnern. Ich halte beide Stücke nicht für altertümlich.

II.

DIE DRAMATISCHE PRODUKTION IN SCHWABEN UND DER SCHWEIZ.

Verfolgt man die Entstehung des geistlichen Dramas, so kann leicht die Anschauung aufkommen, als sei das mittelalterliche Drama entstanden, wie sich die Lawinen bilden, indem sich ein Partikelchen ans andere reiht, oder wie sich die Schichten der Sedimentärgebirge langsam aufeinanderlagern. Das ist nur eine halbe Wahrheit. Es waltet freilich allenthalben diese strenge Notwendigkeit, eine immanente Logik; aber wo menschliche Persönlichkeiten im Spiele sind, werden Entwicklungsformen niemals eine so strenge Abgemessenheit und Gleichmässigheit zeigen wie in der unbewussten Natur. Eine Geschichte des deutschen Dramas, die in jene frühen Zeiten zurückweist, müsste der Notwendigkeit und der Freiheit in der Entwicklung in gleicher Weise gerecht werden, und dürfte weder gewaltsam systematisieren noch sich mit einer bloss äusserlichen Chronologie begnügen.

Gleich die Entstehung der Weihnachtspiele scheint eine ganz andere gewesen zu sein als die der Oster- und Passionsspiele. Denn hier steht im Anfang der Enwicklung ein ausgebildetes Drama, das Werk eines klassisch gebildeten Mannes, der an antike Traditionen anknüpfte[1], wie in ihrer Weise die

---

[1] Vgl. jetzt auch Köppen, Beiträge zur Geschichte der deutschen Weihnachtspiele Paderborn 1893, S. 10 f.

Nonne von Gondersheim. Beiden folgt dann auf derselben Bahn der Tegernseeer Ludus Antichristi. Nicht durch die bei den Passionsspielen geübte Subtraktionsmethode, sondern durch eine Art Addition wird man hier aus der Überlieferung den Text des ältesten Weihnachtsspiels herstellen müssen. Es war ein Bauwerk, das für primitive Bedürfnisse zu grossartig und umfangreich geraten war.

Ich habe AnzfdA. XXI,95 f. versucht, die Momente zu fixieren, die für die Entstehung des deutschen Dramas überhaupt in Betracht kommen. Unbewusste Ansätze zu dem, was objektiv betrachtet als eine, sei es auch primitive, dramatische Handlung erscheint, hat es immer gegeben. Es kam aber darauf an, — und darin bestand die künstlerische That, die fortwirkte, — dass sie auch von einem Subjekte als solche gefasst wurden. Antike Tradition konnte für einen Dichter des Mittelalters das erleichtern. Mit der Responsion der Chöre bei den Passionsfeiern war unbewusst ein Ansatz zu dramatischer Gestaltung der Feiern gemacht worden. In bewusster Absicht wurde die latente dramatische Kraft ausgenutzt und — sehr allmählich — verstärkt. Die einfachsten Fortschritte werden am raschesten Gemeingut, und es wirken immerfort durch die Geschichte des mittelalterlichen Dramas zusammen Tradition und Verwertung unmittelbarer Beobachtungen, die beiden Faktoren, die überhaupt in der Litteraturgeschichte stets wirksam sind.

Die litterarische Nachwirkung der geistlichen Spiele haben wir erkannt in den Dramen bairisch-österreichischer Herkunft. Es gehörte nur eine geringe Kraft der Neuschöpfung dazu, um den Stoffkreis etwas zu erweitern und und das, was sich als wirksam erwiesen hatte, zu wiederholen und zu verstärken. Dichterische Talente konnten auf Grund solcher Tradition ausgebildete Dramen weltlichen Inhalts schaffen wie das Neidhartspiel oder das Spiel von Rumpold und Mareth. Aber in ihnen erblicken wir nur die Gipfel. Wir müssen hinuntersteigen in die Niederungen der Litteratur. Vereinzelte Erscheinungen betrachteten wir, keine Sitte. Wir haben zu erklären, wie sich die Gepflogenheit der Fastnachtspiele ausbildete und wie eine neue litterarische Tradition entstand, die der Nährboden wurde für die Schöpfungen des 16. Jahrhunderts.

Doch muss vorher noch ein Blick geworfen werden auf die Beteiligung anderer Landschaften an der Entstehung des weltlichen Dramas.

1. Stück 127.

(König Artus' Hof.)

Es kann zweifelhaft erscheinen, ob Schwaben mit einem älteren weltlichen Spiele vertreten ist. Denn die Überlieferung von Stück 127 in der jungen Handschrift 𝔄 kann Zweifel in Bezug auf das Alter hervorrufen. Sicher ist, dass dies Stück — „König Artus Hof“, wie es 𝔄 benennt — einen ganz anderen sprachlichen Charakter trägt als die bisher betrachteten. Hier häufen sich die schwäbischen Charakteristika: die 2. Plur. auf *-ent* passen in den Vers; die *au* für *â* werden das übliche; *ai* und *ei*, *ů* und *ei*, *üe* (*ue*) und *ü* (*u*) werden scharf geschieden. Dagegen wird für die letzteren auch *ie* und *i* geschrieben, wie umgekehrt für *ie* : *üe* (*ue*), für *i* : *ü* (*u*) begegnet: *mit brueffen* Nachtr. 185 12, *begur* : *für* 184 8. Es begegnen nur *gan*, *ſtan*, *lan*; es wird *tritten* 184 30 (= *dr-*), *vertroſſen* 203 20 geschrieben. Vgl. auch 3. Sing. *waiſt* 185 25; *durchlauchtigoſter* 187 11, *gnädigoſter* 188 20, *edloſter* 189 10, *begegnot* 203 21; *thiet* (2 Pl. Imp.) 203 18; *lůgt* 204 30; *ſendt* (= *ſind*) 207 13; *ain grauſenlicheu ſtim* 197 9 (denn so ist natürlich für Kellers *grauſenlichen* zu lesen). Das alles deutet darauf hin, dass bereits die Vorlage schwäbisch war; denn dass wir es mit einer Abschrift zu thun haben, zeigt die Auslassung zweier Verse (p. 186 26 und p. 190 1). Im Reim werden nur alte Diphthonge mit alten gebunden, wenn man von 184 1 f. *auf* : *überlauf* absieht, Versen, die ein wenig an Folz (1) 1 5 erinnern. Der schwäbische Charakter auch des Originals wird durch Reime wie *auch* : *schmauch* (mhd. *ou* : *â* 205 23 f., 208 26 f., 210 23 f.), *fraw* : *daw* 195 4 f. ausser Frage gestellt. Vgl. ferner *king* (= *künig*) : *pring* (186 12 f.), *fleyſſen* : *Preyſſen* (mhd. *î* : *iu* 186 29 f.), *Preyſſen* : *eyſſen* (*vber eiſſen* = *überrîsen* 205 14 f. vgl. 205 27), *friſt* : *geriſt* (194 28 f.), *hie* : *thüe*

(Konj. 196₃₄ f.), *furſt* : *iſt* (198₇ f.), *furſt* : *liſt* (202₃₁ f.; 205₂₁ f.), *nit* : *beſchitt* 200₁₉ f., *giet* : *behiet* (206₂₂ f.). Sehr auffällig ist *zimen* (3 Pl.) : *begynnen* (185₃ f.).

Es ist ungefähr dieselbe Orthographie wie im Liederbuch der Hätzlerin (1471), vgl. v. Bahder, Grundlagen des nhd. Lautsystems S. 18. Doch begegnet kein *u* mehr für altes *û*, nicht einmal *uf*, wie dort und z. B. im Georgspiel. Nur der Name Artus nimmt eine Sonderstellung ein: er wird im Innern nur *Artus* geschrieben, im Reim bald *Artus* bald *Artawß*, mit *alſus* gebunden und mit *hauß*. Anders ist es z. B. mit Stück 80 81, das nur *Artawß* kennt. Die Möglichkeit, dass der Verfasser noch *û* sprach, lässt sich angesichts der Reime nicht bestreiten; doch kann ebenso gut lediglich im Namen die alte Tradition fortgewirkt haben. Später als die Hätzlerin haben wir ihn auf Grund seiner Orthographie, die 𝔄 und etwaige Vorgänger, wie ihre Konsequenz zeigt, treu bewahrten, nicht nötig anzusetzen; denn die Hätzlerin ist natürlich durch ihre Vorlagen beeinflusst.

Die Verse sind vierhebig und regelmässig im Sinne der Zeit. Verstösse (auch fehlende Auftakte, fallen deutlich nur dem Abschreiber zur Last. Es ist häufiger *küng* zu lesen wo *künig* steht u. s. w. *d ſach* (190₈), *zverstaun* (196₁₉) beweisen, dass der Dichter *d* = *die*, *z* = *zů* brauchte; so wird häufiger zu schreiben sein. Streichungen von *vil*, *gar*, von *her* und *dar* vor *ein* u. a. ergeben sich jedem Leser von selbst. Auch scheint der Abschreiber die Verpflichtung verspürt zu haben, Anreden und Titulaturen korrekter zu machen z. B.

184₄ [Edle] fraw künigin jch thů dir kundt.

Satt *fürſten* wird häufiger *herrn* zu lesen sein (z. B. 197₁.₇). Auch Stellen wie 186₁ ff.:

> Von erſt den küng von Krichenlandt,
> Darnach von England den [küng] on ſchandt.
> Und auch von Kerling den [küng] geleich,
> Darnach den küng von Franckenreich,
> Darzů den küng von Preyſſen gůt
> [Den kung] Von Ten⟨e⟩marck das edel plůt u. s. w.

bedürfen weiter keines Wortes.

Eine verlorene gemeinsame Quelle dieses Fastnachtspiels und des Meisterliedes „das goldne Horn“ (Germania V, 101 ff.) hat Warnatsch (Der Mantel, Bruchstück eines Lanzeletromans von Heinrich v. d. Türlin hrsg. in d. Germanist. Abhandl. II, 65 ff.) erkannt. Inhaltlich vergleicht sich auch St. 80/81 (M). Der Einfluss des geistlichen Dramas ist anzuerkennen; dass hier zum Schluss eine Schlägerei der Ritter recht mit den Haaren herbeigezogen wird, ist ein auch im geistlichen Drama beliebter Zug. (Vgl. Weinhold in Gosches Jahrbuch f. Litteraturgeschichte S. 5 ff., Wirth, die Oster- und Passionsspiele S. 207.) Offenbar wurde das Stück auch wie die geistlichen Spiele auf einer festen Bühne gespielt, auf der die Länder der verschiedenen Könige an verschiedenen Ecken angebracht waren. Das naive Herumschicken des Boten bildet einen wichtigen Bestandteil der Handlung. Man kann daher zweifeln, ob es wirklich ein Fastnachtspiel war; dafür spricht Tanz und Johannessegen am Schluss.

Pfeifft auf und macht uns einen tantz

heisst es 212 18 wie so oft in den Fastnachtspielen, dazu 213 33 f.

Weigion, nun nim in die handt
Den wein und gib [in] ſant Johans ſegen

ebenso 215 7

Doch gebt mir auch [vor] ſant Johans ſegen,
Wan ich ye auch muß trinckens pflegen!

2. Stück 68.

(Des Antichrist Fastnacht).

In die Schweiz gehört sicher St. 107, das berühmte Neujahrsspiel vom klugen Knecht. Es ist so oft behandelt, zuletzt von Bächtold Geschichte d. deutschen Litteratur in der Schweiz S. 210, der es mit Entschiedenheit ins 15. Jh. setzt, dass ich hier einfach auf die Litteratur darüber verweisen kann. Es nimmt in jeder Beziehung eine Sonderstellung ein. Dagegen muss ich ein viel älteres und eigentlich geistliches Spiel hier anreihen: das in M nur fragmentarisch überlieferte Stück *Des Entkri/t Vasnacht* (Keller No. 68). Dem Stück ist ein Abschluss gegeben (608_{8-16}), der sonst in Rosenplütischen Spielen häufig ist und es zum Fastnachtspiel stempelt. Aber auch der oberflächlichste Betrachter wird die erheblich längeren Verszeilen sofort als Zusatz erkennen. Die Reime scheiden das Stück scharf von den Nürnberger Fastnachtspielen. Man kann ohne Schwierigkeiten mit den mittelhochdeutschen Vokalen lesen. Keine von den Nürnberger Eigenheiten, die wir späterhin zu berühren haben, findet sich in diesen Reimen. Noch sehr häufig sind die Reime auf Suffix *-er*. Unrein sind:

kragen : *haben* 601_{2} f.	(*\/chier* : *mir* 596_{11} f.)
gelawben : *verlawgen* 601_{20} f.	(*thon* [thun] : */on* [Sühne] 604_{25} f.)
kappen : *rachen* 604_{29} f.	*Pehaim* : *han* 601_{33} f.

Es ist die mhd. Verstechnik, die herrscht, natürlich nicht die höfischer Dichter: Auftakt und Senkungen fehlen häufig; mehrsilbige Senkungen sind selten im Vergleich z. B. zu Rosenplüts Art. Die nicht verschleifbaren zweisilbigen Reime sind zu ungefähr gleichen Teilen klingend und stumpf (nach der Simrock-Heuslerschen Terminologie) d. h. die Verse, wie man zu sagen pflegt, 3- und 4hebig: ich spreche stets der Kürze halber von Versen des Schema „3 ×“ und Schema „4 ◡“.

Offenbar gehört das Stück in die Schweiz; darauf deutet die Erwähnung von Kanton Bern (602_{34}) und Bistum Luzern (603_{27}), wozu sprachlich die Imperative Pluralis auf *-ent*: $601_{17.20}$ */chülent* : *habent*; 605_{20} *thund* u. a. gut stimmen, *lůget* = */eht* 606_{25}. Anderes kann für altertümliche Redeweise gelten.

593_{1} *fâlant* (so doch wohl zu lesen: *vor des bœ/en vâlants lêr.*)

595_{14} *Der all[er] der werlt gewaltig i/t*

595_{16} *hantgetât*

596_{25} *alters [all]ain*

597_{1} *Des sey dir von vns wider/agt*

599_{15} 1. Sg. Prs. *gib*

599 24 *Mein leyb ist aller sorgen vol.*
600 11 *ein notig[er] herr*
600 25 *laychen* (= betrügen).

Anderswo ist im Ausdruck deutlich modernisiert, so z. B. 594 36 ein ungeschicktes *ab legen* für *büezen* eingesetzt.

Die politischen Anspielungen gestatten eine ziemlich genaue chronologische Fixierung. Der Kaiser will dem Antichrist folgen, wenn ihm dieser seinen Vater beschwört. Das geschieht, und es erscheint der König von Böhmen. Offenbar kann dabei nur entweder an Karl IV. und seinen Vater Johann von Böhmen oder allenfalls noch an Wenzel und Karl IV. gedacht sein. Als Lohn für seine Gefolgschaft sollen dem Kaiser Jerusalem und das Ungerland und das Königreich von Salern zufallen (599 2 ff.); auch die guten Städte zu Bern werden ihm versprochen (602 34). Das setzt eine ganz eigenartige politische Konstellation voraus, die in den ersten Regierungsjahren Karls IV. eintrat. Am 19. Januar 1343 war König Robert von Neapel ohne männliche Erben ins Grab gesunken und hatte den Thron seiner Enkelin Johanna und deren jungem Gemahl Andreas von Ungarn hinterlassen. Gegen die ungarische Partei am Hofe empörten sich zwei Brudersöhne des Königs, Ludwig von Tarent und Karl von Dureggio, und ermordeten am 21. August 1345 Andreas zu Aversa. Die eigene Gemahlin galt als Mitschuldige. Aber die Rache folgte auf dem Fuss. 1348 zog König Ludwig von Ungarn gegen Johanna und Ludwig von Tarent, den sie inzwischen geehelicht hatte, zu Felde. Es brachen schreckliche anarchische Zustände herein über das unglückliche *künekreich von Salern*, dazu bald der schwarze Tod des grossen Pestjahres. Erst im Oktober 1350 war Ludwigs Rache befriedigt, und im Mai 1352 war die Erbfolge in Neapel wieder gesichert.

Inzwischen hatte Cola Rienzi in Rom seinen Glanz und Sturz erfahren. König Ludwig und Johanna von Neapel hatten beide seine Vermittlung angerufen, und einen Augenblick schien das Schicksal Italiens in den Händen des Volkstribunen zu liegen. Der neapolitanische Raubgraf Minerbino war einer der Hauptgegner Colas, die den 15. Dezember 1347 seinen Sturz herbeiführen halfen. Cola floh und erschien im Juni 1350 in Prag am Hofe Karls IV., um ihn zu einem Römerzuge aufzufordern. Grosse Pläne lebten in seiner Seele. Auch an einen Kreuzzug mögen phantastische Köpfe im Verfolg solcher Pläne gedacht haben. Das war der Moment, von dem man in poetischer Diktion am Besten sagen konnte, der Antichrist habe dem Kaiser die Reiche der Welt und ihre Herrlichkeiten: das Königreich von Salerno, Ungarn und Jerusalem angeboten. Freilich Karl IV. ging keineswegs auf den Vorschlag ein, durch Cola Rienzi Herr von Italien zu werden, und setzte den ehemaligen Diktator gefangen; damit war diese Situation vorbei.

Aber ein Dichter, der nicht genau genug über Karls politische Pläne orientiert war und in der Form nur ungenügende Kunde von den Ereignissen hatte, konnte wohl auch noch etwas später den Kaiser in ähnlicher Lage denken. Darauf führen die Schweizer Beziehungen. Am 9. August 1340 war nach langen Kämpfen der Eidgenossen mit Österreich endlich Friede geschlossen worden. Als aber 1350 Bern in den Bund eintrat, erwachte Österreichs Eifersucht und Besorgnis von Neuem, und Herzog Albrecht suchte Karl IV. zu gemeinsamen Schritten gegen die Schweizer zu bewegen. Im Frühjahr 1353 kam das Bündnis zu Stande. Karl IV., zugleich zum Römerzug gerüstet, den er anders beenden sollte, als Cola Rienzi geplant, zog mit einem Heer heran. In diesem oder dem folgenden Jahre muss unser Drama entstanden sein: der Antichrist verspricht dem Kaiser auch die *guten ſtât zu Pern.* Im Herbst 1534 zieht sich der Kaiser endgültig vom Kriege gegen Bern zurück.

Es ist wohl auch bei dem Bischof Gugelweit, der das Luzerner Bistum haben soll (603 27) an eine historische Persönlichkeit gedacht: etwa an den Konstanzer Bischof Johann von Wiedloch (1351—1355)?

Noch ein Wiederhall des Jahres 1349 ist also dies Antichristspiel, des furchtbaren Jahres, das allenthalben die religiöse Bewegung hervorrief und die erschlaffte Menschheit im Innersten erzittern machte, da zu Strassburg und anderwärts der Refrain der Geisler mit eintöniger Gewalt erklang, an den Weltuntergang gemahnend:

> Die erde bidemet, es klingent die ſteine;
> Ir herten herzen, ir ſullent weinen!

(Closeners Chronik, Code historique et diplomatique de Strasbourg I, 139 = Wackernagel Leseb. S. 1252).

Aber sehr charakteristisch für die Schweiz: die politischen Interessen behalten selbst in dieser Zeit die Oberhand. Der Hass gegen den Kaiser als politischen Gegner bleibt stärker als jedes andere Gefühl.

Es ist schade, dass das Stück nicht ganz erhalten ist. Wenn es auch mit dem Tegernseeer Ludus nicht verglichen werden darf, so possenhaft wie z. B. v. Zezschwitz kann ich das Stück nicht finden. Man hat es freilich mehr als politische Satire zu nehmen denn als religiöses Drama. Der Eindruck der Posse rührt wohl daher, dass die Episode mit dem Frass jetzt den Schluss bildet. Übrigens ist sie nicht lediglich erfunden (nach dem Muster etwa des Weinschwelg), sondern in der Tradition schon vorbereitet.

> Si vlîzint ſich deſte mêre
> Ir vrowede mit gefrâze,

heisst es im Linzer Entechrist von den Anhängern des Antichristen (Fundgruben II 120_{22} f.).

III.

DIE REVUEFORM.

1. TANZ UND DRAMA.

Dreimal begegnet in unsern Fastnachtspielen der Name „Tanz" im Titel der Stücke: *der alt hannentanz*: Stück 67; *der kurz hannentanz*: 89; *der maruschgatancz mit frau venus vnd der 7 varbn vnd handberchern*: QXIV. XV; *Morischgentanz*: 14. Von Alters her verbinden sich Tänze mit mimischer Darstellung. Die zur leidenschaftlichen Erregung gesteigerte Lust strebt unbewusst nach dramatischem Ausdruck zu allen Zeiten und bei allen Menschen. Was aber in Momenten erhöhten Lebensgenusses entstanden ist, das wird festgehalten zur Erhöhung des Lebensgenusses. So erklärt sich die allenthalben bemerkbare Verwandtschaft zwischen Tanz und Drama, die auch für die Enwicklung des deutschen Dramas nicht übersehen werden darf. Wer indes das deutsche Drama allein aus dem Tanz herauserklären will, der versucht einen Sprung über einen sehr breiten Graben. Denn ein anderes ist eine naive Äusserung von Gefühlen, ein anderes eine litterarische Kunstform, sie sei so roh wie sie wolle. Mimische Tänze der Germanen bezeugt Tacitus Germania.

Wie die Griechen mit ihrer *καρπαία* und *πυρρίχη* (vgl. Xenophon Anabasis 6, 1, 7 ff.), so konnten die Germanen in ihren kunstvoll ausgebildeten Schwerttänzen eine ganze Geschichte zum Ausdruck bringen. Müllenhoff hat in seiner schönen Abhandlung über den Schwerttanz (Festgaben für Homeyer Berlin 1871)[1] die Nachwirkungen dieser kriegerischen Schaustellungen in Deutschland durch die Jahrhunderte nachzuweisen gesucht. Er hatte gewiss Recht, wenn er annahm, dass eine alte Sitte sich andauernd fortgepflanzt habe; und was spätere Quellen über den Schwerttanz berichten, durfte zum Verständnis früherer Zeiten benutzt werden. Aber Müllenhoff hat doch wohl zu wenig erwogen, wie weit fremde Kultureinflüsse umgestaltend eingewirkt haben. Es wird hier gegangen sein, wie allenthalben, wo Nationen sich beeinflussen. Fremde Zuthaten werden sich um einen heimischen Kern herumgelegt haben. Dass die Hinrichtung in den niederdeutschen Schwertkampfspielen der spanischen Köpfungstour genau entspricht, hat Müllenhoff ZfdA. 18, 9 bemerkt. Und sollte nicht hier wirklich spanischer Einfluss, durch Frankreich vermittelt, anzunehmen sein? Heimischer Schwerttanz und spanische Moresca werden nicht unvermischt geblieben sein. Vgl. Böhme Geschichte des Tanzes 1, 132 ff. 323 f., auch de Nore, Coutumes des provinces de France S. 42. In Deutschland verstand man im 16. Jh. unter dem „morischen Tanz" einen Reiftanz im Mohrenkostüme vgl. Ammann ZfdA. 34, 202 f. Anderwärts war erforderlich, dass das Gesicht geschwärzt wurde.[2] Die Schwerter blieben wohl der Gefährlichkeit wegen weg oder wurden durch die Reifen ersetzt. Von englischen „Mohrentänzern" wird noch aus dem Jahre 1779 ausdrücklich berichtet; dass sie Schwerter trugen. (Ebenda S. 207 f.).

Schwerttänze und Moresken fanden in Deutschland (wie in England und Frankreich) auch ihre Reflexe im Drama.[3]

---

[1] Die spätere Litteratur über den Schwerttanz stellt zusammen Ammann ZfdA. 34, 191 ff.

[2] Tabouret Orchésographie fol. 94ro. De mon jeusne aage j'ay veu qu'es bonnes compagnies aprez le soupper entroit en la salle un garçonnet machuré et noircy, le front bandé d'un taffetats blanc ou jaulne avec des jambieres de sonnettes dançoit la Danse des Morisques. Zitiert bei Duméril, Le Théatre classique I, 89 Note 1. Junius Etymologicum anglicanum s. v. Morris-dance: Faciem plerumque inficiunt fuligine (ebda. Note 2).

[3] Moreska begegnet in Frankreich als Name eines kleinen Dramas im Jardin de plaisance fol. 32^b—34^b (ed. Martin Boullon):

Das wird gewiss auch für andere Arten mimischer Tänze gelten. Man wird auch in Deutschland verstanden haben, wie anderwärts, etwa noch im heutigen Italien durch die Tarantella, in Tanzbewegungen dem Werben um eine Schöne Ausdruck zu geben.

Dergleichen Tänze mochten sich besonders zur Ausgestaltung von Hochzeitsfeierlichkeiten eignen. Als die relativ ältesten Niederschläge solcher Werbetänze aber liessen sich etwa — wo wäre hier Gewissheit zu finden? — ansehn: Stück 66 *Vaſnachtſpil vom Münch Berchtolt*, Stück 67 *Der alt Hannentanz*, Stück 70 *Die Vaßnacht vom Werben ümb die junckfraw*, Stück 103 *Dy ſyben varb*. Die ersten drei bilden mit dem ebenfalls alten Stück 68 *Des Entkriſt Vasnacht* und dem jungen Stück 69 *Der Bawrn rug Vaſnacht* eine Gruppe in der ersten Partie der grossen Münchner Handschrift Cg. 714 in 4⁰ (= M). Stück 103 hebt sich scharf aus seiner Umgebung von Nürnberger Stücken im zweiten Teil derselben Handschrift heraus.

Stück 66 reimt nur alte Diphtonge mit alten, neue mit neuen, ausser 576 6 f. *ſpinnredlain* (so schreibt M): *allain.* Unreine Reime sind *pflegen* : *leben* 571 24 f. *petragen* : *haben* 575 26 f. *gehaben* : *tagen* 572 12 f. *wegen* : *geben* 577 12 f. *ſtroſack* : *gemach* 573 24 f. *löffel futer* (Löffelbehälter s. DWb.) : *multer* 576 11. 573 11 lese ich *ain gſchiſſen dümpel vars* (: *ars*) und verweise dazu auf Braut N. S. 13, 2 nebst Zarnckes Anmerkung. Allerdings weist Schmeller *Dumpelvas* = „Röhr-

---

Au milieu de nostre souper
vismes venir une morisque,
laquelle sans rien deschamper
se montra gorgeale et frisque:
c'estoit une chose authenticque
de voir leur gracieux deduict,
et en moult belle rhetorique
alloyent disant ce qui s'ensuit.

(Duméril aaO. S. 92 N. 7). — Ein englisches Schwertkampfspiel von St. Georg aus Sandys Christmas Carols S. 174 findet sich bei Duméril I, 428 ff., vgl. dazu Pröhle Weltliche und geistliche Volkslieder und Volksschauspiele. S. 245.

fass“ aus Dr. Minderer 1620 nach (BWb. ² 510). Die Formen *loßent* (572 5), *merckent* (473 13) als 2 Plur. Imp., die M sonst nicht kennt, stammen offenbar aus der Vorlage. Es lässt sich schwer entscheiden, ob sie hochallemmanisch war oder aus bairisch-österreichischer Alpengegend stammte. Zum Bairischen passt besser *feylant* (578 11) = *vâlant*. Möglicher Weise gehört das Stück also noch zu den Tyroler Dramen, denen es inhaltlich ganz fern steht.

Das Metrum hat noch die alte Manier: fehlende Senkung, fehlender Auftakt sind häufig; besonders die Namen am Versschluss sind mit zwei Hebungen ohne Senkung gemessen: *Pérchtòlt*, *Fürngrìll*, *Schérrdàrm* u. s. w., auch *háckſtòk* u. a. Von den Reimen können einige nach dem Schema 3× gelesen werden; aber Schema 4⌣ überwiegt, und so mag an den betreffenden Stellen nur mit fehlendem Auftakt zu lesen sein. Viele Verse sind überladen.

Der Schluss 578 20 ff. giebt sich als späterer Zusatz in M zu erkennen. Ich glaube aber, dass sowohl 578 20 — nur auf die eine Zeile bezieht sich Kellers „diss“ in der Anmerkung zur Stelle — als 578 27 ff. von derselben Hand herrühren. Die Abweichung von 578 27 ab ist zu unbedeutend und lässt sich etwa durch Ermüdung des Schreibers erklären. 579 3 f. ist nicht rot wie Keller angiebt, sondern nach rotem Schlussschnörkel (etc.-Zeichen) mit etwas schwärzerer Tinte wiederum von derselben Hand hinzugefügt. Vermutlich war die Vorlage zerlesen und nicht ganz vollständig. M fand später noch ein Stück und setzte zu, bemerkte aber, dass der Schluss fehlte, und fabrizierte endlich selbst einen Schlussvers.

Doch ist das Ende überhaupt merkwürdig abgekürzt, so dass M einen wohl schon in der Vorlage verstümmelten Schluss gekürzt haben wird. Es kommt zu einer schlimmen Prügelei, bei der dann der Arzt eine Rolle spielt, wie in den Tyroler Dramen. Irgend jemand zerbricht den Spiegel, den der Bräutigam der Braut geschenkt hat. Die Stelle 578 20 ff. erhellt sich durch die Deutung die Keinz, Münchener Sitzungs-Berichte 1888 II, 314 ff. und Sievers Beiträge 15, 567 f. der Geschichte von Friderums Spiegel bei Neidhart von Reuenthal gegeben haben. Unser Stück steht offenbar unter dem Einfluss von 'Metzen Hochzeit' oder Wittenweilers 'Ring'. Die Hochzeitsgeschenke sind ganz ähnlicher Art. Der '*alt Nudunc*' 575,29 begegnet auch in Metzen Hochzeit 31 f. Doch ist es ein auch sonst beliebter Name, der aus der Heldensage stammt; vgl. W. Grimm HS³ 111 (= ¹91). Auch direkte Kenntnis der Neidhart-Legende wird anzunehmen sein. Der Mönch Perchtold soll die Braut 'credenzen', d. h. beglaubigen in Bezug auf ihr weibliches Geschlecht. Das hat natürlich den pikanten Beigeschmack des '*praegustare*'. Auch mag die Sage von der vergifteten Jungfrau hineinspielen. Jedenfalls darf man nicht einfach mit den Brüdern Grimm DWb. II, 639 das Wort durch „untersuchen" wiedergeben. Der Prozess läuft auf eine Verhöhnung der Bauern durch den schlauen Mönch hinaus, der eine ähnliche Rolle spielt wie der Neidhart der Legende, z. B. in Wittenweilers 'Ring'. Der Name aber dürfte eine Reminiszenz an den grossen Predigermönch Berthold von Regensburg enthalten: denn dieser wurde mit Neidhart in Verbindung gebracht, wie das grosse Neidhartspiel zeigt. Dort 431_{6} ff. hält Bauer Hebenstreit Neidhart für den Bruder Berthold. Offenbar ist es eine Erinnerung an den Aufenthalt Bertholds von Regensburg in Österreich, der ins Jahr 1263 fiel (Seemüller zu Ottokar Vers 897_{32} ff.). Damals war Neidhart schon tot; aber man sieht wie die Sage die Figuren beider zusammenrückte. Wie den einen konnte sie auch den andern zum zynischen Bauernfeinde karikieren.

Stück 67 würde den Reimen nach recht wohl nach Nürnberg gesetzt werden dürfen. Aber die Verstechnik ist die ältere, wenn auch nach dem Schema 4⌣. $586_{8.9}$. 587_{11-18} sind gleich (45) 348_{21} f. bezw. 348_{13-20}; aber diese Verse stehn dort nur in 𝔇 nicht in 𝔅M, und da das Stück in 𝔇𝔅 mit lauter fremdem Gut interpoliert ist — (45) 345_{24} - 348_{11} = (94) 731_{19}—733_{31},[1] — so wird auch aus unserm Stück ent-

---

[1] Vgl. ferner (45) 344_{1} f. ~ (42) 323_{26}; (45) 344_{14} ~ (109) 859_{8}; (45) 345_{4} f. ~ (36) 274_{8} f. . (43) 335_{1} f. . (97) 750_{22} f.; (45) 345_{21} f. ~ (85) 698_{26} f.; (45) 349_{29-32} = (85) 698_{31}—699_{1}; (45) 350_{16-19} = $295_{20\cdot21\cdot24}$. 296_{1}; (45) 350_{28} = (95) 736_{17} = (109) 857_{14}; (45) 350_{3} f. ~ (87) 707_{18} . (88) 713_{12}.

lehnt sein. Die Rede des Ausschreiers, die auf Nürnberg deuten würde (s. u.), unterscheidet sich schon durch die schwereren Taktfüllungen zu sehr von dem Übrigen und muss als Zusatz gelten.

In Stück 70 sind die Reime *angeſechen* : *ſtechen* 614_{1} (aber *neen* : *überſehen* 618_{6} f. [fehlt in QXV]), *ſeligew* : *erfrew*, vgl. *Ebraw* : *getraw*, nicht Nürnbergisch. *gegeben* : *derwegen* 620_{10} f., *wern* : *werden* 618_{27}, *worn* = *worden* 619_{22} dürften aber in bairisches Sprachgebiet weisen. Die Verstechnik ist ähnlich wie in 68. Nach Franken scheint 612_{4} zu weisen. Allein abgesehen davon, dass wohl auch anderwärts Frankenwein getrunken wurde, fragt sich, ob die Rede des Einschreiers nicht Zusatz ist. Ein Hürnhaim (620_{21}) liegt im bayerischen Schwaben bei Wallerstein (Nördlingen). Galle oder Gall und Eberau kann ich nicht nachweisen; die Orte dieses Namens, die Rudolphs Ortslexikon anführt, kommen schwerlich in Betracht.[1]

Auf Berührungen zwischen Stück 103 und einem Spruchgedichte in Lassbergs Liedersal 1, 453 – 158, bei Myller III, XXIV ff. hat Bartsch, Germania 8,38 ff., hingewiesen. Es lässt sich aber nicht sagen, wie viel der Bearbeiter hinzuthat, da das Fastnachtspiel auf einen vollständigeren Text zurückgreift, als ihn Myller und Lassberg bieten. Von einer Papierhs. des XV. Jhs. in Wolfenbüttel 16. 17. Q. Misc. scheint K. H. Hermes in v. d. Hagens Germania 7, 131 zu sprechen; das Gedicht wird wohl noch häufiger abgeschrieben sein. Das bei Lassberg Fehlende fehlt auch im Fastnachtspiel; sonst schliesst sich dies näher an Myllers Text. Auch in den Versen, die das Spruchgedicht nicht hat, ist die Reim- und Verstechnik die ältere. Auch hier wage ich über die Heimat nichts zu entscheiden.

Beide Stücke 70 und 103 (doch wohl nicht nur ihre Quellen) wurden in Tyrol benutzt und bearbeitet, wahrschein-

---

[1] Auf die Ähnlichkeit in der Charakteristik der Handwerker hier und in geistlichen Spielen, besonders den wörtlichen Anklang von 618_{13-15} an Innsbr. Auferst. bei Mone Altteutsche Sch. 120. V. 394 ff. Erlau IV. V. 162 f. macht Lier, Studien z. Gesch. d. Nürnb. Fastnachtsp. I, 31 Anm. 1 aufmerksam.

lich erst zur Zeit des Nürnberger Einflusses, wie der jüngere Versbau zeigt, sodass das Stück über Nürnberg nach Tyrol gekommen sein wird.

QXIV ist kunstvoller komponiert und hat etwas mehr Handlung bekommen als 103: die Aufeinanderfolge der Farben ist dieselbe; nur ist Grau zwischen Schwarz und Blau eingeschoben. In dem damit locker verbundenen Stück XV, wie V. 552 und 629 zeigt, sicher in den bairischen Alpen (Tyrol) entstanden, wozu auch die Reime stimmen, entsprechen sich mit Versen aus St. 70 ganze Partieen und einzelne Zeilen:

(70) 614_{11} f. ∼ QXV 526 f.
(70) 614_{13-16} $(_{17})$ ∼ QXV 536–539 (540)
(70) 614_{17} f. ∼ QXV 544 f.
(70) 616_{27} f. ∼ QXV 144 f.
(70) 616_{29} f. ∼ QXV 150 f.
(70) 616_{31-33} ∼ QXV 152—154
(70) 617_{8-10} ∼ QXV 158–165
(70) 617_{12} f. ∼ QXV 166 f.
(70) 617_{14} f. ∼ QXV 172 f.
(70) 617_{17-21} ∼ QXV 178–187
(70) 617_{23} f. ∼ QXV 189 . 188
(70) 617_{30} f. ∼ QXV 196 f.
(70) 618_{7} ∼ QXV 200
(70) 618_{3} = QXV 202
(70) 618_{4-6} ∼ QXV 204–206
(70) 618_{8} f. ∼ QXV 219 f.
(70) 618_{15} ∼ QXV 222
(70) 618_{16} ∼ QXV 210
(70) 618_{17-21} ∼ QXV 252—256
(70) 618_{25} f. ∼ QXV 262 f.
(70) 618_{27} f. ∼ QXV 270 f.
(70) 618_{30}—619_{5} ∼ QXV 299 . 298 . 300–307.
(70) 619_{7} f. ∼ QXV 310
(70) 619_{9} f. ∼ QXV 314 f.
(70) 619_{32}—620_{1} ∼ QXV 718—720
(70) 620_{3} = QXV 722
(70) 620_{5-9} $(_{10})$ ∼ QXV 725—727 (728)
(70) 620_{10} ∼ QXV 730
(70) 620_{13} f. ∼ QXV 835 f.

Die Annahme, dass Stück 70 und QXV aus einem gemeinsamen Original geflossene Bearbeitungen seien, ist abzulehnen. Auch die beiden Stücken gemeinsamen Verse sind in QXV dem jüngeren Habitus des Ganzen angepasst. Das weist allein schon auf eine sorgfältig überarbeitende Hand. In Stück 70, für sich betrachtet, zwingt nichts an Überarbeitung zu denken. Wir haben eine kleine, nicht sehr inhaltreiche, aber doch in sich abgeschlossene Handlung, die sich auf den Schluss hin zuspitzt. 619$_9$ f. sagt die Jungfrau:

> Ich pin ſtolcz vnd ſeuberleich
> Ich hoff, ich vind meinen gleich.

Entsprechend ist QXV 24 f.:

> Den ich pin zart vnd ſeuberleich.
> Ich hoff, mir kum noch mein geleich.

Darauf antwortet in Stück 70 unmittelbar der Schreiber 619$_{12}$ f.

> Nu hie an junckfrau mynnikleich,
> Mich dünckt, ich ſey eur gleich.

Und er täuscht sich nicht: die Jungfrau nimmt ihn an, sodass zum Schluss der Ausschreier mit Recht sagen kann (620$_{13}$ f.):

> Man red hin oder her,
> Den frauen lieben die ſchreiber,

an die alten übermütigen Vagantenlehre gemahnend:

> Clerus scit deligere
> Virginem plus milite (Carmina Burana no. 55, 1) —

„Es geht nichts über einen stolzen Schreiber“, wie das Volkslied übersetzt.

Dieser Zusammenhang ist in QXV zerstört. Die erste Stelle ist beziehungslos geworden, da hier erst eine Reihe anderer Bewerber auftreten, ehe der Schreiber sich meldet; die zweite fehlt ganz; die dritte ist etwas anders gewendet, und die letzte hat als

> Red von im hin oder her,
> Frau Venus liebt der Schreiber (858 f.)

im Munde eines überflüssigen Bauern markante Stellung und gnomische Bedeutung eingebüsst.

QXV hat seinerseits Beziehungen zu QXI, einem Stück, das der Schicht mit stark dialektischen Reimen angehört, und das man als eine andere Bearbeitung von St. 70 fassen kann,

Wie dort der Comes (XI 625 ff) so wird in QXV der Ritter abgewiesen (XV 65 ff.) seines unhäuslichen Lebens wegen. Wie in QXI die Amasia Rustici (257 ff.), so erscheint in QXV das Weib des Bauern auf der Bildfläche (XV 598 ff.), um ihren Ungetreuen zu reklamieren. Hier wie dort bleibt der vorletzte Bewerber — in XI der Comes in XV der Bauer auf dem Plan, um zu sehen, wer nun kommt und triumphiert. Dort der Comes (XI 723 f.), hier der Ritter (XV 753 ff.) fordern die Entscheidung durch Zweikampf; nur dass in QXV Frau Venus interveniert. Ob QXI von QXV abhängt oder umgekehrt, ist nicht zu entscheiden.

Vielleicht legte die Übertragung des Vorgangs von Stück 70 auf Frau Venus ein Stück wie 32 nahe, wo der Wettbewerb der Narren um der Narrheit Krone vor Frau Venus dargestellt wird. Unser Stück XV hat wohl direkt oder indirekt weiter auf Gengenbachs 'Gäuchmatte' gewirkt, wo ebenfalls die verschiedenen Stände um Frau Venus buhlen. Frappant ähnlich ist die Bauernszene: auch in der Gäuchmatte macht die erzürnte Bäuerin ihren sauberen Mann ausfindig 1190 ff., ein Motiv das im Grunde aus Stücken wie 3, 4, 5 stammen wird. Dass Frau Venus in XIV/XV mit ihrem Hofmeister auftritt, erinnert an Hans Sachsens Hofgesinde der Venus (Fastnachtspiel 2).[1] So ergeben sich Beziehungen nach vorwärts und rückwärts.

Endlich ist (70) 613_{4-9} in dem tyrolischen Stück XVIII kopiert, einer weiteren Nachbildung, die sich nur insofern unterscheidet, als die Vertreter der verschiedenen Stände sämtlich Glück haben, sodass der Dichter notwendig mehr als eine Jungfrau brauchte, und sich derselbe Vorgang viermal sehr gleichartig und langweilig wiederholt; nur zum Schluss ist etwas Abwechselung hineingebracht. Der Vater, der seiner Tochter die Wahl überlässt (89 f.), wird aus „König Veiel" (St. XI) stammen (vgl. XI, 72 f.). Aus QXV stammt wohl, dass der

---

[1] Dass Hans Sachs durch Gengenbach beeinflusst sei, wie ich früher annahm (vgl. Drescher Studien zu Hans Sachs I 31 f.), ist nach den Bemerkungen von Bächtold Geschichte d. deutschen Litteratur in der Schweiz S. 279 f. nicht mehr zu halten. Das Umgekehrte ist der Fall.

Student Priester werden sollte (XVIII 284 ff.; XV 737 ff.); dass man ihm die ***konschaft*** nicht erlaubt, habe ihn vertrieben. 203 f. = VIII 624 f.; auch XVIII 330 f. vergleicht sich mit dieser Stelle wie mit VIII 640 f. (332 f. = VIII 642 f.) Die letzte Partie mit dem vorwitzigen Töchterlein, das absolut einen Mann haben will, erinnert etwas an „der Witwe und ihrer Tochter Fastnacht“ St. 97.[1]

2. FASTNACHTFEIER UND FASTNACHTSPIEL.

Eine Hochzeit steht im Hintergrunde in Stück 70 (vgl. 620_{20}) und in Stück XVIII (658). Auch wenn die Einladung nur scherzhaft gemeint ist, darf man sich hier des *Ludus ſolatioſus exercendus tempore nuptiarum vel carnis brevi* (Q 115) erinnern. In Stück 66 ist die Sache nur ins Lächerliche gezogen nach dem Muster von Metzen Hochzeit und so der Typus geschaffen, den ich als „Hochzeitmachen“ bezeichnen will. Stück 58 reiht sich unmittelbar an, und Folzens Stück 7 macht den Beschluss. Ursprünglich war wohl diese Klasse von Spielen wirklich für Hochzeiten bestimmt; sie ging dann in der grossen Kategorie der Fastnachtspiele auf, als ein Nebenflüsschen, das sich mit einem grossen Hauptstrom vereinigt hat.

Auch für die Fastnachtfeier dürfen die Fäden, die vom Tanz zum Fastnachtdrama führen nicht übersehen werden. Wenn die englischen Fassungen des *Conflictus veris et hiemis* als Freuden des Winters Steckenpferdchen und Moreskentanz nennen (*the hobby horse and the morris-dance*), so denken sie an Lustbarkeiten der Fastnacht. In den Verfügungen des Nürnberger Rats wird noch im 16. Jahrhundert unter '*Faßnachtſpil*' jede Art der Fastnachtbelustigungen verstanden. Kunstvolle Tänze werden in Nürnberg zur Fastnacht produziert. Den Messerschmieden ist, wie uns Chroniken und Ratsverfügungen belehren, das Privileg des Schwerttanzes

[1] Vgl. auch EI. EI 30 f. ~ (70) 614_{14} f. ~ XV 536 f.

eingeräumt. Noch im 17. Jahrhundert heisst es zur Fastnachtzeit:

> **Das ift das Erfam Handwerck,**
> **die Meßerfchmidt in Nürnbergk.**
> **die werden da mit Jungen vnd Alten**
> **wiederumb ihren Schwerdt Tanz halten,**
> **alhie in Nürnberg der Statt,**
> **der Ihn von einem weyßen Rath**
> **auff Ihr bitt und begehren, wüft,**
> **wiederumb zugefaget ift.**

(ZfdA. 34, 178 f.).

Und dieselben Messerer finden wir im 16. Jahrhundert in Nürnberg eifrig bemüht, zur Fastnachtzeit das Drama zu pflegen, vgl. Vierteljahrschrift f. Litteraturgeschichte 3, 28 ff. das scheint auf einen inneren Zusammenhang zu deuten, kann freilich auch Zufall sein. Als verschiedene Sprossen aus einer gemeinsamen Wurzel müssen jedenfalls die verschiedenen Arten der Fastnachtbelustigungen aufgefasst werden.

Unsere vergleichende Sittenkunde und Mythologie ist noch längst weder zu so sicheren Resultaten noch zu so sicheren Prinzipien gelangt, um die Entstehung der Fastnachtfeiern völlig erklären zu können. Man darf den Blick nicht lediglich auf ein Land richten. Allenthalben finden wir die Karnevalsfeier, früh bezeugt und ihrer ganzen Form nach sicher heidnischen Ursprungs. Aber was war es eigentlich für eine Art Feier oder Lustbarkeit? Und zu welcher Zeit fand sie ursprünglich statt? Man ist rasch bei der Hand gewesen mit der Erklärung, es sei ein altes Frühlingsfest gewesen. Damit ist recht wenig gesagt. Wie kam man dazu den Eintritt des Frühlings zu feiern? Und gar im Februar oder März, während doch in Deutschland erst der mächtige Mai den Lenz an seiner sicheren Hand herbeiführt?

Die Herleitung des Namens Karneval von *carrus navalis*, dem Schiffswagen, der zur Feier der wieder eröffneten Schiffahrt herumgefahren sein soll und den man dann mit dem in Tacitus' Germania erwähnten Isiswagen in Verbindung bringt, ist ganz sicher verfehlt. Das französische Wort *carnaval* kann nur aus dem Italienischen entlehnt sein, wegen des anlautenden *c* statt des *ch*, das lautgesetzlich lateinischem *c* entsprechen müsste. Im Italienischen aber ist *carnovale* die ältere und lautgesetzliche Form, in der *ov* aus *ev* entstand, wie in *dovere* (lat. *debere*), *indovina* u. a. (siehe schon de Berger Commentarius de personis, vulgo larvis et mascheris, Frankfurt und Leipzig 1723, pg. 8 f. Cap. I § 1). *carnevale* mit *e* ist in Anlehnung an *carne* wieder eingeführt. Die Erklärung legen mittellateinisch *carniprivium* (später *carnisprivium*), *carnelevamen*, *carnelaxare* (italienisch **carnelasciare*, woraus *carnasciale*, *carnascialare* entstand) nebst dem Gegensatz *carnicapium* nahe. Diese sind früh belegt (12. 13. Jh.), wie ein Blick in Du Canges Glossar zeigt, sodass sie für junge volksetymologische Bildungen zu halten, reine Willkür ist. Italienisch *il carnevale* ist also entweder Komposition aus *carne* 'Fleisch' und *il vale* 'der Abschied' (Diez Etymol. Wörterbuch [5] 362) oder aus **carnelevale* für *carnelevamen* entstanden, vgl. spanisch *carnestolendas* (Scheler Dictionnaire étymologique franç. [3] 90a).

Es ist freilich nicht zu leugnen, dass eine gewisse Verwandtschaft zwischen den Sitten der Maifeier und den Fastnachtgebräuchen besteht. Offenbar sind die Sitten verschiedener Jahreszeiten nicht so streng auseinanderzuhalten, wie man gemeiniglich annimmt, weil sie psychologisch denselben Ursprung haben. Mit Recht hielt schon Weinhold in seinem Programm 'Über die deutsche Jahresteilung' (Kiel 1862, S. 9 dergleichen Übertragungen der Bräuche etwa von der Mitsommerfeier auf das Pfingstfest für wahrscheinlich. Auch ist kaum anzunehmen, dass in den einzelnen Ländern der Christenheit sich die Feier des Karneval völlig unabhängig entwickelt habe. Wie in einzelnen Gepflogenheiten, so kann auch in Bezug auf die zeitliche Festlegung eine Beeinflussung stattgefunden haben. Die Kirche wirkte normierend durch die strenge Innehaltung der Fastenzeit, was ein Vor- oder Rückschieben altheidnischer Feiern in der Jahreszeit zur Folge haben konnte. Verschiedene heidnische Feste — verschieden wenigstens in den verschiedenen Ländern der Christenheit — können zusammengefallen sein. So lange der Ausdruck *Spurcalia* des *Indiculus superstitionum* und der Name 'Spörkel' für den Februar nicht einmal sicher gedeutet sind, tappen wir im Dunkeln.

Erklärt hat man eine solche Sitte erst dann, wenn man den psychologischen Zwang aufdeckt, dem sie entsprungen ist. Hier kann sichs nur darum handeln die Richtung zu gewinnen, in welcher die Erklärung liegen wird. Was speziell Deutschland angeht, so erinnert nach allen Zeugnissen, die wir besitzen, — vgl. für den Ausgang des Mittelalters insbesondere Sebastian Franck Weltbuch 51ª (D. Myth.⁴ I 522) — die Fastnachtfeier in manchen Stücken an das Totenfest, zur Zeit der Wintersonnenwende, der Rauhnächte, der alten zwölf Schalttage des Jahrs der Indogermanen. Es wurde geopfert und geschmausst, wie Fastnachtkrapfen und Wein bis auf den heutigen Tag darthun, und dabei Johannisminne getrunken, vgl. Fastnachtspiele 167₂₈, 488₁₉ u. ö. Und es war ein Reinigungsfest. Es endete — darauf deuten die bestehenden Sitten — mit einem Austreiben der bösen Geister, dem *θύραζε κῆρες* derartiger Reinigungsfeste (vgl. Erwin Rhode Psyche 219). Man öffnete die Fenster und die Thüren; die Besen setzten sich in Bewegung, um mit dem winterlichen Staub auch allen Verderben und Krankheit bringenden Spuk hinauszutreiben, der sich etwa im Hause festgesetzt. Man liess Funken sprühen und feurige Räder sich drehen: denn notwendig war in diesen Tagen die Luft von Spuk voll[1] und Feuer das beste Schutzmittel, wie man denn auch in den Sonnwendnächten zur Befreiung von allem Schadenbringenden durch die Funken sprang.[2] *Quod medicamenta non sanant*

---

[1] Vgl. Rolandslied ed. Grimm 204, 1: *der tiuvel hât ûzgeſant ſîn geſwarme und ſîn her.*

[2] Über ähnliche alte Fastnachtsitten in Frankreich und Italien — *dies focorum* (schon 1251), *dominica brandonum* (1266. 1304) — s. Du Cange Glossarium latinitatis medii aevi s. v. '*dies*', '*brando*'. Vgl. auch unter '*flambellum*'. Auf der Quinisexta oder trullanischen Synode zu Konstantinopel im Jahre 692 waren schon unter den Überresten des heidnischen Altertums verboten worden: das Feiern der Kalenden, der Bote (zu Ehren des Pan), der Brumalien (zu Ehren des Bacchus), die Versammlungen am 1. März, die öffentlichen Tänze der Frauen, die Verkleidungen der Männer in Weiber und umgekehrt, das Anziehen

ferrum sanat, quod ferrum non sanat ignis sanat. Tylor (Primitive Culture 2, 181 ff.) und Herbert Spencer haben uns das Verständnis dieser Sitten gelehrt. Es begreift sich auch, dass man an manchen Orten eine symbolische Figur, den Fastnachtbutzen vor den Ort führte, ihn verbraunte, ins Wasser warf oder voller freundnachbarlicher Gesinnung über die Grenze schaffte. Das ist der Inbegriff alles Übels, den man auf diese Weise los werden will, wie die Juden ihren Sündenbock in die Wüste trieben.

Es wird der „Tod" ins Wasser getragen.

> Heut ist Mitfasten,
> Wir tragen den Tod ins Wasser, wohl ist das,

singen die fränkischen Bauernmädchen. Vgl. D. Myth. [4] II, 639 ff., wo die Gebräuche zusammengestellt sind. Freilich ist meist zum heiteren Spiel geworden, was einst die Scheu vor den unbekannten Mächten hervorrief, die in des Menschen Leben gewaltsam eingreifen. Sehr bezeichnend ist, was Sebastian Frank von der verschiedenen Aufnahme berichtet, welche zu seiner Zeit die den Fastnachtbutzen Umtragenden fanden. Von etlichen wurden sie freudig bewillkommt und mit dürren Hutzeln, Milch und Erbsen gelabt und gespeist; von andern, *„die es für ein anzeichen zukünftigs tods halten, übel empfangen, und von ihren hofstatten getrieben mit schelt-worten und etwan mit streichen"*. Jene stehen dem Brauch frei und fröhlich gegenüber; bei diesen haftet noch ein Rest abergläubischer Furcht. Anderwärts freilich hatte die Sitte den letzten Rest des Finstern längst eingebüsst als „Winter-austreiben". Der Winter: das war ja einst die todbringende Jahreszeit, und die symbolische Figur des Todes hatte sich unwillkürlich in die des Winters gewandelt. Dem Winter aber wurde leicht der Sommer gegenübergestellt als die freundliche Macht, die ihn überwindet. (Vgl. D. Myth. [4] II,

---

tragischer, satyrischer und komischer Masken, die Anrufung des Bacchus. Ebenso wird ferner verboten, an den Neumonden vor den Wohnungen oder Werkstätten Feuer anzuzünden und darüber zu springen (2 Könige 21, 6). Hefele, Konziliengeschichte 3². 338. Vgl. auch Du Cange Glossarium med. Graecitatis s. v. πυρκαΐον.

629 ff.) So bildete sich ein Jahreszeitenmythus schon zu einer Zeit, die vor unseren genauen Nachrichten über die germanischen Stämme liegt; aber sicherlich erst sekundär. Die verschiedenen Stämme, mehr noch die einzelnen Individuen stellten sich der älteren oder jüngeren Auffassung je nach Gemüts- und Verstandesbeschaffenheit verschieden gegenüber. Man kann keinen grösseren Fehler begehen, als wenn man den alten Germanen, dem individualistisch gegliedertsten aller Völker, eine strenge Gleichartigkeit mythologischer Anschauung zuschreibt. L. Uhland hat in seiner nie genugsam zu lobenden feinfühligen Art die Bräuche und Spiele weiter verfolgt, die aus dieser Vorstellung eines Kampfes zwischen Winter und Sommer entsprangen. (Schriften zur Geschichte der deutschen Dichtung und Sage 3, 17 ff.) Das sind aber nur Blüten, über die man nicht vergessen darf, nach den Wurzeln der Pflanze zu graben.

Wenn man einst an die Macht feindlicher Dämonen glaubte, so begreift sich auch, weshalb man bei den Umzügen, die zu ihrer Austreibung zur Fastnachtszeit veranstaltet wurden, maskiert ging, wie man das auch zur Zeit der Rauhnächte offenbar that, meist in Tierfelle vermummt [1]. Man fühlte sich auf diese Weise sicherer. Die Dämonen sollten die Menschen nicht erkennen, vielleicht auch für ihresgleichen halten und deshalb verschonen. Nur so erklärt sich das Schembart- oder, wie man in Niederdeutschland sagte, das „Schodüvel"laufen [2].

Zwar fand in Nürnberg, der einzigen Stadt, über die wir genügend unterrichtet sind, der erste „Schembart" erst 1449 statt. Aber die Art, wie die Chroniken von der Ein-

---

[1] Die zahlreichen Belege für diese Vermummung in Tierfelle bei den Germanen und andern Völkern sei es zu Weihnachten am 1. Januar oder im Februar findet man am bequemsten zusammengestellt bei Du Méril, Histoire de la Comédie ancienne I, S. 75 ff. in den Noten.

[2] Omekens Kirchenordnung in Soest bestimmt: *Van der predike im vastelabende, welcker tidt ock im winachten, ein Erbar Radt wil verbaden und gewarnnet hebben idermennichliken nicht in larven noch vordecktes antlats schodüwel tho lopen, de övertreders behechlickes willens na gelegenheit ſtraffen, horerie, ander laſter und vorrederie, ſo vele mögelick, tho vorhöden* (Jostes, Daniel von Soest, S. 135, Anm.).

führung dieser Schaustellungen sprechen, zeigt zur Genüge, dass sie damals gleichwohl nicht erfunden oder von auswärts eingeführt wurden. Die Metzger sind, so heisst es, bei einem Aufstand der Handwerker gegen den Rat diesem treu geblieben: sie erhalten die Erlaubnis, sich eine Gunst auszubitten, und bitten um die Gewährung des Schembartlaufens. Es ist klar, dass ihnen nur ein langgehegter Wunsch in Erfüllung ging, und das Jahr 1449 nur das Datum ist für das Offiziellwerden einer uralten Sitte, die der Rat bisher ungern gesehen, aber nicht ganz hatte unterdrücken können. In ähnlicher Weise sehen wir etwa in demselben Nürnberg hundert Jahre später das Theaterspielen die staatliche Konzession erhalten. (Vgl. Vierteljahrschrift f. Litteraturgeschichte 3, 28 ff.) Rasch gestaltete sich nun das Nürnberger Schembartlaufen zu einer prachtvollen Schaustellung um. Wir besitzen Abbildungen in den sogenannten Schembartbüchern (Nürnberg, Stadtbibliothek, Königliche Bibliothek in Berlin Mss. germ. 442 fol. u. a.), die im 17. Jahrhundert auch gedruckt wurden.[1] Die Schembartläufer tragen hier wertvolle Kostüme, meist mit Schellen bedeckt und mit einer Kapuze versehen. Die Gesichter sind auf den Bildern frei. Es wäre möglich, dass das nur auf den Abbildungen der Fall ist, um die Männer erkennen zu lassen. Denn diese Schembartläufer waren vornehme Patrizier, und ihre Namen werden zum Teil überliefert. Es mag aber auch sein, dass das Verhüllen der Gesichter in Wirklichkeit in Abnahme gekommen war. Aus welchem andern Grunde wohl, als weil die Eitelkeit der Besitzer prächtiger Kostüme im Spiel war? In der Rechten tragen die Schembartläufer ein sogenanntes Schembartröhrlein, einen Feuerkolben, der mit Wintergrün bekleidet ist, um daraus Schüsse oder Raketen abzufeuern. Das ist eine moderne Erfindung, um den für alle derartigen Feste obligaten und ursprünglich mit der Idee des Festes engverknüpften furchtbaren Lärm zu verstärken. Die grüne Umkleidung des Röhrleins aber deutet darauf, dass es ursprünglich ein Zweig oder Besenreis war, mit dem man den Tod

[1] Reproduktionen einzelner Figuren z. B. bei Flögel-Ebeling, Geschichte des Grotesk-Komischen.

austrieb[1], eine Sitte, die auch die Griechen kannten, wenn sie im homerischen Hymnus den Herakles bitten, die ἄται, den Zweig schwingend, zu verjagen. Die linke Hand der Männer aber umfasst einen Speer, der oben durch einen Querbalken umgebildet ist zur Kreuzesform, also, deutlich genug, eine Waffe nicht nur, sondern eine unwiderstehliche Waffe sein soll gegen höllische Zauberwesen.

Denn unter dem Einfluss des Christentums musste sich die Vorstellung ausbilden, dass es heidnische Mächte seien, die man sich bei dieser Gelegenheit vom Halse schaffte, Teufel und Teufelsgesinde, deren Gewalt mit der eigenen Sündhaftigkeit stand und fiel. Dem Teufel, der Welt und der Fleischeslust sagte der Christ mit Eintritt in die Fastenzeit Valet: das ist die ernste Seite des Carnevaledicere, mit der sich die Kirche befreunden konnte. Auf der anderen Seite genoss man doch gern die verpönte Weltlust am letzten Tage noch in vollen Zügen mit all ihren Süssigkeiten. Unwillkürlich leistete die Kirche selbst mit ihren Gnadenmitteln so laxer Auffassung Vorschub. Denn das Christentum musste bei rohen Gemütern, die immer in der Majorität sein werden, wo sich Massen zusammenfinden, das Gefühl der Sicherheit wecken, das ursprünglich die ausgelassene Lustigkeit des Karnevals erzeugte. Es liegt in der Natur des Menschen, sich über den machtlosen Gegner zu moquieren und von der Furcht rasch in ironische Verspottung überzugehen[2]. Der gefürchtete Erbfeind der Menschen erscheint einem übermütigen Geschlecht als der dumme Teufel, der eine mit leisem Grauen gemischte Heiterkeit erzeugt. Frühzeitig mögen übermütige Patrone das Schembartlaufen benutzt

---

[1] Henr. Lubertus Fastnachtsteufel p. 9 (= D. Myth. [4] II 642 Anm.) spricht davon, dass die Kinder „lange mit grünem Laub bewundene Stecken tragen“ bei den märzlichen Umzügen. Ähnlich ist es bei den Slaven. Doch kommen auch andere Bräuche vor.

[2] Ein hübsches Beispiel bringt Tylor Primitive Culture 1, 423: In Borneo the Dayates, when they have caught an alligator with a bait, hook and rope, adress him with respect and soothing till they have his legs fast, and then mocking call him „rajah“ and „grandfather“.

haben, um in ihrer Vermummung mit dem Aberglauben der Menge ihr vergnügliches Spiel zu treiben [1]. In den Nürnberger Aufzügen sehen wir sie in tierischen Umhüllungen mitlaufen oder als Teufel, wilde Männer, indianische Weiber verkleidet, um namentlich Frauen und Kinder zu erschrecken. Diese einzelnen Gestalten repräsentieren uns ein älteres Stadium des Schembartlaufens. Jene kostbar gekleideten Patrizier haben den Pomp italienischer Aufzüge in Venedig oder Florenz oder Rom gesehen und suchen ihn nachzubilden, alte Sitte zeitgemäss ummodelnd. Aber bei diesen einzelnen Gestalten tritt das alte Heidentum noch charakteristisch hervor: sie tragen auf den Nürnberger Bildern statt des Kreuzesspeers eine Geerstange mit einem Hufeisen [2]. Freilich spielt man im 15. Jahrhundert nur Heidentum und malt, wie man zu sagen pflegt, den Teufel an die Wand. Denn ein anderes ist das Aufkommen, ein anderes der Fortbestand einer Sitte. Wo ein Brauch zur Erheiterung der Menge dient, pflegt er sich, ohne dass man sich seiner Entstehung bewusst wäre, unendlich lange zu halten. Als im Jahre 1886 zur fünfhundertjährigen Jubelfeier der Universität Heidelberg ein grosser Festzug veranstaltet wurde, durfte auch das „Höllengepösel" nicht fehlen.

In der Skizze der Fastnachtfeiern würde jedoch ein wesentlicher Zug mangeln, wenn wir nicht einer Figur gedächten, die mit den Fastnachtbelustigungen bis auf den heutigen Tag aufs Engste verbunden erscheint. Als man anfing — mit dem gegen Ende des Mittelalters zunehmenden Rationalismus — die menschlichen Sünden und Gebrechen weniger als Eingebungen der Hölle zu verdammen denn als Narrheiten zu verspotten, konnten auch in die Fastnachtsprozessionen an Stelle der Teufel die Narren eindringen, die dem gutbürgerlichen Menschenverstande vertrauter wurden als die mit

[1] Gelegentlich konnte dergleichen schlecht bekommen. 1499 erstach ein Mädchen einen sie neckenden Burschen (der doch wohl vermummt war) nnd entschuldigte sich nachher vor Gericht, sie habe keinen Menschen sondern ein Gespenst getötet (Flögel-Ebeling S. 300).

[2] Über Eisen als Schutz vgl. Bastian, Der Mensch 2, 265, 287, 3 204, Tylor, Primitive Culture 1, 127.

mystischem Schrecken umwobenen Dämonen der Hölle. Die Narren sind mit der verhüllenden Kapuze nichts als die Zwillingsbrüder der Teufel, wie denn P. Paris wohl mit mit Recht das französische *arlequin*, italienisch *harlekino* etymologisch aus einem niederdeutschen **hellekîn* 'Teufelchen' ableitet. *Hellequin*, *Hielequin*, *le maisnie Hierlekin* entspricht unserem „wütenden Heer" (D. Myth. ⁴ II, 785 und Du Méril, La Comédie ancienne II, 141 Note 4 [1]). Wieder sehen wir Fäden von einer Nation zur andern hinübergehn. Nun erscheint auch die symbolische Figur für das Übel, das man zu Fastnacht austreibt, im Narrenkleid. Und wenn uns ein Narr begegnet, der kleine Närrlein im Bauch hat, so liegt ursprünglich genau dieselbe Vorstellung zu Grunde wie bei dem Wurm mitsamt den neun kleinen Würmchen im alten Zauberspruch (MSD. No. IV, 5). Hans Sachs und Thomas Murner knüpfen, ohne es zu wissen, an uralte mythologische Vorstellungen an. Die Illustration zu dem Kapitel des „grossen Lutherischen Narren", das die Überschrift trägt *„warumb der groß nar in einem ſchlitten iſt vmbgefiert worden"*, (Blatt Cjb, bei Balke S. 23) zeigt ein Fastnachtbild. In Nürnberg wurde seit 1475 ein Wagen beim Schembartlaufen mit herumgeführt, „Hölle" genannt, mit irgend einer Figur, die dann in oder mit der Hölle verbrannt wurde. 1475 war es ein Drache, 1508 ein riesiger Mann im Narrenkleid, der kleine Närrlein frass; 1516 erscheint ein alte Weiber fressender Teufel; 1501 dient als Hölle ein grosser Narrenturm, 1506 ein Narrenschiff (Schembartbücher). Dem ausgebreiteten Sinn für die Fastnachtlustbarkeiten verdankt die deutsche Litteratur des 15. und 16. Jahrhunderts die Vorliebe für den Narren. Sebastian Brands „Narrenschiff" ist nichts anderes als die allegorische Ausdeutung einer Fastnachtfeier im grossen Stile: ein litterarisches Narrenaustreiben. Das Schiff, dessen Erklärung Zarncke (Einleitung zum Narrenschiff S. LIII ff.) doch nicht

---

[1] Vgl. auch Du Méril a. a. O.: On apellait autrefois Chappe d'Hellequin la draperie cachant la Gueule de l'enfer, lorsque la toilée était leve, et sans aucune autre raison qu'une tradition plus ou moins intelligente, celle qui cache le haut des decors s'appelle Manteau d'Arlequin.

völlig gelang, entspricht dem Wagen, auf dem in Nürnberg der Fastnachtbutz ausgeführt wurde. Stromanwohner wie die Basler mögen von vornherein sich als Transportmittels lieber eines Schiffes bedient haben, das man dann nicht verbrannte, sondern den Wellen überliess zur Fahrt in unbekannte Ferne — in Narragoniam. Das erscheint mir plausibler als die Anknüpfung an den carrus navalis, an die mancher denken möchte. Bei der altgermanischen Totenbestattung finden wir ja auch neben dem Verbrennen der Leichen ihre Aussendung zu Schiff, wo es die lokalen Verhältnisse nahelegten (Weinhold, Altnordisches Leben S. 479). Bei Murner sitzt der Narr auf dem Schlitten, vgl. Brant NS. c. 54 γ *Der ghört wol vff den narren schlytt.* Anderwärts mochte man dem Fastnachtnarren einfach einen Strick um den Hals winden und ihn fortschleifen (*narrenseyl,* vgl. Zarncke a. a. O., S. XLIX). Im 16. Jahrhundert wurde dann der Narr in der Litteratur durch den Teufel verdrängt (vgl. Osborn, Die Teufellitteratur des 16. Jahrhunderts, Berlin 1893 = Acta Germanica XII, 3, Einleitung): das bedeutet eine antirationalistische Wendung in der Litteratur.

An die Aufzüge schlossen sich in Nürnberg und wohl auch anderwärts Tänze an, die in mimische Handlungen ausliefen. Der stehenden Sitte der Fastnachtfeiern bedurften die Ansätze zum weltlichen Drama, um einen festen Vereinigungspunkt zu gewinnen. Dass die Typen der Umzüge in den Dramen wieder erscheinen, ist leicht zu verstehen: daher die Teufel und Unholden in Stück 56, das ich in diesem Zusammenhang nun wieder berühre; daher in den späteren Nürnberger Stücken die Narren. Dass Fastnachtgebräuche dramatisch verwertet wurden, versteht sich ebenfalls leicht. Ein interessantes Licht fällt von hier aus auf Stück 54. Da ist in der Tötung des Tanawäschel, der das Volk das verflossene Jahr über geplagt hat, noch etwas von dem alten Sinn der Fastnachtfeiern erhalten: Vernichtung des Verderben bringenden Dämonen.

Den Beginn wirklicher Fastnachtdramen werden wir etwa in den Beginn des 15. Jahrhunderts zu verlegen haben. Aus Niederdeutschland haben wir schon früh Nachrichten über die Existenz eines wirklichen Fastnachtdramas. In Lübeck existierte es schon 1430, und die Titel, die wir von den Aufführungen der Lübischen Zirkler haben — bequem zu übersehen bei Goedeke I² 476 — lassen auf ziemlich ausgebildete Stücke in sehr früher Zeit schliessen: das Gericht Salomos, der Asinus Vulgi, Judicium Paridis, Amicus und Amelius werden schon in den ersten dreissig Jahren dramatisiert. 1462 und 1470 wird in Lübeck etwas von einem alten Weib und den Teufeln, die zusammen fechten, aufgeführt, also ein Stück ähnlich dem Stück 56 der Keller'schen Sammlung. Den Zusammenhang mit dem „Schodüvellopen" aber beleuchtet der Umstand, dass Aktion und Aufzug als Ausdrücke für Fastnachtspiel gebraucht werden. Und die dürftigen Überreste, die wir von dem niederdeutschen Drama aus dem 15. und 16. Jahrhundert besitzen, zeigen, dass auch hier eine Form herrschte, die für die Nürnberger Fastnachtspiele charakteristisch ist und den Zusammenhang mit dem Schembartlaufen vor Augen stellt: die Manier der Revuen.

Sinnvolle Aufzüge erfreuten sich gegen Ende des Mittelalters internationaler Beliebtheit. In Frankreich waren Tableaux vivants schon zu Anfang des 14. Jahrhunders beliebt — bewegte aber Anfangs stumme Bilder, die also wahrscheinlich im Tanzschritt an dem Beschauer vorbeizogen. (Vgl. Ebert, Entwicklungs-Geschichte der französischen Tragödie vornehmlich im 16. Jahrhundert, Gotha 1856, S. 21 f., 37 f.) In Deutschland mögen derartige Aufzüge im Tanzschritt etwa nach Art unserer Kostümpolonaisen seltener vorgekommen sein; ganz unbekannt waren sie nicht. In Wittenweilers „Ring" spricht der Spielmann mit einem Blick auf die halbverrückten Bauern, die Tanzmusik verlangen:

> Ob ich joch nu gar trunken pin,
> So fein feu trawen auch nicht lär.
> Darumb ift es es mir nicht fwär
> Ze pfeyffen hin ein narrenvart,
> Won feu verftend es auch ein fart

(165_{13}—166_{1}). Der Tanz der Bauern soll also einer Narrenprozession gleichen. Vielleicht ist schon an Fastnachtaufzüge gedacht. Es musste naheliegen, namentlich wo das Kostüm der Verkleideten an sich nicht ganz verständlich oder je sinnvoller der Aufzug war, die Einzelnen durch ein Verslein erklären zu lassen, was sie vorstellten. So konnten etwa für eine Einkleidung in verschiedenen Farben die alten Verse über die Bedeutung der Farben benutzt werden, und wir müssen der Stücke QXIV. XV in diesem Zusammenhang noch einmal gedenken. In Frankreich giebt es für diese Art der Erläuterung von Tableaux vivants ein klassisches Beispiel. Nach Seelmanns überzeugenden Ausführungen (Jahrbuch des Vereins für Niederdeutsche Sprachforschung 1891 XVII, 1 ff.) war die älteste Danse macabre im 14. Jahrhundert eine Art Drama, richtiger gesagt ein lebendes Bild, das nach dem Muster des gesprochenen Dramas verständlicher gemacht wurde durch Worte, die den Mitwirkenden in den Mund gelegt waren. Von Frankreich aus fand der Totentanz freilich zunächst nicht als Drama Verbreitung, sondern als Gemälde mit erläuternden Versen: das lebende Bild war wieder zum Gemälde erstarrt, um gelegentlich von neuem belebt zu werden. Eine Fastnachtrevue mit erläuternden Worten aber war wohl das obszöne *Jeu des Cents Drutz*, gegen das um 1327 der Bischof von Pamiers, Dominique Grima, ein altes Verbot erneuerte [1].

Eine Parallelentwicklung liegt auch bei den italienischen

---

[1] **Statutum antiquum.**

Dampnamus autem et anathematizamus ludum cenicum vocatum Centum Drudorum, vulgariter Cent Drutz, actenus observatum in nostra dyocesi, et specialiter in nostra civitate Appamiensi et villa de Fuxo, per clericos et laycos interdum magni status; in quo ludo effigiebantur prelati et religiosi graduum et ordinum diversorum, facientes processionem cum candelis de cepo, et vexilis in quibus depicta erant membra pudibunda hominis et mulieris. Induebant etiam confratres huius ludi masculos juvenes habitu muliebri et deducebant eos processionaliter ad quendam quem vocabant priorem dicti ludi, cum carminibus inhonestissima verba continentes. Cum ergo predicta nullo modo deceant nostri temporis honestatem interdicimus dictum ludum in toto et in parte sub pena excommunicationis quam contra talia presumentes ferimus in hiis scriptis canonica monitione premissa. (Travaux pratiques d'une conférence de paléographie à l'Institut catholique de Toulouse, Toul. 1892, p. 72, abgedruckt von L. Delisle Romania 22, 274 f.).

Maskenzügen klar zu Tage. Da treten z. B. die von den Frauen betrogenen Liebhaber auf und erklären:

L' alte voſtre bellezze ci ha ingannati (*sic!*)
Donne vaghe e corteſi,
A dirvi che noi ſiam tutti ingannati u. s. w.

Und nach einander erscheinen dann *reverendi frati*, *monachi ardenti*, *ſavi dottori*, *cavalieri*, *donne amoroſe* und *pollaſtroni*. Jeder sagt sein Sprüchlein her, und der Schluss lautet:

Ma ſe con vero amore
A' voſtri fidi amanti
Farete alcun favore
V'amano tutti quanti.

(Dieci canti carnascialeschi di diversi autori tratti da manuscritti e non più stampati Lucca 1864). Ähnlich lassen Rosenplüt und Folz in Nürnberg eine Reihe „Buhler" aufmarschieren. Bekannt ist der grossartige Aufzug der Toten nach Art der gemalten Totentänze, der in Florenz 1433 veranstaltet wurde und bei dem die Toten sprachen:

Morti ſiam, come vedete:
coſi morti vedrem voi.
fummo già comi voi sete;
voi sarete come noi.

(Vasari Opere Firenze 1852, III, 55—57).

Erleichtern konnte in Deutschland die Ausdeutung von Fastnachtrevuen der Umstand, dass die Revue als litterarische Form schon längst beliebt war. Heinzel und Scherer haben sie von Heinrich von Melk an verfolgt. So wird verständlich, dass diese Manier, die eigentlich die undramatischste ist, obgleich keineswegs die älteste, im Fastnachtspiel ungemein beliebt wurde. Je mehr indessen das Fastnachtspiel Wurzel fasste, desto mehr mussten doch die anderwärts reichlich vorhandenen dramatischen Elemente ausgenutzt werden. Gerichtsverhandlungen hat Rosenplüt in ungeschickter Weise auf die Revueform gepfropft, wohl eher beeinflusst durch die Prozessualallegorien, die seit Konrads von Würzburg 'Klage der Kunst' im Schwange sind, als durch das Spiel von Rumpolt und Mareth. Die Form des Conflictus findet Anwendung auf das Drama. Es wird, was ja sehr naheliegend war, der Wettkampf zwischen Sommer und Winter zum Drama verarbeitet (QXVI vgl. oben S. 74 Anm.). Es wird auch der Streit zwischen Salomo und Morold (von Folz) dramatisch verwertet (Stück 60). Die Form des Frage- und Antwortspiels findet Eingang in einer Bearbeitung des Traugemundliedes (ebenfalls von Folz: Stück 63). Die Form des *ἀοριστύς* — ich übernehme mit Le Jeanroy, L'origine de la poésie lyrique en France, den Namen als Bezeichnung für ein ausgeführtes Liebesgespräch mit Abtrumpfen des Liebhabers von Tyrtäus — weiss sich Hans Sachs in Anlehnung an Folz zu Nutze zu machen (Fastnachtsp. 4).

Nürnberg ist der eigentliche Schauplatz für diese Entwicklung der Fastnachtsrevuen.

IV.

NÜRNBERGER FASTNACHTSPIELE.

I. ÜBERLIEFERUNG.

Die Handschriften 𝔄 𝔅 ℭ 𝔇 D E F K M N P R W X Y enthalten Nürnberger Stücke. Von diesen ist, wie oben ausgeführt, 𝔄 und ℭ in Schwaben entstanden; D weist nach Mitteldeutschland; oder, um es vorsichtiger auszudrücken, sie zeigt eine im wesentlichen mitteldeutsche Orthographie. Es begegnen keine *ů*; für *p* im Anlaut ist in der Regel *b* eingetreten. Der Umlaut ist meist unbezeichnet; *aw au*, *ew eu eü* sind neben einander gebraucht. Vielfach sind *-e* am Schluss unnötig angefügt; vielfach sind die Konsonanten verdoppelt.

Die übrigen Hss. darf man — ohne dazu gezwungen zu sein — nach Nürnberg setzen; jedenfalls zeigen sie gemeinbairische Sprache [1].

Die ältesten sind ℭ und W, letztere die bekannte Weimarer Minnesingerhs. F (vgl. Lachmann, Walther v. d. V. S. VIII, Des Minnesangs Frühling S. IV), die man in die erste

[1] Dass K nach Augsburg gehöre, wie Euling, 100 noch ungedruckte Priameln, S. 12 und Lier, Studien z. Gesch. d. Nürnberger Fnsp. I, 4 Anm. 5, meinen, weil sich hier eine Geschichte vom Ursprung der Stadt Augsburg befindet, ist ein übereilter Schluss. Bei Bl. 108 beginnt mit den Fastnachtspielen eine andere Hand. Die Sprache dieser Partie ist nicht Augsburgisch wie die der vorhergehenden.

Hälfte des 15. Jhs. zu setzen pflegt, die aber doch bald nach der Mitte des Jahrhunderts entstanden sein muss. Sie haben zwei sehr deutlich geschiedene Hände geschrieben, von denen ich die eine α, die andere β nennen will. α reicht von Bl. 1 bis Bl. 106ᵇ, 109—119ᵇ. Diese Partie (I) gehört zusammen, und es ist lediglich durch ein Versehn des Buchbinders ein Doppelblatt der Hand β eingelegt: 107—198ᵇ, so dass dadurch ein Lied Friedrichs von Hausen unterbrochen wird. Dieses Doppelblatt (IIa) enthielt Sprüche, von denen der zweite ebenfalls durch die Blattversetzung unterbrochen ist. β fährt damit fort 122—127ᵇ (IIᵇ). Hier wird von 125ᵇ ab Fastnachtspiel 40 mitgeteilt, das ebenfalls unterbrochen und auf dem wiederum versetzten Doppelblatt 120—121ᵇ (IIᶜ) fortgesetzt wird. β hat hier bis 120ᵇ geschrieben. Noch auf dem untern Raum derselben Seite fährt α fort mit Stück 19. An 121ᵇ schliesst sich 128 bis Schluss (IIᵈ). Also:

I: α. II β (Stück 40) + α (Stück 19).

Da α, der die Minnesänger abschrieb, β fortsetzte, ist er entweder gleichzeitig oder jünger. β erinnert etwas an die früher 𝔏 genannte Hand, ist aber sicher nicht mit β identisch. α schrieb auf lose Doppelblätter. Ein paar Verse von Stück 19 (Keller 168, 2–9 Mitte) waren (offenbar zuerst) auf Bl. 148 geschrieben; das Blatt mag dann verlegt worden und durch Bl. 131 ersetzt sein; später wurde Bl. 148 wieder verwertet, nachdem die Stelle durchgestrichen worden. Textlich ist das ohne Belang. Ich notiere es, weil Kellers Angaben unklar sind (S. 1440—1443). Wα und Wβ geben noch (wie 𝔏 häufig) durchweg lateinische Überschriften, kürzen auch noch zahlreicher ab.

X (jetzt signiert Q 566) und Y (jetzt Q 565) sind Sammelbände von sehr verschiedenen Händen. Daraus, dass X Bl. 80ᵇ die Jahreszahl 1483 steht, durfte also Keller für die Abfassung des hier überlieferten Stückes 78 — Keller schreibt zweimal versehentlich 79 (S. 1076. 1457) — nichts schliessen.

M (jetzt in einem neuen Einband) besteht aus drei älteren Partieen 1—284, 289—384ᵇ, 385—490. Die Stücke der letzten Partie heissen im Register (nicht *Schneper*, wie Keller

S. 1381 angiebt, auch nicht *vasnachtſpiele Schnepers*, S. 1082, sondern kurzweg) *Schnepers*. Von einer beträchtlich jüngeren Hand (etwa zweite Hälfte des 16. Jhs.) ist eingetragen Bl. 284^b—287 Stück 116. Der Abdruck der Stücke aus M in fürchterlich „normalisierter“ Orthographie, ist überaus liederlich und von Fehlern wimmelnd[1].

Im Übrigen vgl. die Beschreibungen Kellers im 3. Bande seiner Ausgabe, für F Anzeiger f. d. Kunde d. deutschen Vorzeit 6,327 ff., für E Schnorr, Archiv f. Litteraturgesch. 3, 1 ff.

Nächst D und 𝔄 sind wohl die verschiedenen Sammlungen von 𝔅 (und auch 𝔇?) die jüngsten Handschriften schon der Schrift nach. Natürlich darf man das auf Bl. 202^b hinter Stück 40 von 𝔄 geschriebene Datum 1486 zunächst nicht in der Weise, wie Keller es thut, für die Datierung der Stücke 1—40 verwerten.

II. LOKALE BEZIEHUNGEN.

Nürnbergische Heimat ist nun für die folgenden Stücke mit Sicherheit aus den lokalen Beziehungen zu erschliessen (vgl. auch Lier, Studien z. Gesch. der Nürnberger Fnsp. 4, Anm. 2).

1. 𝔅I Folz nennt sich als Verfasser (s. u.)

2. 𝔅I. Gostenhof (37_5), Nürnberger Vorort, jetzt Stadtteil, Fischbach (35_{22}), Fischmarkt (36_8), Kornhaus an der Frauengasse (36_1).

5. 𝔅I. Altenperg ist ein Weiler 9 km wsw. von Nürnberg unweit der Rednitz, schon nicht mehr im Reichsgebiet; die Loe, Wetzendorf, Obernpuch sind sämtlich Dörfer oder Weiler, ziemlich direkt nördlich von Nürnberg gelegen, am Weitesten entfernt Obernbuch (etwa 9 km). Furt ist Fürth.

7 𝔅I 𝔄, Drucke *e h o*. In *e h o* 𝔄 nennt sich Folz als Verfasser (s. u.)

8^b (s. u.). 𝔅I. 78_8 ff. wird ein Dorf an der Pegnitz, oberhalb des Spielorts erwähnt. Gemeint ist wohl Wörth.

---

[1] Für grammatische und orthographische Forschungen sind daher die Fastnachtspiele in Kellers Ausgabe absolut unbrauchbar.

9[b] (s. u.). 𝔅 I. Erlestegen (im Reim zu *fregen* 96_{32}) ist ein Dorf und Schloss, $^3/_4$ Meilen nordöstlich von Doos an der Pegnitz gelegen. (Zur Rede des Ausschreiers gehörig, also nicht ganz sicher).

10. 𝔅 I. Erlestegen (: *fregen* 99_{33}); Schnilingen (100_{15} = Schnygling 567_8, 785_{31}) liegt dicht bei Nürnberg. Pierntan (heute Birnthon) liegt eine Meile von Altorf, Wetzendorf (s. Stück 5) bei Doos. Der blaue Stern (102_6) lag (nach 735_{23}) am Frauenthor; der Säumarkt (102_9) ist ein Nürnbergischer Platz.

12. 𝔅 I. Poppenreuth (109_6) liegt etwa $^1/_2$ Meile nö. von Nürnberg. Erlestegen (112_{33}), der blaue Stern (113_3).

18. 𝔅 I. Erlestegen (157_9), Reut (158_7). Die Fleischbruck (157_{22}) ist die heutige Fleischerbrücke (157_{22}).

23. 𝔅 I. Tuchscherergasse (211_6)?

31. 𝔅 I. QXIII. Pegnitz (255_{24}). Halbwachsen (so zu lesen 256_8), eine bekannte Nürnberger Familie, nach der noch heut das Halbwachsen-Gässlein benannt ist. Nicht in QXIII s. u.

37. 𝔅 I. Der Bischof von Bamberg (zu dessen Diözese Nürnberg gehörte)?

38. 𝔅 I. Drucke *a w* (s. Goedeke MA 980 ff.). Folz nennt sich in den Drucken.

42. 𝔄 D K M Bischof von Bamberg (320_7)? *hundsgaſſen* 328_{27} = *kererga*ſ*ſen* D, kenne ich nicht.

43. 𝔄. Folz nennt sich.

44. 𝔄. Druck *w* (s. Goedecke MA. 980 f.). Folz nennt sich in dem Druck.

58. 𝔅 IV. Aus den vorkommenden Ortsnamen 514_{29} ff. ist die Herkunft des Stückes nicht sicher zu erschliessen. Vielleicht sind es, wie gewiss die $517_{4.\,14}$ vorkommenden, scherzhafte Bildungen. Eine Kotgasse (514_{30}) giebt es in Nürnberg, die heutige Brunnengasse, die ihre Berühmtheit dem Umstande verdankt, dass hier Hans Sachsens ältestes Wohn- vielleicht Geburtshaus stand. Schinling oder Schniling (514_{29}) könnte Schnigling meinen. Laussenpach (514_{31}

= Lautenbach, Weiler bei Hersbruck?) ist mir unbekannt. Von den Schalkhausen (515 2), die Rudolphs Ortslexikon ananführt, möchte man am Ehesten noch an das nicht ganz 3 km von Ansbach gelegene Pfarrdorf denken. Der Galgenmühlen (515 1) giebt es und gab es wohl recht viele, darunter auch eine bei Ansbach. Bei Nürnberg liegt ein Galgenhof, heute Vorstadt; zu dem mag wohl in alter Zeit auch eine Mühle gehört haben. Also ganz unsichere Spuren. Über die Verstechnik s. u.

61. 𝔅. Rotenpach (543 1) entweder Röthenbach 1M. sw. von Nürnberg unweit der Rednitz oder Rottenbach zwischen Wendelstein und Feucht. St. Moritz (543 16), Obstmarkt (543 21).

65. M. Schnygling (567 8).

67. M. Tumpach (592 11) an einer stereotypen Stelle, wo sonst gewöhnlich bis *ſuntag* steht; am besten ist wohl an das Dorf Oberdombach zu denken, nach Rudolph 1 Meile westlich von Nürnberg am linken Ufer der Rednitz gelegen. Unsicher, weil in der Rede des Ausschreiers.

80/81. M. Fispach (660 35.)

85. M. *Halßprunner hof den wil man uns verleihen* (699 62). Der Heilsbronner Hof ist noch bis ins 17. Jh. das beliebte Lokal für dramatische Aufführungen.

89. KM. Erlenstegen (718 25); schöne Brunnen (717 34).

98. M. *Bey dem frawentor czum ploben Stern* (753 23).

104. M. Erleinstegen (785 6), Schnigling (785 31), Wetzendorf (786 23), Pirntan (787 23)

106. N. Der „schöne Brunnen am Markt“ (818 16). Pirntan (818 35).

108. D. Pegnitzhecht (858 15).

112. Druck *f.* (QXX). Im Druck nennt sich Folz.

120. Druck *b.* fischpach (Nachtr. 13 3).

Somit hat besonders die Handschrift 𝔅 eine grosse

Anzahl von Stücken, die mit aller Sicherheit nach Nürnberg zu setzen sind[1].

III. DIALEKT.

Weiter führt die Betrachtung der dialektischen Verhältnisse. Natürlich wird sich gegen eine solche Untersuchung geltend machen lassen, sie gebe keine sicheren Resultate; namentlich ermögliche sie nicht recht Nürnberger von etwa Bamberger Stücken zu scheiden; aber da wir nur von Nürnberger Stücken wissen, von Bambergischen aber nicht, so wird man diesen Einwand vernachlässigen dürfen. Ferner habe ich im Voraus folgendes zu bemerken. Es ist schon bei den österreichischen Stücken darauf aufmerksam gemacht worden, dass sich nur zum Teil das grobdialektische *oa* findet. Ebenso schrieben die Nürnberger Dichter keineswegs das, was man Nürnberger Dialekt zu nennen pflegt, sondern folgten einer gemeinbairischen Tradition, nicht bloss in der Schrift, sondern in der Sprache. Das geht aus Folgendem hervor.

1. (36) 275_{17} findet sich der Reim *perſau* : *genau*. Wenn er richtig überliefert ist — und ich wüsste nicht, was uns berechtigen sollte, ihn anzuzweifeln und etwa *perſon-ſchon* einzusetzen —, so wäre er ein äusserst interessantes Zeichen für gar mancherlei. Im heutigen Nürnbergischen Dialekt — ich schöpfe abgesehen von eigener oberflächlicher Kenntnis im Wesentlichen aus Grübels Gedichten und Frommanns Grammatik dazu, der ich in der Transskription folge, ist mhd. *ô* zu *àu* geworden (Frommann § 14), auslautendes *n* abgefallen (Fr. § 70): *perſau* ist eine regelrechte Nürnbergische Form. Daraus wird man folgern dürfen 1) dass unser Stück nach Nürnberg gehört, 2) dass der Übergang von mhd. *ô* > *àu* im Nürnbergischen schon ins 15. Jahrhundert spätestens zu setzen ist, dass man also (in den Kreisen, wo sich der Dialekt ungestört entwickelt hatte) schon damals wie heute: *bràut, ràut* (rot),

[1] Auch der scherzhafte Ortsname Trippotrill (38) 303_9 in einem Teil der Hss. = Troffentrüll (99) 739_{33} wird nach Nürnberg weisen. Grübel gebraucht Drippsdrill, nach Frommanns Glossar ein scherzhafter Name für einen Ort, den man nicht nennen will.

làu[*n*], *ſtàußn* u. s. w. sprach. Man schrieb also, dem gemeinen Bairisch entsprechend, in Nürnberg im 15. Jahrhundert nicht unbeträchtlich abweichend vom Dialekt. Gewisse Volksklassen (die mehr oder weniger Gebildeten) sprachen auch anders. Frommann versichert, was ich nicht kontrollieren kann: „Der Laut dieses *au* (*àu* aus *ô*) unterscheidet sich ursprünglich von dem des vorigen *au* (*âu* ⟨ *â*), und auch heute noch kann man in den untersten Schichten der Einwohner Nürnbergs diese Verschiedenheit wahrnehmen, die jedoch in der höheren Umgangssprache gänzlich verwischt ist." (§ 14a). Danach kann man nicht umhin anzunehmen, dass schon im 15. Jahrhundert die Reime *prot* (*bràut*) : *hot, hat* (*hâut*), *ſtoßen* (*ſtâußn*) : *loßen*, *laßen* (*lâußn*) u. s. w. ungenaue Reime waren. Ihre überaus häufige Verwendung, die sie geradezu mit zu einem Charakteristikum Nürnbergischer Stücke macht, kann sich nur aus gemeinbairischer Tradition erklären. Reime wie *malen* (*màuln* neben *måln* nach dem Gemeinbairischen auch heutzutage) : *verdoln* 241 171 (was heute **vədūln* wäre) beweisen, dass man im Nürnberg des 15. Jhs. auch in der Aussprache nach Anweis der Schrift dem gemeinen Bairisch zu folgen bestrebt war. Auch andere Thatsachen dienen lediglich, diese Folgerung zu bestätigen. Ich habe auf die Bindung von *ai* (mhd. *ei*) und *ei* (mhd. *î*) in den Nürnberger Stücken aufmerksam zu machen (*au* : *ou* d. i. mhd. *ou* : *û* vernachlässige ich aus mancherlei Gründen). Auch das ist niemals bis auf den heutigen Tag ein dialektisch reiner Reim gewesen (mhd. *ei* = nbg. *a*). Weil man aber in der Schrift *ei* und *ai* zu mischen begonnen hatte, wurden sie auch in der Aussprache der Gebildeten zusammengeworfen. Selbst für so durchaus volkstümliche Dichtungen wie die Fastnachtspiele gab es also eine Art Litteratur- und Gemeinsprache, die über dem Dialekt stand, den der eingesessene Nürnberger, der Bauer von Gostenhof oder Wörth mit seinesgleichen sprach, und der von dem heutigen Dialekt keineswegs so sehr verschieden gewesen sein kann.

2. Stück 21 (das kleine Neithartspiel, wie ich es zum Unterschied von dem grossen, Stück 53, nennen will) vermag ich dialektisch nicht mit Sicherheit nach Nürnberg zu setzen.

Im Gegenteil scheint manches von Nürnberg abzuführen. Mit Dingelfingen (194 20) wird doch wohl die heutige Stadt Dingolfing an der Isar, nordöstlich von Landshut, gemeint sein, sodass man zunächst an niederbairische Heimat zu denken hätte. Es liesse sich verstehen, dass das österreichische Neithartspiel im 15. Jh. hierher gebracht, hier nachgeahmt wurde und von hier nach Nürnberg vordrang. Die Reime lehren nicht viel. *ei* und *ai* werden gebunden.

rain : *Laurein* 197 19 f.

Aber 195 21 f. ist gereimt:

gruen : *ſchuen.*

Es liegt ja nun zunächst der Verdacht an sogenannte „umgekehrte Schreibung" nahe. Weil man, wie dies in Mitteldeutschland nicht selten, *grön* sprach, aber noch *grün* schrieb, habe man dem Auge zu Liebe für *ſchön* auch *ſchün* eingesetzt. Es liessen sich zur Not auch in 195 21 f.:

Ritter, wie dunkeſt du dich als kun?
Wie, ob ich dich allein beſtun?

die Reimworte als *kön* : *beſteen* fassen. Aber wahrscheinlicher ist doch *beſtun* = *beſtünd*, und damit fällt die Möglichkeit *gruen*, *ſchuen*, *kün* als *grön*, *ſchön*, *kön* zu fassen. Auch ist der Übergang von mhd. *üe ü* zu nhd. *ö* (nach v. Bahder, Grundlagen d. nhd. Lautsystems S. 187 ff.) lediglich mitteldeutsch, und nach Mitteldeutschland kann man unser Stück nicht gut verlegen. Der Reim *grün* : *ſchün* findet sich in unsern Fastnachtspielen noch dreimal:

(70) 614 14 f. Ich gib euch hutzeln dürr und grün,
Wann jr ſeyt gemayt und ſchün.

QXV, 536 f. Ich geb euch äch kloezn durr und grůn:
das thet ich von wegn eur ſchien.

E I, 30 f. ich wolt ir auch thann gar ſchwen
vnd wolt ir geben hutzen dwrr vnd grwen.

Die Stücke sind auch sonst nicht unabhängig von einander; wir haben es also mit einer tradierten Formel zu thun, die von der Heimat der einzelnen Stücke unabhängig sein kann. Ferner Germania III 316 in einem Meisterliede in Regenbogens blauem Ton aus Cod. Pal. 392, geschrieben zu Augsburg im 15. Jahrhundert:

> Ain Kranz von rôten rosen schien
> Gebunden fein mit seide grien.

Auch in Prosa in Augsburger und besonders Nürnberger Quellen: Städtechroniken (Augsburg).

Für Nürnberg kann trotzdem kein Zweifel sein, dass die sonderbare Form, die so gut wie gar keine Beachtung gefunden hat, dem Dialekt angehört. Grübel braucht *schöi*, „dessen Aussprache", erklärt Frommann (Grübel's Sämtliche Werke, Nürnberg 1857, III 234 § 17a), „dem Einflusse des Hochd. nachgegeben hat". Denn mhd. *oe* ist bei Grübel *äi*. Dagegen lässt sich *öi* direkt nur auf mhd. *üe* oder *ie*, vor Nasal auch auf mhd. *ê* zurückführen. Vermutlich war ein mhd. *schüen* weiter verbreitet, nicht auf Augsburg und Nürnberg beschränkt. Die Wörterbücher und Abhandlungen über bairische Dialekte, die ja zunächst in Frage kommen, lassen nicht recht erkennen, wie weit die heute üblichen Formen auf mhd. *schüen* zurückgeführt werden müssen. Schöpf, Tyrolisches Idiotikon 643, führt *schiā* neben *scheā* an (aber: *greā*, *greī*, *grüeā* S. 217); in den Sette communi begegnen *schie*, *schiä*, *schuä*, *schuen*; lusernisch sagt man *a schiena roas* neben *a schôna roas* (Zingerle Lusernisches Wb. 50; aber *grüeā*! S. 50).

Die grammatische Erklärung der Form stösst auf Schwierigkeiten. Schon Isidor 5, 35 hat *scuoni*, und es liegt zunächst nahe an die alte Doppelheit zu denken, wie man sie jetzt gewöhnlich für *goumo* : *guomo* annimmt. Vgl. darüber J. Schmidt, Zeitschr. f. vgl. Sprachforschung 26, 1 ff.; Noreen, Urgermansk judlära S. 19 und besonders Streitberg, Die germanischen Comparative auf *ōz* S. 9 ff. Aber andere Entsprechungen von ahd. mhd. *uo* und *ou*, *o* vor Nasal, darunter allerdings viele unsichere, bringt S. Singer, Beitr. 11, 299 bei. Eine hierher gehörige Form ist wohl auch *Struompüechl* (53) 425 5. Mhd. *strûm* ist am besten als die md. Entsprechung eines obd. **struom* zu fassen, und nhd. *strom* kann daraus gerade so gut entwickelt sein wie aus mhd. *strâm*.

Ferner wird ein mhd. **huon*, **hüenen* als Nebenformen zu *hôn*, *hoenen* vorausgesetzt durch bairisches *hüenen* (Schmeller BWb 2), von *hinnen* 'winseln' besser zu trennen. Nürnbergisch begegnet *hünen*: (3) 40 25 *Wenn eins das ander nit ſo hünet* (: *unkunet* — was heisst das?) [1]. Dafür braucht aber Hans Sachs *heunen*, und das kann als regelrechte Entwicklung aus **hüenen* aufgefasst werden, wenn man annimmt, dass im Dialekt *üe* schon zu Sachsens Zeiten ebenso zu *oi* diphthongiert war wie *ô* zu *au*. —

In den mit Sicherheit nach Nürnberg weisenden Spielen sind nun folgende Reime besonders häufig:

1) Die Form *fregen* : *Erleſtegen* (9^b^) 96 34 f. (10) 99 33 f. (12) 12 33 f. (18) 157 9 f. (89) 718 24 f. (104), 785 7 f. : *gepflegen* (18) 154 30 f. : *wegen* (31) 257 10 f. Die Form *fregen* ist ein Hauptkennzeichen Nürnbergischer Stücke.

2) *a* : *o*.

ſinagog : *frog* (*frag*) (1) 5 5 f. (1) 33 17 f., : *plog* (*plag*) (1) 26 30 f.

frogen (*fragen*) : *gelogen* (3) 68 8 f., : *überzogen* (43) 333 12 f.

von : *gan* (1) 15 34 f.; *darvon* (*darvan*) : *gan* (37) 281 14 f. 282 1 f., : *ergan* (106) 806 24 f., : *han* (31) 257 9 f. (43) 354 5 f., : *than* (106) 806 30 f., : *getan* (42) 326 2 f., : *verſtan* (106) 808 24 f.; *verſtan* : *von* (106) 809 14 f.; *darvon* : *dran* (42) 322 14 f., : *an* (44) 338 14 f. (106) 815 5 f. : *entran* (43) 322 27 f.

an : *perſon* (31) 252 6 f., : *ton* (42) 324 4 f.

gan : *than* (67) 581 14 f.

han : *gethan* (67) 583 6 f., : *ſchon* (43) 334 38 f., : *perſon* (106) 800 8 f. 806 10 f.

tan : (*tôn*) *lan* (= *lôn*) (18) 158 29 f. 35 f., : *geſtan* (104) 782 22 f., : *man* (65) 568 33 f.

man : *perſon* (106) 800 33 f.

verſtan : *Babilon* (106) 815 15 f.

got : *hat* (*hot*) (1) 5 19 f. 10 24 f. 10 35 f. 14 21 f. 16 6 f. 20 25 f. 23 14 f. 26 7 f. (106) 797 5 f. 802 20 f. 810 9 f. 813 6 f. 815 19 f.

---

[1] Die Hätzlerin 2, 13, 98 hat *hün* = mhd. *hœne* (Adj.).

hat (*hott*) : *tot* (*tod*) (1) 6_{95} f. (106) 806_{29} f. 810 24 f. (8^b) 80_{14} f., : *drot* (*trot*) (1) 21_{28} f. (37) 279_{21} f. (106) 818_{27} f., : *not* (106) 797_{3} f. (37) 279 26 f., : *ſpott* (38) 285_{26} f., : *verſpott* (106) 808_{26} f. (: *haußrott* (67) 590_{4} f.).

ſtât : *tot* (1) 16_{22} f., : *got* (106) 802_{32} f.; *got* : *verſteet* (l. *verſtat*) (106) 801_{1} f.

drat : *kot* (43) 333_{8} f., : *Hebenſchrot* (61) 585_{3} f.

geſoten : *geproten* (104) 787_{12} f.; *proten* : *peſchnoten* (104) 787_{18} f.; *verſchroten* : *geraten* (65) 569_{29} f.

tode : *genade* (8^b) 78_{26} f.

groß : *Molkenfroß* (10) 98_{31} f. 99_{10} f.; *Molkenfroß* : *ſchoß* (10) 98_{10} f.

hoſt : *erloſt* (61) 588_{21} f.

loß : *arßpoß* (89) 715_{22} f.

ſtoßen : *laßen* (18) 157_{26} f. (31) 256_{33} f. (108) 851_{24} f., : *verloßen* (1) 9_{9} f. : *gelaßen* (3) 41_{12} f.

groſchen : *loſſen* (*laſſen*) (12) 110_{2} f.

war : *vor* (67) 581_{30} f., : *darfor* (106) 806_{12} f., : *tor* (1) 12_{4} f. (65) 570_{6} f.

geporn : *wôrn* (105) 805_{18} f., : *jaren* (1) 5_{31} f.

geoffenbart : *gehort* (42) 322_{14} f.

noch : *rach* (1) 17_{4} f.

nach : *zoch* (108) 854_{26} f.; *darnach* : *hoch* (1) 22_{29} f.

no (= *nâch*) : *alſo* (7) 69_{11} f.; *alſo* : *darno* (106) 806_{19} f.; *no* : *o* (43) 335_{30} f., : *ſtro* (44) 340_{29} f.

3) Konsonantische Differenzen.

a) *rd* : *r*. *were* : *erde* (8^b) 85_{9} f.

ld : *l*. *ſtall* : *pall* (= *pald*) (43) 332_{25} f.

b) Guttural am Ende: *da* : *darnach* (106) 811 f., : *darna* (1) 28_{27} f.; *darna* : *Ketzora* (1) 29_{2} f. — *zwer* (*zwerch*) : *her* (38) 287_{18} f. (Vgl. unter 1.)

c) *bevalch* : *ſchalch* (Vgl. *Kalchreuth*, Name einer Nürnbergischen Ortschaft) (18) 155_{25} f.

küeſtrick : *mich* (43) 346_{10} f.

hab : *tag* (8^b) 79_{11} f.; *gelauben* : *augen* (8^b) 81_{31} f.; *haben* : *ſagen* (67) 587_{21} f.

d) *Rubenkorp* : *mort* (67) 590_{9} f.

c) Differenz eines *-n* in unbetonter Silbe.
meile⟨n⟩ : *ereile⟨n⟩* (37) 278_{22} f.
ſite⟨n⟩ : *dar mite* (61) 582_{5} f.
f) *dinge* : *finger* (10) 99_{14} f.

Man darf auf Grund der gleichen Reime auch die sämtlichen Stücke der genannten Handschriften mit Ausnahme der schon vorher herausgehobenen nach Nürnberg weisen. Eine Abweichung zeigt nur Stück 58, das schon mit seiner Verstechnik aus den übrigen herausfällt und z. B. kein *than* (*thon*) im Reim zeigt, sondern *thun* (: *ſun* 512_{23} f., $_{26}$ f., 513_{35} f.); ferner *gen* : *neme* (58) 513_{20} f. u. a., viel gröbere Ungenauigkeiten, als die Nürnberger kennen. Als „Hochzeitmachen" schliesst es sich an die berührten auswärtigen Stücke inhaltlich an.

IV. ROSENPLÜT.

Nun kennen wir als Nürnberger Dichter Rosenplüt und Folz, und beiden pflegt man seit Gottsched Fastnachtspiele zuzuschreiben. „Eben in dem Jahre, sagt Gottsched, als Mahomed der II. Constantinopel eroberte, d. i. 1452, giengen in Deutschland schon allerley Fastnachtspiele im Schwange. — Ich sage dieses nicht aus Mutmassungen, sondern habe Beweise davon in Händen. Zu Nürnberg lebte damals ein Dichter, der sich Schnepperer Hans Rosenplut, d. i. Rosenblüte, nannte, und von welchem ein ganzer Foliant voll geschriebener Gedichte vorhanden ist. Die Kenntnis derselben habe ich dem berühmten Herrn Pastor Vetter zu danken, der sie mir vor einigen Jahren zu eigener Einsicht und beliebigem Gebrauche mitgeteilet hat. Unter anderm fand ich darin sechs Fastnachtspiele, die dieser Dichter zum Gebrauche seiner Mitbürger in Nürnberg aufgesetzet hat". (Nötiger Vorrat S. 11 f.). — Dass die Fastnachtspiele der Dresdner Hs. D, die Gottsched benutzte, von Rosenplüt sind, beruht zunächst lediglich auf einer Tradition. Eine neuere Hand gab dem Kodex den Titel „Rosenpluet" mit Bezug auf den Hauptinhalt. Ob alle Spruchgedichte von Rosenplüt herrühren, bedarf erst einer Untersuchung. Ausser Rosenplüt werden in der Handschrift selbst Rosner oder Rösner und Hans der Schwätzer als Dichter genannt.

Auf Grund irgendwelcher Tradition beansprucht auch M auf seinem modernen Einband, Fastnachtspiele Rosenplüts zu enthalten. Hier aber liegt die Sache für Rosenplüts Autorschaft auf den ersten Blick noch ungünstiger. Die erste Hälfte der Spiele ist, wie bemerkt, im Register *Vaſnacht Spil* überschrieben, die zweite *Schnepers.* Man hat fast den Eindruck, als ständen beide Worte im Gegensatz, und als sei in *Schnepers* ein Plural zu suchen. So hat vielleicht Schmeller gedacht (vgl. Wendeler, *De preambulis* I, 28). Doch daran ist schwerlich zu denken. Will man darin einen Namen sehen und annehmen, dass es für *Schneper*ˢ oder *Schneper*ˢ*s* verschrieben sei, so ist — zugegeben, dass Schneperer eine Bezeichnung Rosenplüts ist — die notwendige Annahme, dass M sämtliche dieser Bezeichnung folgenden Stücke für Rosenplütisch (so Wendeler S. 29 Anm.), die vorhergehenden aber, von denen 74, 75, 78—81 bisher mit mehr oder weniger Sicherheit Rosenplüt zugeschrieben wurden, für Nichtrosenplütisch hielt.

Es bleibt also nichts übrig, als eine eingehende Untersuchung zu veranstalten oder, von dem relativ Gesicherten ausgehend, zum Unsichern fortzuschreiten.

1. Rosenplüts gesichertes Eigentum.

Wir haben eine Reihe von Spruchgedichten, bei denen uns die Verfasserschaft Rosenplüts durch die Handschriften sicher bezeugt ist. Es sind die Folgenden:

I. Geistliche Gedichte.

1) *Die Turteltaube.* D 139—140[1], F 371, L 12[2].

2) *Unserer Frauen Schöne.* D 153, L 18 (mit dem Anfang *Götliche ſelge juncfrau ſchön, Durchleuchtig*

---

[1] In D steht S. 134 die neue Überschrift *Vnnſer frawen wappenrede.* Aber, dass die vorhergehenden Verse *So heb ich großer ſunder grob Einfeltiglich an dein lob* nicht den Schluss eines Gedichtes bilden, bedarf keines Beweises.

[2] L bezeichnet im Folgenden stets die Rosenplüt-Hs. der Leipziger Universitätsbibliothek.

ſunn allr himeltrön, von mir zum Unterschied von dem in D unmittelbar vorhergehenden Gedicht bezeichnet als UFSchön II.).

3) *Auf die Welt.* D 408, abgedruckt ZfdA 32, 436 ff.

4) *Von der Beichte.* D 7, F 146, M 258^{b}; abgedruckt bei Keller 3, 1098.

5) *Der Priester und die Frau.* D 30, F 266^{b}, L 1, R 45 (gekürzt).

II. Politische Gedichte.

6) *Ein Spruch von Böhmen* (1427). D 176, F 60; abgedruckt von R. v. Liliencron, Histor. Volkslieder I No. 61.

7) *Von der Hussenflucht* (1431) D 165, F 64^{b}, Cod. pal. 525, 147^{b}, Cgm 1136 fol. 790; abgedruckt von R. v. Liliencron, Historische Volkslieder I. No. 68.

8) *Ein Spruch von Nürnberg* (1447). D 90, F 49, *f* Einzelhandschrift des Germanischen Museums, *g* Einzelhandschrift der Nürnberger Stadtbibl. Fol. 16/17 ff., *h* Miscellanband der Bibl. Williana VII, 158, *i* Lochners Hs., *k* Cod. Bai. 1800^{a} in München, *l* Germ. Mus. 5341, *m* Msc. germ. Berl. 503 fol. 5339. 4^{0}, *x* Druck vom Jahre 1490, German. Mus. 5340; abgedruckt von Lochner, Nürnberg 1854.

9) *Vom Krieg zu Nürnberg* (1450). D 111; abgedruckt in Reinhards Beiträgen zu der Historie des Frankenlandes (Baireuth 1760) 1, 225, in Canzlers Quartalschrift 3, 7, 27, von Lochner Nürnberg 1849, R. v. Liliencron, Historische Volkslieder I. No. 93.

10) *Lied von den Türken (Von den armen Gecken)* (1459). D 363, L 57^{b}; abgedruckt von Liliencron, Histor. Volkslieder I No. 109.

11) *Auf Herzog Ludwig von Baiern* (1460). D 238; abgedruckt von Liliencron, Histor. Volkslieder I No. 110.

III. Sonstige ernste Gedichte mit moralischer Tendenz.

12) *Der König im Bad.* D 1, F 326, L 34, R 48, Cgm 319^{4}, 57, Cgm 713^{4}, 40, Drucke in Weimar, Hamburg, Nürnberg.

13) *Von der Kaiserin zu Rom.* D 47, F 182, P 129, R 1, Karlsruher Hs. 156^b, *t* (= Druck in Tübingen); abgedruckt Keller 3, 1139.

14) *Der kluge Narr.* D 3, L 60, Handschrift der Wiener Hofbibliothek 3214, 185, *d* (= Druck der Wiener Hofbibliothek); abgedruckt in Canzlers und Meissners Quartalschrift (1783) I, 51 ff., Göz HSachs 3, 177, Wagners Archiv (1873) I 213 ff.

15) *Vom Müßiggänger.* D 13, Druck der Königlichen Bibliothek zu Berlin; abgedruckt Keller 3, 1152.

16) *Lob der fruchtbarn Frau.* D 38, F 193^b, L 6.

17) *Die 15 Klagen.* D 266, F 300, K 150, Y 9, Druck in der Königlichen Bibliothek zu Berlin; abgedruckt von Goedeke, P. Gengenbach S. 403.

18) *Vom Brünnlein. (Die drei Ehefrauen).* D 402, Schluss auch F 17^b; abgedruckt ZfdA 32, 441 ff.

19) *Die Woche.* D 20, F 358, Cgm 713^4, 130.

20) *Die sechs Ärzte.* D 81, F 176^b, M 279.

IV. Schwänke.

21) *Der Knecht im Garten.* D 104, F 113, L 36, Cgm 713^4, 120, Giessener Hs. (lückenhaft, vgl. ZfdA 9, 171), *H* (= Liederbuch der Hätzlerin Bl. 225), Ausgabe von Holtaus S. 290^b, Bamberger Druck von 1493 (Goedeke Gdr.² I, 328); ferner abgedruckt Bragur 5, 1, 78, Göz, HSachs 3, 170.

22) *Vom fahrenden Schüler.* D 207, F 31^b, L 50, Giessener Handschrift, *h* (= Druck in Hamburg).

23) *Die Wolfsgrube (Von dem Edelmann und dem Pfaffen).* D 219, F 122, Y 22^b, Giessener Hs., Valentin Holls Hs. 77^b; abgedruckt von Keller, Erzählungen aus altdeutschen Handschriften S. 365.

24) *Der Hasengeier.* D 226, Giessener Hs.

25) *Die Tinte.* M 276; abgedruckt Keller Fnsp. 3, 1186.

26) *Von einem Barbierer.* F 18, Cgm 713^4, 146, Valentin Holls Hs. Bl. 72, Cgm 5919^2, 274, British Museum

Add. 24, 946 fol. Bl. 151 (vgl. Bächtold, Die deutschen Hss. im Brittischen Museum S. 113 No. 21); abgedruckt Keller, Erzählungen S. 426.

Das sind im Ganzen 26 Gedichte, die sich bis auf die beiden Letzten samt und sonders in D überliefert finden, sodass D diejenige Handschrift ist, die am meisten sicher von Rosenplüt herrührende Dichtungen hat. Denn in allen genannten Dichtungen ist der Name Rosenplüt am Schluss durch den Reim bezeugt:

1) auf *güt*:

> Des helff vnns got hie mit ſeiner güt.
> Das hat geticht der Roſenplüt.

(König im Bad). —

> Da helff vnns got hin mit ſeiner güt.
> So hat geticht Hanns Roſenplüt.

(Wolfsgrube). —

> Das geb vnns herr dein vetterliche güt.
> So hat geticht hanns Roſenplüt.

(Beichte). —

> Du hilff vns durich dein werde güt,
> Fraw. Amen, ſpricht der Roſenplüt.

(Turteltaube). —

> und durich deines heiligen geiſtes güt.
> So hat geticht Hanns Roſenplüt.

(Hussenflucht). —

> Des bite ich dich herre Jheſu criſt
> Durich deine vetterliche güt.
> So hat geticht Hanns Roſenplüt [1].

(Böhmen). —

> Des pit jch dich herr Jheſu Criſt
> Durich alle deine vetterlich güt.
> So hat geticht Snepperer Hanns Roſenplüt.

(H. Ludwig). —

> Vnd muß verſweigen ſein vetterlich güt.
> Die clag füret hanns Roſenplüt.

(15 Klagen). —

Das Er awßteylt ſein ewige güt.
So hat geticht Snepperer Hanns Roſenplüt.

(Brünnlein). —

Das gibe vns herre durch alle dein güt.
So hat geticht Snepperer Hanns Roßenplüt.

(Welt). —

Damit man verſchult gottes güt
So hat geticht Hanns Roſenplüt.

(Tinte). —

2) im Reim auf *hüt, behüt*:

Damit wir ewiglichen werden behüt.
Alſo hat geticht Hanns Roſenplüt.

(Woche). —

Vor den vns got ewiglich behüt.
So hat geticht Hanns Roſenplüt.

(Ärzte). —

Das ſie got ewiglichen da anſchawen,
Vnd er ſie hie vor allem leyt behüet.
So hat geticht der Roſenplüt.

(Lob der fruchtbarn Frau). —

So bis herr unſer aufhaltender ſchilt,
Der vns vor allem übel pehüt.
So hat geticht Hans Roſenplüt.

(Müssiggänger). —

Davor vns got all wöll peſchützen
Vnd ewig mit ſein gnaden pehüt.
So hat geticht Hans Roſenplüt.

(Kl. Narr). —

Das got alle frum frawen vnd man behüt.
So hat geticht Hanns Roſenplüt.

(Knecht im Garten). —

Das er vns leib vnd ſele behüt
Vnd mit ſeinem fride woll zu uns keren.
Amen ſpricht Snepperer Hanns Roſenplüt.

(Krieg zu Nürnberg). —

Dorumb ſie tag und nacht wol hüt.
So hat geticht der Roſenplüt.

(Kaiserin zu Rom). —

3) im Reim auf *müt*:

Er ſlahe jn dann, das es in müt.
So hat geticht der Roſenplüt.

(Spr. v. Nürnberg). —

4) im Reim auf *gemüt*:

Er danckt in allen peyden
So ſere awß ſeinem gantzen gemüt.
So hat geticht Hanns Rosenplüt[1].

(Fahrende Schüler). —

Der krenckt ſeinen ſyn vnd ſein gemüt
Das hat geticht Hanns Roſenplüt[2].

(Hasengeier). —

Als leg ich mein erznei darnieder,
Wan ſy tet krenken mein gemüt.
Das hat geticht Hanns Roſenplüt[3].

(Barbierer). —

Der Umlaut ist in den Handschriften (ich zitiere hier, soweit möglich, nach D) in der Regel nicht bezeichnet; doch geht aus der Gesamtheit der Stellen hervor, dass wir den Namen des Dichters als Rosenplüt anzusetzen haben. Wenn es am Schluss des Gedichts vom Priester heisst:

Wer frauen eret vnd prieſter ſchonet,
Der fleuhet vor der helle glut.
So hat geticht der Roſenplut,

so haben wir auch hier mit Umlaut *glüt : Roſenplüt*. Der alte umgelautete Genitiv der *i*-Deklination ist bewahrt. Etwas abweichend von dem gewöhnlichen Schema lautet der Schluss in UFSchön II (nach D):

Hilff das wir dort nicht werden auswürffling
Durich dein große, erwürdige gut.
Fraw des pit jch dich Hanns Roſenplüt,

---

[1] L *Allſo ſprach d' ſchwler gut.* Über die Lesart von Y siehe unten S. 129.

[2] Giessener Hs. *So liſt vns der ſchreiber wol gemut.*

[3] Die beiden letzten Verse stehen nur in der Regensburger Handschrift.

Wann alle ſünder zu dir hoffen,
Laße deiner gnaden tür ſten offen.
Hilff vnns abgraſen der ſünden ſamen:
Wer des begere, der ſprich Amen.

Auch am Schluss des Liedes von den Türken ist die übliche Formel variiert:

Wann eins und vier, fünff und newn man ſetzet,
ſo wirt der ſenſen jr ſchartten ausgewetzet,
das ſpricht Hanns Roſenplüt.
herr Adler beſtellet eben,
das man wol zuhüte.

Wer eins von diesen Gedichten Rosenplüt absprechen will, hat den Beweis dafür zu erbringen. Wie man sieht, sind sie zum Teil mehrfach überliefert. Nach der Zahl der Handschriften und alten Drucke ordnen sie sich wie folgt: in 10 Vorlagen ist überliefert: *Der Spruch von Nürnberg*; 9: *König im Bad*; 7: *Knecht im Garten*; 6: *Kaiserin*; 5: *Schüler, Wolfsgrube*; 4: *Kl. Narr, Barbierer, Klagen, Priester und Frau*; 3: *Turteltaube, Ärzte, Beichte, Fruchtbare Frau, Hussenflucht, Woche*; 2: *UFSchön II, Türken, Müssiggänger, Hasengeier, Spruch von Böhmen, Brünnlein*, 1: *HLudwig, Krieg zu Nürnberg, Welt, Tinte.*

Dazu kommt ferner ein Fastnachtspiel, in dessen Schlussversen Rosenplüt von zwei Handschriften als Verfasser genannt wird, nämlich Stück 100, wo es in FP heisst:

Das im keiner ſein weid abfretz
Spricht [ſchreibt meiſter F] hanns Roſenplüt an der letz.

Die Verse fehlen freilich in den beiden andern Handschriften, die das Stück überliefern, D und M. Auch ist klar, dass die Gewähr für Rosenplüts Verfasserschaft hier nicht so sicher ist, als in Dichtungen, wo der Name im Reim steht. Immerhin haben wir das direkte Zeugnis zweier Handschriften für Rosenplüts Autorschaft und mindestens eine Art von Tradition in den beiden andern ebenfalls für Rosenplüts Autorschaft. Es wird darauf ankommen, ob gewichtige Gründe dagegen sprechen.

2. Zweifelhaftes.

1. Ein Schwanken zeigt die Überlieferung bei einem Gedichte, als deren Verfasser bald *Hans*, bald *Roſner* genannt wird; zwischen *Johannes* und *Roſner* schwankt die Überlieferung bei einem zweiten, bei einem dritten wird ausser *Hans Roſner*, *Hans der Swetzer* auch *Hans Roſenplüt der Swetzer* genannt.

1) *Vom Einsiedel.* D 64, F 38, L 77b, R 39 (von V. 241 ab), Cgm 713[4], 228[1] (= *m*). Die Handschriften weichen in der Dichtung stark von einander ab. Ich stelle den Schluss V. 465—470) unter Benützung aller Handschriften folgendermassen her:

du ſchöpfer allr planetn und himeln
und menſchen, die auf erden wimeln,
die all ſein gfloſſen aus dein gnaden,
hilf uns in deiner freuden gaden,
drin all geſt gwinnen luſtes ſet!
ſpricht Hans in ſeiner wappenred[1].

D hat im letzten Vers *der Roſenplüt*, F *rößner*, R *roßner*, m *Roſener*. Ich gebe, zunächst ohne präjudizieren zu wollen, der Lesart von L den Vorzug, weil sie am besten in den Vers passt und die Erfahrung lehrt, dass die Dichtungen des 15. Jahrhunderts durch die Überlieferung in metrischer Beziehung nicht verbessert, sondern verschlechtert werden, woraus der methodische Grundsatz folgt, dass unter gleichwertigen Lesarten die metrisch beste zu bevorzugen ist. Ich will aber nicht verschweigen, dass L hinter dem Namen eine Rasurlücke hat, in der indessen weder *Roſenplüt* noch *roßner* gestanden haben kann.

2) *Vom Frauenkrieg (Der Kindbetthof).* L 68, Valentin Holls Hs. Bl. 69; abgedruckt Keller, Erzählungen S. 177. Schluss nach Val. Holls Hs.:

---

[1] 465 f. fehlt m . 465 *allr*] fehlt vor *planeten* DR — DR *u. aller h.* — L *himel* — 466 R *vff* — 467 m *luß vns icht widerfaren der pößen geiſt ſchaden* — RL *ſind* — R *dein'* — 468 L *vns mit dein' gnaden* — D *frewde*, m *frawen* — F *gnaden* — 469 m *geiſt*, F *ſele* — m *luſt ſtet* — 470 L *hanß*, D *der Roſenplüt*, F *rößner*, R *roßner*, m *Roſener*.

Von frawen würdt mancher betört,
Der maint, man müg in nit betriegen,
Spricht Rößner in ſeim frawen kriegen;

in L, wo das Gedicht dem von Einsiedel unmittelbar folgt:

Der meint jn niemanz wetrig
Sprich Johannes* jn ſein frawen krieg.

„Der Name ist gänzlich ausradiert, die Lücke aber zu klein, als dass ein so langer Name wie Rosenplut dagestanden haben könne“ (Euling, Germania 32, 162 Anm.). Ist auch hier zu lesen: *Spricht Hans in ſeinem frauenkrieg?*

Bei dem Fehlen äusserer Sicherheit werden innere Gründe entscheiden müssen. Falls die Handschriften mit *Roßner* Rosenplüt meinen, so fragt sich ob ihm nicht auch folgendes Gedicht zuzuschreiben ist.

3) *Von den Handwerken.* D 194, F 390^b, L 53, P 131, Cgm 713^4, 127; abgedruckt Keller 3, 1135. Der Schluss lautet nach Cgm 713:

Die lügen ſind war und nit ein mer
Alſo redt hans der ſweczer.

L *hanß der ſchwetzer*, D *Hanns Roſenplut der Swetzer*, P *Das ſagt vns hanns Roßner.* Der Vers scheint ein *Alſo redt Hanns der Snepperer* nahezulegen. F weicht ganz ab.

2. Ausserdem haben Keller (3, 1077 ff.) und andere für Rosenplüt diejenigen Gedichte in Anspruch genommen, die dem *Schnepperer* zugeschrieben werden. Die äusseren Gründe dafür sind folgende:

I. Die Handschriften geben dem Dichter Hans Rosenplüt den Beinamen „Schnepperer“ nämlich:

1) D in folgenden Gedichten: *Vom Kriege zu Nürnberg* (*Amen ſpricht Snepperer Hanns Roſenplut*), *Von Herzog Ludwig von Baiern* (*So hat geticht Snepperer Hanns Roſenplut*), *Brünnlein* (*So hat geticht Snepperer Hanns Roſenplut*), *Welt* (*So hat geticht Snepperer Hanns Roßenplüt*). Es ist keine Frage, dass hier das Wort *Snepperer*, das, wo mehrfache Überlieferung vorliegt, in den andern Handschriften fast stets fehlt, aus metrischen Gründen als Zusatz betrachtet werden muss: nur das kann fraglich sein, ob der Schreiber von D

oder der seiner Vorlage nicht doch vielleicht gut unterrichtet war, wenn er Rosenplüt mit dem sonst *Snepperer,* Schnepperer genannten Dichter in Verbindung setzte.

2) In der Handschrift Y lautet der Schluss von Rosenplüts Erzählung vom fahrenden Schüler:

Vnd ging do mit frolichem gemüt
Sprich Schneprer Rofenn Plutt,

was auf ein *Spricht Sneperer Hans Rofenplüt* zurückzuführen scheint, während die andern Handschriften ein:

So hat geticht Hans Rofenplüt

voraussetzen.

3) In L findet sich am Schluss des Liedes *Von den Türken* (hier *Von den armen jecken* genannt) Bl. 60 die Notiz:

Hans Rofenplut den man
Anders nenet hans fchneper.

II. Die Handschrift P (Blatt 97 ff.) schreibt ein weiteres Gedicht „Hans Rosenplüt dem Schnepperer“ zu: *Von einem Pfarrer der fünfmal ftarb.* Schluss:

Alfo hat der pfaff den tot
Genomen nach der weiber ler
Hanns Rofenplůt der fchnepperer
Thůt vns die abentheůr verjehen
Got laß vns allen wol gefchehen.

Auf diese Stelle wird sich der (späte) Eintrag auf Blatt 1 der Handschrift P stützen: Rhythmi vet. germ. circa finem sec. XV vel initium XVI a Johanne Rosenplut dicto Schnepperer compositi. In der Handschrift Y, die das Gedicht ebenfalls bringt (Blatt 2 ff.), lautet aber der Schluss abweichend:

Alfo hat der pfaff den funfftenn tot
Gelidenn nach der weyber lere
Hanns Zapff zue Nürnberg Barbirer
Thut euch die abenthewer vergehenn
Got laß vnns allen wol gefchehenn.

Die Sache liegt demnach so, dass durch die Handschriften DYP dargethan wird, dass schon früh eine Tradition bestand, derzufolge Hans Rosenplüt und Snepperer identisch sind.

Diese Tradition kann richtig, sie kann auch falsch sein. Wenn sich beweisen liesse, dass das Gedicht *Vom Pfarrer* Rosenplüt zum Verfasser hat, so wäre damit zugleich wahrscheinlich gemacht, dass sich Rosenplüt selbst als „*ſnepperer*“ bezeichnet hat. Die Untersuchung muss angestellt werden; innere Gründe haben zu entscheiden. Es entsteht dann die weitere Aufgabe, die dem Schnepperer sonst noch zugeschriebenen Gedichte auf ihre Verfasserschaft zu prüfen. Es sind das die folgenden:

1) *Disputatz eines Freihet mit einem Juden.* F 83, P 69; abgedruckt Keller 3, 1115. Schluss:

> Hiemit wil ichs got lan walten
> Vnd auch davon nit ſagen mer
> So hat geticht hans ſchnepperer.

2) Das Lied *Die lerch und auch die nachtigal.* D 264; abgedruckt Keller 3, 1113. Schluss:

> Der dieſes liedlein hat geticht,
> Das vnns die warheit geyt,
> Der trinckt vil lieber wein dann waſſer,
> Vnd hets der pabſt geweyht.
> Hanns Snepperer iſt er genantt
> Ein halber bydermann:
> Der in ein großen Swatzer heiſt,
> Der thut kein ſunde daran.

3) *Die Klage des Wolfes.* F, Cgm 713[4], 195 ff., Cgm 270[2], 40[b] ff., Cgm 379[4], 96[b] ff., Cgm 5929[2], 210 ff., D 185 ff., R 33 ff., Cod. pal. germ. 253, 184[b]. Verschiedene Verfasser werden genannt; von Cgm 713 und F Schnepperer. Letzter Druck Wagners Archiv 388 ff.

4) *Vom Studenten in Prag.* F 333[b]—336[b]. In Cgm 5919[2] ist Schmieher als Verfasser genannt, in Cgm 713[4], 43 ff. der Teichner.

Ferner werden dem Schneperer zugeschrieben eine Reihe von „*Klopfans*“:

5) *Des Snepprers an klopfen* R 57[b]; und eventuell

6) die Fastnachtspiele der Handschrift M von Blatt 385 an, weil sie im Register *Schnepers* heissen.

3. Da D eine grosse Anzahl sicher Rosenplütischer und einige vielleicht Rosenplütische Dichtungen enthält, so muss die Frage auftauchen: wie weit ist die Tradition richtig, die ihm auch den Rest der Handschrift zuschreibt? In Betracht kommen:

1) die grosse Masse der Priameln, die gemeinhin Rosenplüt ohne Weiteres zugeschrieben werden;

2) die Weingrüsse;

3) *Der Bauernkalender.* D 258, F 413b;

4) *Unser Frauen Kranz* (*Unser Frauen Schöne* I). D 140, F 382, M 239;

5) *Die Stiefmutter und die Tochter.* D 199, W 149, Hätzlerin ed. Haltaus S. 305; British Museum Add. 24, 946, 133 (vgl. Bächtold, Deutsch. Hdschr. S. 111);

6) *Von dem Spiegel mit dem Peche.* D 214, L 87b, Giessener Hs., Cgm 713^4, 54; abgedruckt Keller 3, 1176 ff.; vgl. Hs. Karlsruher Hofbibl. No. 481, Bl. 42b abgedruckt Erzählungen S. 471;

7) *Von dem Maler zu Würzburg.* D 232, F 28, L 40, Giessener Hs., Cgm 713^4, 124; abgedruckt Keller 3, 1180 ff.;

8) *Ein Spruch vom Pfennig.* D 290, L 61, R 27b, Cgm 713^4, 52; abgedruckt Keller 3, 1183 ff.;

9) *Die meisterliche Predigt.* D 371, P 153, Druck der Hamburger Bibliothek; abgedruckt Keller 3, 1185 ff.;

10) Die Erzählung von den drei Nonnen D 407;

11 und 12) zwei obscöne Gedichte D 407b und 411b (nicht von der Hand herrührend, die den Hauptbestandteil von D geschrieben hat);

13) Fastnachtspiele No. 100 (siehe oben), 42. 96. 41. 88. 49. 39. 46. 108. 109. 19.

3. Hans Rosenplüt und Hans Rosner.

Eine methodische Untersuchung müsste so vorschreiten, dass sie zunächst auf Grund der gut bezeugten Gedichte vom Verfasser ein Bild zu machen suchte und dann die minder sicheren auf ihre Autorschaft prüfte. Den ersten Teil der Aufgabe kann die ausgezeichnete biographische Skizze Roethes in der Allgemeinen deutschen Biographie 29, 222 ff. ersetzen. Eine kritische Ausgabe von Rosenplüts Spruchgedichten, die ich vorbereite und nach der ich hier bereits die meisten Spruchgedichte zitiere, wird das Material, das Roethes Ausführungen zu Grunde liegt, für Nachprüfung künftig bequem überschauen lassen. Auf kleine Nachträge, die ich allenfalls zu bieten hätte, kommt es hier nicht an; ebenso wenig darauf, dass ich im Ganzen über Rosenplüt als Menschen und als Dichter weniger günstig urteile als Roethe.

1. Von den zweifelhaften Gedichten betrachte ich zuerst das vom „Einsiedel". Roethe hält es mit Recht für Rosenplüts sicheres Eigentum (ADB 29, 271). In der Anlage des Ganzen und den Einzelheiten der Darstellung finden wir Rosenplüts Manier wieder.

Wir können zunächst die maniriert süssliche Naturschilderung des Eingangs ablösen und für sich betrachten. Sie erinnert an die Eingänge der Gedichte „Vom Priester und der Frau" und „Das Lob der fruchtbaren Frau".

Vgl. die Anfänge:

Eins. 1 f. Eins tags da ging ich vor der ſunn,
da pgegent mir groß freud und wunn.

Fruchtb. 1 f. Eins tags ſpazirt ich aus nach freud:
da kom ich auf eine grüne heid.

Priest. 1 f. Sich fügt eins tages, das ich muſt
ſpaciren aus nach freuden luſt.
da kom ich in ein au, die grünet[1].

Freilich kommt nicht alles auf Rosenplüts Rechnung; vieles ist stereotyp. Auch hat Folz Rosenplüt in dieser Beziehung direkt nachgeahmt, ja ausgeschrieben, und ich bemerke ausdrücklich, dass manches, was ich hier für Rosenplüt notiere, sich ebenso bei Folz in der „Historie vom Römischen Reich" findet.

---

[1] Vgl. auch Frauenkrieg 1 f.

Eins tags ſpacirt ich aus nach luſt:
hin in ein haus ich mich verduſt.

Noch Hans Sachs liebt derartige Schilderungen und lässt die Welt wie in einem zierlichen Guckkästlein erscheinen. Miniaturmalerei ist es, was wir auch bei Rosenblüt finden. Die Natur ist in Bewegung. Sie wird belebt, aber nicht als Ganzes. Ein Kribbeln und Krabbeln von tausend kleinen Wesen. Die Blümlein kriechen *mit kreften* aus der Erde (Eins. 14). Die Sonne feilt — welch zierliches Geschäft! — an den Veilchen herum (31), sodass ihre Häuptlein sich teilen (32). Sie richtet sich in die Höhe, schlichtet den Pflanzen ihre *pletlein*, zieht ihnen den Thau ab, sodass sich die Blütlein biegen (42 ff.). Ähnlich im „Lob der fruchtbarn Frau". Manch schöne Blume wirft dort ihr falbes Häutlein ab (6), manch blühendes Blättlein *fledelt* (13); manche süsse Blüte guckt hervor aus ihrem Kästlein. Ähnlich in „Priester und Frau". Die Pflanzen sind dort im Widerstreit begriffen und suchen den Karfunkel an Glanz, Kameen und Perlen an Weisse, den Saphir an Bläue, den Rubin an Röte zu übertreffen u. s. w. Ihre '*gipfellein*' '*entgenzen*' sich von *fruchtpar warmer ſunnenwerm* (17). Der Wind schüttelt sie : sie senden Süssigkeit her. — Allerhand Getier belebt in „Priester und Frau", im „Lob der Fruchtbaren" Erde und Luft. Ähnlich auch im „Einsiedel". Die Bienlein suchen den Honig.

Vergleiche Eins. 18 ff.:

> mang cleines pinlein umb ſie warb (um die Blumen),
> under ir plütlich es ſich ſmog,
> das honigſaumen[1] daraus ſog u. s. w.

mit Priester 36 f.:

> die (Thautropfen) ſie (Würmlein) ſo lindiclich penaſten,
> davon ſie honigrinnen vaſten . . . .

Pr. 45 f.:

> den pinlein ſie des hungers püßten
> mit irer ſüßen ſaffes rinnung.

Fruchtb. 25 ff.:

> ir pletlein warn ſo merklich g'edert.
> darauf mang junges pinlein fledert

---

[1] Vgl. Ärzte 178 *das heilig honigſaumen.*

und weidnet in irm plünden töſtlein
und ſucht darin ſeins leibes köſtlein.
nach ſeinem ſüßen hong es naſcht,
pis das es ſeinen hungr abwaſcht.

Die honigsuchenden Bienlein spielen auch sonst eine Rolle z. B. UFSchön II, 98 ff. Wie in 'Priester und Frau' die Pflanzen, so suchen sich im 'Einsiedel' die Vögel gegenseitig zu übertreffen: der grüne Sittig und der Galander singen kühnlich untereinander (53 f.); die Nachtigall *hetzt* mit ihrem scharfgewetzten Zünglein alle Vögel (56 ff.) Im 'Lob der Fruchtbaren' giebt es ein ganzes Konzert. Der Galander spielt aus *b mollis* (69); die Nachtigall giebt den Takt an (75) u. s. w. Im 'Priester' überstimmen die Vögel mit ihren Tönen *ſchalmeien, portativ und orgeln Vnd flötn und pfeifen aus dem ſack* (78 f.). Das Treiben der gesamten Natur ist auf den Preis Gottes des Schöpfers gerichtet[1]. Vgl. 47 f. von den Blumen:

und neigten da auf ſtammes ſpur
dem ſchöpfer aller creatur.

Im Lob der Fruchtbarn 37 ff. geben die Blüten

zeugnis auf irn halmen
der [großen] weisheit des himliſchen Salmen (Salomon).

Vgl. auch Eins. 35; ferner Fruchtb. 80 ff. von den Vögeln

damit ſie all ſchön lop erputen
mit mangem meiſterlichen ſtücklein
dem, der in zu ſpeis ſchuf die mücklein.
dem dankten ſie mit ſüßem gelſen
dem oberſten ſchöpfr aus irn helſen

Vgl. auch Priest. 85 f.

Dem Sinn für das Kleine und Kleinste in der Natur entspricht die Vorliebe für Deminutive. Vgl. *plüdel, plüdlich* (Eins. 15. 19), *löckel* (15), *tröpfel, glöckel* (16), *pinlein* (18),

[1] Es wäre eine dankbare Aufgabe, diese Art der Naturbetrachtung in der Poesie, für die Brockes als das typische Beispiel gilt, rückwärts zu verfolgen. Weder Hans Sachs noch Rosenplüt dürften dabei übergangen werden.

pletlein (26. 44. 46), *hauptlein* (32), *zunglein* (57). So begegnen im 'Brünnlein' ZfdA. 32, 445 die Deminitiva: *prünlein, eſtlein, neſtlein, eylein*; in 'Priester und Frau': *plümlein* (5. 50), *plütlein* (11), *gipfellein* (16), *töſtlich* (21), *kölblein* (30), *würmlein* (32), *zweiglein* (33), *köpflich* (35), *tröpflich* (36), *ſumervöglein* (39), *pletlein* (20), *pfetlein* (21), *eſtlein* (57), *neſtlein* (58), *vöglein* (66), *tierlein* (23); in der 'Fruchtbaren Frau': *kreutlein* (5), *heutlein* (6), *ſeftlein* (9), *ſcheftlein* (10), *ſumervöglein* (10), *dönlein* (11), *crönlein* (12, *pletlein* (13), *eſtlein* (15), *keſtlein* (16), *püſchlich* (20), *kemlein* (23), *ſtemlein* (24), *pinlein* (26), *töſtlein* (27), *köſtlein* (28), *ſchöpflein* (33), *tröpflein* (34), *pertlein* (35), *ſwertlein* (36), *örlich* (37), *rörlich* (38), *prüchlein* (57), *püchlein* (58), *ſleglich* (68), *ſwünglein* (77), *zünglein* (78), *ſtücklein* (81), *mücklein* (82). Vereinzelt auch UFSchön II und sonst.

Verwandt ist ferner die Vorliebe für das Adjektiv *ſüß*: Eins. 5 *all in des ſüßen meien zeit*, 18 *all von des ſüßen taues farb*, 42 *mang ſüße* (FD *ſchöne*) *notn aus ſemitön*, 69 *aus vogels kel mang ſüßen prumen*, vgl. Priester 36 *von feuchtigung ſüßen taus tröpflich*, Fruchtb. 107 *recht ſam ein ros von ſüßem tau*, 11 *und primt davon mang ſüßes tönlein*, 79 *mang ſüße notn in einer minuten*; Blümlein (ZfdA. 32, 445) *drin man die ſüßen noten vint*; vgl. ferner Priester 44 f. *mang ſüßer wint ſie* (die Blumen) *da erſchüdelt, das ſie ſo zuckerlich her ſüßten*, 47 *mit irer ſüßen ſaffes rinnung*, 69 *mang ſüß geſtimpten vogels hals*, 70 *da freut ich mich irs ſüßen ſchalls*, 73 *die hort ich nu ſo ſüß ergellen*, 75 *und für den ſüßen harpfen griff*, Fruchtb. 9, UFSchön II 98 *mit ſüßen ſeftlein*, 16 *mang ſüße plüt*, 41 *durch ſüßen nebel*, 53 *mang ſüßen wirbel*, 57 *ſo ſüße prüchlein*, 68 *die droſchel mit irm ſüßen ſleglich*, 75 *ſo ſüßen tact*. Ebenso *ſüßlich*, *ſüßiglich*: Eins. 13 *die alſo gar ſüßiglich ruchen*, 50 *da hort ich vögel* [*ſo*] *ſüßlich ſingen*, 59 *und ließ die noten* [*ſo*] *ſüßlich clingen*, vgl. Blümlein *da pei plüt mancher paum ſo ſüßlich*, Fruchtb. 4 *die aus der erdn ſo ſüßlich praſt*, 50 *ſo ſüßlich zwitzern*.

Über das ganze Gedicht sind Rosenplütsche Eigenheiten verstreut. Der Vergleich von Lilien und grünem Klee mit Smaragd und weissem Kristall (V. 36 ff.) entspricht Rosenplüts Vorliebe für Edelsteine. So müssen in 'Priester und Frau' *karfunkel* (V. 7), *gamahiu*, *orientiſch perlich* (12), *ſaffir* (13), *rubin* (15), *ſerpentin* (25), der *edel ſtein criſolitus* (53) zu Vergleichen herhalten. Der Sinn für den Gesang der Vögel entspricht Rosenplüts von Roethe hervorgehobenem Verständnis für Musik. *ſittig*, *galander*, *amſel* und *nachtigall* werden genannt; im 'Brünnlein': *droſchel*, *amſel*, *lerch*, *nachtigall*, im 'Lob der Fruchtbaren': *lerch, droſchel*, *galander*, *amſel*, *nachtigall*. Ihre Thätigkeit erscheint als ein Wettsingen nach Art der Singschulen. Im 'Brünnlein' gleicht die Musik einem regelrechten Konzert. Musikalische Termini werden auch im 'Einsiedel', wenn auch entfernt nicht so verschwenderisch wie anderwärts verwertet. Vgl. Einsiedel 65 *die huben das cantum an gemein* mit Fruchtb. 63 *die diſcantirtens in irm cantum*, Brünnlein *mit ſolchem cantum* (Hs. *tantum*) *ſie ſich regt*, *Das alls mein trauren mir empfiel*, Spr. v. Nürnberg 279 *in choris cantum kan er außen*, 282 *in gmeſſen cantum mit der zal.* Mit Einsiedel 40 ff.:

daran die cleinen vöglein geuchten,
das es erhall im wald ſo ſchön,
mang ſüße notn aus ſemitön

vergleiche Fruchtb. 51 f.:

mit ſemitoni aus dem re
ſchöpften ſie aus der quintenſe,

Brünnlein *mit faber dönn aus gravibus*, . . . *mit primi tön aus elami*, Spr. v. Nürnberg 265 ff.:

mit contra tenor faberdon,
mit primi toni tenorirt er,
aus elami ſo ſincopirt er u. s. w.

Die Vögel werden in derselben hyperbolischen Weise gepriesen wie im Spruch von Nürnberg der blinde Musiker Konrad Baumann; vgl. Eins. 51 f.:

was die muſica ie mocht pgreifen,
des kundens ſwegeln vnd auch pfeifen

und Spr. v. Nürnberg 260 ff.:

dem hat got ſollich gnad getan,
das er ein meiſtr ob allen [meiſtern] iſt.
der tregt in ſeiner ſinnen liſt
[die] muſica mit irm ſüßen ton,

276 ff.: *das tregt er alls in ſeinr memorja ... und was für muſica wirt gſchatzt*; vgl. auch Fruchtb. 41 ff.

Was den Hauptteil anlangt, so finden wir, dass die Tendenz des Gedichtes zu der in echten politischen Dichtungen Rosenplüts verfochtenen stimmt.

Rosenplüt ergreift das Wort für die Armen und Unterdrückten. Er hat Mitleid mit den Schwachen. Im 'Spruch von Nürnberg' rühmt er ganz besonders auch die Fürsorge für die Elenden. Auch den Sündern, die Rosenplüt als Kranke betrachtet, wohlzuthun, darin gipfelt der Rat des 'klugen Narren'. Die soziale Not geht dem Dichter zu Herzen. In gleicher Weise wie im 'Einsiedel' klagt er über alle Welt in den '15 Klagen', beleuchtet er die Schäden des heiligen römischen Reiches deutscher Nation in dem 'Türkenliede' oder dem Gedicht auf die Hussenflucht. Er geht streng ins Gericht selbst mit dem Kaiser; vgl. 115 ff.:

der keiſer fürt das oberſt ſwert
und doch zu zeiten nicht rechts gert,
wie wol all recht ſoltn aus im flieſſen,
damit er ſolt die fürſten pgieſſen u. s. w.

Bitter klingt der Vorwurf gegen die Fürsten 119 ff.:

das recht das hahens an die want,
⟨die⟩ warheit taug gen hof nit mer;
ſchand und laſtr iſt worden er!
wa lebt ein fürſt nu hie und dort,
dem one wandel ſte ſein wort?
. . . . .
alſo ſein fürsten und ir adel
pehenket mit der ſchanden wadel.
ir wapenſchilt und ir paveſen
in grechtigkeit hat nimer weſen:
d a s h ö r t m a n d i e f r u m n h e r o l t c l a g e n ,
d i e t ü r r n d e r w a r h e i t n i m e r ſ a g e n ,
wan man ſie zu hof nu ausjagt.

Fast gleichlautend Klagen 205 ff.:

Den herolt hort man auch nu clagen,
der gtürr der warheit nimer ſagen,
frumm armut müß ſich ſmign und ſmücken,
treue und warheit ge auf krücken . . . .

Unwillkürlich wird der Dichter bei solchen Klagen derartig bewegt, dass ihm die rhetorische Frage einströmt, die sonst in seinem Stil nicht eben häufig ist. Vgl. Einsiedel 122 f. (*wa lebt ein fürſt . . . ?* [1]), Klagen 215 (*helt man das recht?*). Er klagt über schlechtes Gericht, über schlechte Münze (Eins. 126, Klagen 217), Bedrückung der Armen. Die zum Schwert gesegnet sind, um die zu bewältigen, *die unrecht teten witw und weiſen* (135) *rauben jetzt ſelbſt*, heisst es im Einsiedel. So wird in den 15 Klagen gesagt, dass *witw und weiſen* (77) sich beschweren, dass sie nirgend Hilfe finden.

das ſwert das ſie peſchirmen ſolt,
das ſei ganz erroſt in der ſcheiden

(88 f.), vgl. Einsiedel 138: *das recht ſwert haben ſie verlorn.* Der Geistlichkeit wird neben andern Fehlern Strebertum und Vetternwirtschaft vorgeworfen (250 ff., vgl. Klagen 100 ff.). Auch die Gemeinen werden getadelt. Ich greife nur einzelnes heraus.

Die zucht die hat ſich von fraun gzogen,
keuſchheit von jungfraun fleuget,

heisst es im Türkenlied 27, 2 f., vgl. Einsiedel 384 f.

⟨die⟩ frauenzucht iſt ganz vermiſcht,
und jungfrauner iſt gar verſwunden.

Auf das jüngste Gericht wird drohend hingewiesen, wie Rosenplüt auch sonst sich das jüngste Gericht gern in der Phantasie ausmalt; vgl. Spr. v. Nürnberg 174 ff. Im 'Türkenlied' wird der Antichrist unsinnig gescholten, dass er jetzt nicht kommt, was Reinmar von Zweter vorgebildet hatte (vgl. Roethes Reinmar von Zweter No. 133. 134.).

Rosenplüt hat einen grossen Respekt vor den Gelehrten und gestattet sich ein gewisses P r a n g e n mit der eigenen recht bescheidenen G e l e h r s a m k e i t. Ähnliche Reihen von

---

[1] Vgl. des Türken Fastnachtspiel (39) 296_{14} *Wo lebt einer, der ein ſolchs außreut?* 296_{22} *Wo iſt einer der das als abplatt?*

Namen wie Eins. 152 ff., durch die lehrhafte Dichtung des 14. Jhs. beliebt, auch bei HSachs üblich, finden sich Spr. v. Nürnberg 132 ff., HLudwig D iicxlv f., LdFruchtb. 139 ff., UFSchön II 268—281, Kaiserin 10—19, 272—286. Octavianus (Eins. 156) stammt aus der Kaiserin. Ähnlich wie hier wird auch Kais. 35 ff. auf den Weltfrieden und Christi Geburt unter seiner Regierung angespielt. Wie hier 157 ff. wird dort 18 die Bibel zitiert für etwas, das gar nicht darin steht, sondern der Legende entstammt. Hier wie dort begegnet überdies der Reim *keiſer* : *reiſer*

Eins. 155 f.:

und was der welt ein gtreuer reiſer (*m* weiſer)
recht ſam Octavjanus der keiſer.

Kais. 41 f.:

ein pruder het derſelbig keiſer;
den ſatzt er die weil zu eim reiſer.

Vgl. auch Spr. v. Nürnberg 181 f. Und auch der *alrdurchlauchtigſt keiſer Sigmunt*: *der was ein ſolcher reiſer*. Alexander (Eins. 152) wird auch Kaiserin 19 als mächtigster Herrscher angeführt. LdFruchtb. 142 wird auf die Alexandersage angespielt: *alle wunder — die Alexander ſach durchs glas*. Josua wird Kaiserin 281, Beichte 104, Spr. v. Nürnb. 137 zitiert, in der 'Kaiserin' ebenfalls des Sonnenwunders wegen, an allen Stellen als *herzog* bezeichnet. An allen Stellen steht der Name im Reim:

Eins. 171 ff.:

und darzu herzog Joſue,
der zu der ſunnen ſprach: 'nu ſte!'
die leucht im in der nacht zu ſtreiten.

Kais. 281 ff.:

erhör mein pitten und mein fle,
als du teſt dem herzog Joſue!
dein macht der ſunnen lauf einhub.

Spr. v. Nürnb. 136 ff.:

die frümſten [juden drei] in der alten e,
küng David und herzog Joſue
und Judas Machabeus der dritt.

Beichte 102 ff.:

den ſtock ſneid recht und hack die reben,
ſo tregt er trauben [vil] größr und me,
dan Kaleph und herzog Joſue
trugen aus dem gelobten land.

Hektor erscheint als Vorbild, auch HLudwig (Diicxlj):

Wan er iſt milt und tugenteich,
das er iſt Hector von Troy gleich,

ferner Spr. v. Nürnberg 141 ff.:

[keiſer] Juljus der heiden [recht] urteil fant;
Trajanus ſeinem richtr [die haut] abſchant.
Hector von Troy der dritt frümſt [heiden] iſt,
als man uns in der bibel [puch] liſt.

So bewegen wir uns im 'Einsiedel' ganz in den Kreisen Rosenplütscher Geschichtskenntnisse, St. Peter begegnet Welt 214, St. Georg Hussenflucht 203. Nur St. Moritz, Hieronymus, Gregor werden sonst bei Rosenplüt nicht genannt. Aber St. Moritz besass in Nürnberg eine bekannte grosse Kapelle.

2. Die Überlieferung des Gedichts 'Vom Frauenkrieg' entspricht der des Gedichts vom 'Einsiedel' so vollständig, dass man ohne die triftigsten Gründe beide Dichtungen von einander nicht wird trennen dürfen. In L steht das Gedicht 'Vom Frauenkrieg' unmittelbar vor dem vom 'Einsiedel'. Vermutlich standen sie schon in der Vorlage zusammen. Auf Nürnberg als Heimat weist die Überlieferung auch in Valentin Holls Handschrift; die Reime können den Nürnbergischen Ursprung nur bestätigen. Roethe hat schon bemerkt, dass das Gedicht des von ihm für den von Rosenplüt geschiedenen Rosner aufgestellten Kriteriums der kurzen Verse entbehrt. Die Metrik ist vielmehr ganz die Rosenplütsche. Der erste Vers entspricht einem Rosenplütschen Eingang. Vgl. oben S.132. Im übrigen ist die Rosenplütsche Manier zwar nicht so in die Augen springend, wie beim 'Einsiedel', aber doch ebenfalls kaum zu verkennen.

Die Einführung erinnert an den 'Schüler'. Der Dichter versteckt sich unter der Ofenbank, wie sich der Schüler in einem Stadel versteckt und beobachtet von seinem Schlupfwinkel aus alles, was sich im Zimmer vollzieht. Elf Frauen passieren gleichsam Revue mit den Ansichten über ihre Männer. Es wird dann eine Mahlzeit arrangiert. Rosenplüt hat sehr viel Sinn für die Freuden des Schmausens. Vgl. Schüler, Tinte 18. Die Unterhaltung ähnelt der im 'Brünnlein'. Sie dreht sich um geschlechtliche Dinge, für die allerhand Tropen verwertet werden, wie Rosenplüt dergleichen liebt. Die Klage der Wirtin (Erz. 180, 1—22) entspricht inhaltlich der Klage der ersten Ehefrau im 'Brünnlein' 10—46. Sonst versteht der Dichter im 'Frauenkrieg', der zwischen Tadel und Lob der Ehemänner abwechselt, nicht so gut die einzelnen Reden von einander abzuheben. Im 'Brünnlein' sind deutlich Trinker, Spieler, Buhler als die drei Typen schlechter Ehemänner unterschieden. Das 'Brünnlein' ist jedenfalls ein spätes Gedicht Rosenplüts — der Dichter sagt von sich selbst, ihn habe das Alter getroffen (122). Nichts scheint mir gegen die Annahme zu sprechen, dass wir im 'Frauenkrieg' eine frühere Behandlung desselben Gegenstandes haben. Es begegnet wenigstens ein direkter Anklang, der deshalb wichtig ist, weil es sich nicht um eine blosse Entlehnung handelt:

Frauenkr. 145 f.:

Das treib wir dan in großer eil,
pis das ein altman gieng ein meil.

Brünnlein 107 f.:

Und macht dan eins mit phender eil,
pis das ein krebs wol kröch ein weil (*l.* meil).

Vgl. ferner Frauenkr. 154 ff.:

Was ſolt ich gutes von im ſagen,
ſo ich hab keins von im geſehen?

mit Sp. v. Böhmen 207 ff.:

Wie ſolt ich dan die fürſten preiſen?
ir lop das wolt ich geren weiſen:
ſo han ich keins von in geſehen.

Eine Kleinigkeit, die zu Rosenplüt stimmt, ist es auch, wenn Frauenkrieg 310 (Erz. 185 24) als Dauer des Minnespiels angegeben wird *pis das der mesmer tut frümeß leuten*, vgl. Tinte 41:

und dienet ir da auf den knien,
pis das man metten ward anziehen.

Wie so oft bei Rosenplüt folgt auch hier auf oft bedenkliche Reden der moralische Beschluss. Rosenplütsche Bilder begegnen. So liebt Rosenplüt Vergleiche, die hergenommen sind von Reinigen, Abwaschen, Ausspülen. Wie es Ärzte 146 heisst: *Hab wir mit peicht uns rein geſwanket* oder Beichte 44 *das ſoltu vor dem prieſtr ausſwanken* oder Woche 180 f. (von Maria):

Alls peichten kund herz nie ſo klar ſwanken,
Als was ir reinen keuſchheit veßlein,

so ist Frauenkrieg 175 (Erz. 181_{37}) das Bild gebraucht: *mein trauren tut er mir verſwenken.* Rosenplüts Vorliebe für Hyperbeln (Roethe, ADB 29 a. a. O.) finde ich wieder in 70 ff. (Erz. 177 ff.): *Möcht ich es alles han durchſunnen...*

Von einzelnen Wendungen Rosenplüts notiere ich:

loben für: Frauenkrieg 196 (Erz. 182_{21}) *das lob ich für harpfen und pfeifen*, womit sich vergleicht Fruchtb. 193 f.:

darumb ich fruchtpar weiber preiſe
für alle frucht im paradeiſe,

Fruchtb. 231 ff.:

für aller ſüßer orgel ſtimm
für palſam, golt und auch für gimm
lob ich die wunniglichen ſchar.

Vgl. auch Priester 72—75. Auch dass Rosenplüt *lieben für* gern verwertet, darf herangezogen werden z. B.: Fruchtb. 121 f.: *ſie liebet mir zu aller friſt für alles das auf erden iſt.* Kais. 3 f.: *das im got liebt für alles das, das aug ie gſach und munt ie g'aß.*

ſchein geben: Frauenkrieg 9: *Ir antlitz gab ſo lichten ſchein*; vgl. Eins. 460: *Du gap dein parmung milden ſchein*; 289 *ſein imfel geit dan lichten ſchein.* Einzelne Vokabeln finden sich auch anderwärts bei Rosenplüt. Zu Frauenkrieg 360 (Erz. 186_{36}): *So gedächtet ir: du feige haut*, vgl. Knecht 153: *ja zwar, du pöſe feige haut*, wo die Wendung allerdings aus der Quelle stammen wird, vgl. Kellers Erz. 295_{22} f.:

wol auff ir vngezogen braut!
went ir irr, vbel foige haut?[1]

---

[1] Vgl. auch die Bearbeitung des Gedichts vom „Pfaffen mit der Schnur" in Val. Holls Hs. = Erz. 328, 14 f. *Du vntrews weib vnd feige haut, Ich hett dir wol ains beſſern traut* und „Vom Pfaffen mit der

Zu Frauenkr. 143 (Erz. 181_6) *underſturz*: vgl. Klagen 217: *gut münz hat underſturz genumen.* Ein Lieblingswort Rosenplüts ist *ziln*: Frauenkrieg 140 (Erz. 181_3) *wenn ich im unden hab gezilt* (: *ſpilt*); vgl. Kaiserin 81 *wie ſie im auf den turn möcht ziln* (: *ſpiln*), 85 *da gaps im auf den turen zil* (: *vil*), Wolfsgrube 7 *das ſie eim pfaffen zu ir zilt* (: *ſchilt*) u. ö.

Freilich dergleichen kann sehr täuschen. Auch der Spruch 'von dreyen Mannen, die ob ihren Weiben klagen' von Hans Schneider (Kellers Erz. 188 ff.) zeigt direkte Anklänge an den 'Frauenkrieg'. Vgl. dort 189_{36} f.:

> Wann ſy zu lang iſt auß geweſen
> Vnd ich ir thu ein pſaltter leſen u. s. w.

mit Frauenkr. 282 f. (Erz. 184_{35} ff.):

> Vnd ſpricht: wo biſt ſo lang geweſen?
> Vnd thutt mir dann ein pſalter leſen.

Aber Hans Schneider schreibt Rosenplüt auch sonst aus. Vgl. 191_9:

> Schiltt ich ein maß, ſy fluch ain fuder

und Klagen 22:

> Schelt er ein maß ſo fluchs ein fuder[1].

Der eheliche Konflikt wird bei HSchneider ähnlich geschildert wie im 'Brünnlein'.

(189, 1 f.: So gib ich ir ain alte kappen:
Darmit ſo hebt ſich aber klag.

Reuſe" Erz. 359, 25 f. *Vnd ſprach: wo biſtu böſe hut? Du vngetruwe pfaffenbrut!* Die erste Stelle aber wird wohl Rosenplütsche Reminiszenz sein: das Gedicht stammt jedenfalls aus dem Kreise der Rosenplütschen Schule (vgl. auch 327, 14 *wie ſie einen het gezilt*). Der Reim *faſt : erlaſcht* 326, 1 f. deutet vorerst auf einen Schwaben als Verfasser. In F 164—176^b wird Hans Auer als Verfasser genannt, der vielleicht mit dem Christian Auer identisch ist, dem R die 'Wolfsklage' zuschreibt. Vgl. C. Wendeler, Wagners Archiv 404 ff.

[1] Zu vergleichen ist ferner HSchneider 188, 18 f. *Vnd waz ſich einer mag bedenken Daz will mein fraw nun an ſich henckenn* und 'Die Meisterliche Predigt' 11 f. *Vnd was der edel[man] kan erdenken, Das will der paur als an ſich henken*, was für die Verfasserschaft der 'Predigt' mit in Betracht kommt. Vgl. unten.

vgl. Brünnlein 66 f.:

So geyt er mir dann ein clingsor
und ſpricht zu mir: ſe hin die feigen.)

Ebenso benutzt er 191 5 ff. das Gedicht vom zornigen Weibe, Hätzlerin S. 219, V. 52 ff. Er ist indessen ebenso wie Claus Spaun, der mit seinem 'Spruch von einem der wollt ein Doktor werden' (Kellers Erz. 334 f.) ebenfalls zu Rosenplüts Schülern gehört, wie er denn der Schreiber einer Handschrift sein wird, die Rosenplütsche Ged. enthält (s. oben S. 4. 9), von Rosenplüt durch seinen augsburgischen Dialekt bequem zu scheiden. Vgl. die Reime *auch*: *ſchmach* (189 12 f.), *raff* (d. i. *rauf*) :*ſtraff* (190 19 f.). Davon findet sich im Frauenkrieg keine Spur: denn wenn 183 13 *gaffen* statt *gaufen* (DWb. IV, 1, 1542 ff.) im Reim zu *verkauffen* steht, so kommt das auf Rechnung des Schreibers. Auch *luſt*: *entuſcht* (185 37 f.) deutet nicht auf einen schwäbischen Dichter. Vgl. Wolkenstein 443 20 *pruſtlîn an pruſt — friſch getuſt.* So darf man in Verbindung mit der Thatsache, dass Hans Schneider Rosenplüt auch sonst ausschreibt, die Benutzung des Frauenkriegs durch diesen Dichter eher für als gegen die Rosenplütsche Verfasserschaft in Anrechnung bringen.[1] Von Hans Schneider dürfte übrigens auch der verwandte Spruch 'von einer Frauen und ihrer Maid, wie sie mit einander tagten', herrühren, der in V. Holls Handschrift das Datum 1524 trägt (Kellers Erz. 122 ff.). In ganz ähnlicher Weise wie im Spruch 'drei Mann' schildert der Dichter, wie er ein Gespräch belauscht. Die Einleitung ist ganz knapp; er geht rasch in medias res, während im 'Frauenkrieg' ähnlich wie in anderen Rosenplütschen Zwisten die Situation breiter ausgemalt wird. Für Schneiders Autorschaft spricht der Reim *ſchmach* : *auch*. Vgl. Erz. 223 6 f.:

Es iſt euch weder ſchand noch ſchmach.
Fraw, ſchweigt, ee ich werd reden auch.

---

[1] Nachweislich ausgeschrieben ist Rosenplüt auch von dem anonymen Dichter des Spruchs 'Vom Bürger im Harnisch' Keller, Erz. 197 ff., wo gleich die beiden Anfangsverse den Anfangsversen des 'Hasengeier' entsprechen.

mit 'Von dreien Mannen' Erz. 189 11 f.:

Vnd ſagt von ſeiner frawn auch
Vnd ſprach: nun hab ich ſchand und ſchmach.

ferner 203 22 *Nun bin ich worden wol ſo hen* (d. i. *hœne*) und 190 21 *Domit macht man die weiber hen.* Zu 221 9 *Do ward uns abenteuer bekandt* vgl. Rosenplüt, Schüler 44 (F und Giessener Hs., Druck h) *hubſch abenteur wurdn im pekant.* Auf Augsburg, wo Schneider zu Hause war (ADB 32, 121) scheint die Nürnbergische Dichtung früh ihren unmittelbarsten Einfluss ausgeübt zu haben. Später unterstützten die Singschulen den litterarischen Konnex. Gerade der Typus des 'Brünnlein' hat Nachahmung gefunden; indessen nötigt uns das noch nicht, Rosenplüt den 'Frauenkrieg' abzusprechen.

3. Das dritte Gedicht, bei dem die Überlieferung zwischen Hans Rosenplüt und Hans Rosner schwankt, ist das Gedicht von den Handwerken. Hier liegt die Sache für Rosenplüts Verfasserschaft sehr viel ungünstiger. Roethe spricht es ihm mit Entschiedenheit ab. Es ist kein Originalwerk, sondern in der ersten Hälfte die Bearbeitung eines älteren Gedichtes. Vgl. Bartsch Germania 8, 41 ff. Es hat nichts von Rosenplüts Art an sich. Die Fassung von Cgm 713[4], 127, die bei Keller 3, 1135 ff. publiziert ist, zeigt eine Reihe kürzerer Verse: teils sind nur drei Hebungen vorhanden, teils sind Senkungen ausgelassen. Das widerspricht, so viel wir sehen können, Rosenplüts Verfahren bei Bearbeitungen. Allerdings liegt in F ein Text vor, der von dem bei Keller abgedruckten stark abweicht, die Verse in anderer Anordnung bringt und in metrischer Beziehung Rosenplüts Manier näher steht. Vgl. etwa Keller 3, 1136 V. 18 ff.

So kan ich auß einer haußdiern
Mit hőffenlichen ſáchen
Ein ſchőnes fräúlein máchen

und F 391[b] Mitte

So kan ich aus einer hauſdirn
mit gar hőffenlichen ſáchen
ein hü'bſch weydélichs fráulein máchen.

Ganz von der Hand weisen liesse sichs nicht, wenn jemand die Hypothese verträte, dass Rosenplüt sich in früheren Bearbeitungen enger an seine Originale gehalten, später eine modernere Metrik angestrebt und zu diesem Zweck seine älteren Sachen neu durchgesehen habe, wie die Fassung der 'Handwerke' in F zeige. Ich sehe aber nichts, was sich zu einem Beweis dieser Hypothese beibringen liesse. Die zweite Hälfte des Gedichts von Keller 3, 1137 V. 20 ab ist selbständige Arbeit, hat aber auch gar nichts Rosenplütisches an sich. Mit 1138₁₅ *das heißt man petteln jenſeit Reins* lässt sich allenfalls Spiegel im Pech 116: *als man den jenſeit Reines tut* vergleichen. Hans Ramingers Gedicht 'Von der Armut' hat ein paar oberflächliche Anklänge und führt uns vielleicht in die Gegend, wo wir den Bearbeiter zu suchen haben. In F lautet der Schluss ganz abweichend:

[394b] So han ich auch langzeit nach hauſrat gedacht
Vnd hett drei federn zuſamen pracht
Vnd wolt mir machen ein pëtlein:
Do kam ein cleines vogelein
(Ich mein es ſei ein ſperck geweſt),
Es furt ſie heim in ſein vogelnëſt.
Allſo würd ich beraubt meiner federwot,
Noch lig ich auf dem ſtro frü und ſpot.
Ich wil darumb nit verzagen
Vnd wil noch dem glück nach Jagen.
Wenn yczunt ein' heut od' morgen reicht,
Eins andern tags villeicht von Jm weicht,
[F 395] Das er wurd alſo arm als ich:
Darumb ſo höf ich tegelich,
Got thu mir ⟨kund⟩ die gnade ſein.
Das wer etlichem ein ſchwere pein,
Der mir dennoch guts unt' die augen ſeit.
Ging es mir wol, es wer im leit.
Das ſicht man Nu in der welt vmblauffen,
Wölt jr ſein mer haben, ſo wert Jrs kauffen.

Zu dem Schlussreim vergleiche Meisterliche Predigt 167 f.:
Ich wolt ein juncfrauzüglein ſaufen
das mir ped augn müſtn überlaufen,

Maler von Würzburg 135 f.:
ſo wolt ich trinken unde ſaufen,
das mir die augn über müſten laufen.

Resultat: Rosenplüts Autorschaft ist unerweislich, das Gedicht apokryph. Aber das ist mir allerdings in hohem

Grade wahrscheinlich, dass der Schreiber von P gerade so gut wie der von D bei unserm Gedicht, wie die von F und R beim 'Einsiedel' und wahrscheinlich der vom 'Frauenkrieg' in Valentin Holls Handschrift, unter Hans Rosner niemand anders als Rosenplüt verstand. Darauf führt der Umstand, dass P ebenso gut wie DFR die deutlich erkennbare Absicht hatte, Rosenplütsches Gut zu sammeln. Es besteht die Möglichkeit, dass er sich selber so genannt hat. Doch ist ebenso gut möglich, dass der Name gemacht ist, um in den Schluss von Gedichten, die den Reim — *er* boten, wenn auch nicht den Namen Rosenplüt selbst, doch einen Anklang daran hineinzugeheimnissen. Dann wäre wohl unser Gedicht der Ausgangspunkt geworden für die Einführung des Namens Rosner auch in den 'Einsiedel'. Dass wirklich ein von Rosenplüt verschiedener Hans Rosner oder Rössner der Bearbeiter des Spruchs von den 'Handwerken' gewesen sei, wie Roethe ADB 29, 273 annimmt, ist sehr zu bezweifeln. Zwei Gedichte, die Rosner zugeschrieben werden, sind nachweislich Rosenplüts Eigentum. Ein Spruch, der kein Originalwerk ist, wird in einer einzigen von vier Handschriften einem Rosner zugeschrieben, unter dem diese Handschrift offenbar Rosenplüt versteht: darauf hin einen Dichter Rosner anzusetzen, scheint mir nicht erlaubt. Allerdings giebt es einen Rosner, aber nicht in Nürnberg, und dass er die 'Handwerke' bearbeitet, ist sehr unwahrscheinlich. ***Rosner der clein Mann***, der 1474 oder bald darauf ein Gedicht auf die Judenpredigt zu Regensburg machte (abgedruckt Fastnachtspiele, Nachlese 305 ff.), war sicher eine Regensburger Lokalgrösse, die vielleicht nichts gemacht hat als jene — auch wenn man der Überlieferung recht viel Schuld beimisst — herzlich schlechten Verse. Die Überlieferung hält ihn von dem Überarbeiter der 'Handwerke' ganz getrennt. Irgend welche Verwandtschaft des Stils mit dem selbständigen Teil der 'Handwerke' findet sich nicht. Dass er kurze Verse gemacht hat, verfängt nicht, denn der Bearbeiter der 'Handwerke' liess kurze Verse nur stehn. Seine eigenen sind weit besser im Sinne des 15./16. Jhs. als die von Rosner, dem kleinen Mann, der der ausgesprochenste Dilettant ist.

4. Hans Rosenplüt und Hans Zapf.

Es handelt sich weiter um das Gedicht 'Vom Pfarrer, der fünfmal starb'. Als Schwankgedicht ist es zu vergleichen mit Rosenplüts Gedichten 'Der Knecht im Garten', 'Vom fahrenden Schüler', 'Die Wolfsgrube', 'Der Hasengeier', 'Die Tinte', 'Von einem Barbierer'. Sehr spärlich findet man hier überall die Rosenplütschen Bilder und Vergleiche, die für ihn in den ernsten, namentlich den geistlichen, politischen und lehrhaften Dichtungen sehr bezeichnend sind [1]. Es handelt sich zum Unterschied von diesen Rosenplütschen Gedichten diesmal nicht um eine Bettszene. Das Gedicht ist handlungsreich; es wird resolut erzählt. Wie bei Hans Rosenplüt, Hans Folz und Hans Sachs schreitet die Handlung gelegentlich mit '*erſt*' fort (85). Kleine Stockungen und Wiederholungen sind nicht vermieden. Rosenplüt liebt z. B. in zwei parallelen Versen einen Sinn zu variieren. Vgl. Pf. 16 ff.

das ſie des lochs nem eben war
und im da riete, wie er tet,
= das im der ſtifel würd vernet,
= das er nit lang darauf dürft peiten.

Vers 18 oder 19 wäre nach dem Vorhergehenden strenggenommen entbehrlich, ebenso an folgender Stelle einer der beiden Parallelverse:

Pf. 45 ff. wie ſie dazu ein ſin pedecht,
= das man den pfaffen vom weg precht,
= das niemant innen würd der tat.

Aus sicher Rosenplütschen Gedichten lassen sich leicht Parallelen beibringen; ich zitiere nur eine, wo die Periode etwas abweichend gebaut ist, Hasengeier 121 ff.:

das ſie ſchrei: 'herr nu brunzet auch,
= e das mich töten werd der gauch;
kein peſſer hilf mügt ir mir geben,
= e das er mir gar nem mein leben.

---

[1] Dieser Mangel an „frappant Rosenplütschen Zügen" (Roethe ADB 29, 230) wird einen doppelten Grund haben: 1) dass der Dichter durch seine Vorlage beeinflusst war, 2) dass wir es mit Jugendwerken zu thun haben, in denen die Manier Rosenplüts noch nicht so stark ausgebildet war wie später.

Rosenplüt liebt es, beiläufig von den Affekten seiner Personen zu sprechen, insbesondere die Versicherung einzuschalten, dass sie froh werden über einen guten Rat, den glücklichen Ausgang einer Angelegenheit. Vgl. Pf. 275 *der meſner war des rates fro* (: *do*)[1] mit Kaiserin 310 *da freut ſie ſich erſt und wart fro* (Kaiserin 306 *erſt freut ſie ſich und wart frolocken*), Tinte 71 *do wart ſie fro, da ſie es fant*, Knecht 93 f. *der knecht tet nach den worten do ... und war fro*. Rosenplüt liebt es, Zwischenfragen einzuschieben: Pf. 170 *die frau die ſprach: wie iſt das kumen?* Pf. 11 *das er gedacht: wie macht ſich das?* (womit auch wohl zu vergleichen ist Frauenkrieg Erz. 178$_{18}$ *Gedacht ich wol: es will ſich machen*).[2]

Nicht alles, was man für die Charakteristik von Rosenplüts Manier geltend machen kann, ist gleich beweiskräftig; bei der Schwierigkeit, Rosenplüt von seinen Nachahmern zu scheiden, fallen unscheinbare Kleinigkeiten, die den Charakter des Zufälligen an sich tragen und deshalb nicht nachgeahmt werden können, besonders ins Gewicht, um zu zeigen, dass wir es wirklich mit Rosenplüt und keinem andern zu thun haben. Dahin rechne ich die Beobachtung, dass bei Rosenplüt stets mit einem Scheit geschlagen wird, nicht etwa mit einem Stock oder Prügel. Vgl. Pfarrer 146 *e ich euch treff mit einem ſcheit*, mit Knecht 116 f. *du ſolt im ſeinen palg mit einem großen ſcheit zutreſchen*. Hasengeier 134 kommt die Magd gelaufen *mit eim ſcheit*, um den Pfaffen zu verprügeln. Beim Aufstehen wird ein Licht „aufgeschlagen“. Pf. 219 *dan das ſie pald ein licht aufſlug*, vgl. Tinte 48 *da ſlug er pald* (lies *zaulich*) *auf ein licht.* Für das Läuten der Kirchglocken wird der Ausdruck „anziehen“ gebraucht: Pf. 269 *und ziehen danach frümeß an*; vgl. Tinte 42 *pis das man metten an würd ziehen.*

Rosenplütsche Wendungen begegnen: *eben war nemen*: Pf. 16 *das ſie des lochs nem eben war* (so in Y)[3]; vgl.

---

[1] Freihet 239 *der rede warn die criſten fro* (: *do*); 29 *die criſten die warn der red fro* (: *do*); 312 f. *du viengn die criſten an zu lachen Vnd warn der tagalt alle fro.*

[2] Allerdings auch bei Folz Von einem Köhler', Keller 3, 1245$_{24}$ *Vnd denct: was will ſich do erſt machen?*

[3] Freihet 196 *des nam der freiheit eben war.*

Schüler 44 *daſſelb der ſchüler eben ſach*, 48 *daſſelb das ſach der ſchülr auch eben*, Barbier Erz. 427 14 *wolt ir mein anders warten eben*, Schüler 91 *merk mein wort eben*; mir wird etwas bekannt = ich erlebe etwas: Pf. 42 f.

wan im pei allen ſeinen jaren
nie ſolcher kumer wart pekant.

Schüler 44, F Giess. Hs., Druck *h*:

hübſch abenteur wurdn im pekant.

Pfarrer 210 *die frau ſprach: 'ich pin ſein nit weis'*. vgl. Einsiedel 223 *ich ſprach: 'vatr, des pin ich nit weis'* (wo vielleicht auch zu lesen ist: *'vatr, ich pin ſein nit weis'*, wodurch der Vers nach der Rosenplütschen Metrik besser gebaut wäre) —: *ſich vergehen* oder *vergahen*[1] Pf. 85 f.:

erſt wart der paur erzürnet recht.
in großem zorn er ſich verjecht,

vgl. etwa Barbierer Erz. 434 4 f. (10 f.):

und ſprach: 'das laß euch nit verſmähen (B verſmehen)
zur nächſten thund euch nit vergachen (vergehen)'.

Vgl. ferner Pf. 159 f.:

Ach, liebes weib, rat wie ich tu

und Barbier Erz. 428 13:

Sy ſprach, rat, lieber meiſter, wie ich thue,

Pf. 103: und las dir darumb gar nit grauſen

und Schüler 118:

der ſchuler ſprach: 'das dir icht graus',

Pf. 104: wes ging der narr dan da umbmauſen?

und Wolfsgr. 75:

drumb las uns lenger dahie mauſen (F laußen),

Pf. 79: als das ir mir mein habrn abfretzt

und Klagen 34:

die fretzen teglich ab ir weid.

Die Reime haben, da der einfache Stoff keine Veranlassung gab, Fremdwörter oder seltene Bildungen anzubringen, nichts Bemerkenswertes. Es finden sich keine Reime,

---

[1] Rosenplüt wechselt zwischen *nehen : nahen*, *fregen : fragen*, *verſmehen : verſmahen*, *vergehen : vergahen*.

die Rosenplüt nicht zuzutrauen wären, nur wenige, die sich nicht aus anderen Gedichten belegen liessen. Schwieriger ist der positive Beweis, dass die Reime wirklich von Rosenplüt stammen. Für Reime wie *hant* (*zehant*) : *pekant* : *want* : *vant* : *gewant*, *ſchaden* : *gaden* : *geladen*, *tür* : *für*, *leben* : *geben*, *ſach* : *ſprach*, *got* : *ſpot*, *ſchauen* : *frauen*, *an* : *pegan*, *ſagen* : *clagen* u. a. lassen sich mit Leichtigkeit Belege bringen, auch wenn man sich nur auf die anderen Schwankdichtungen Rosenplüts beschränkt, aber sie beweisen noch nicht viel. Beachtenswerter ist schon ein Verspaar wie 225 f.:

da gunds den pfaffen recht anſehen
und wart da zu ir ſelber jehen

im Vergleich mit Schüler 21 f.:

der pfaff der wart in krumbs anſehen,
der ſchüler wart zur frauen jehen.

Vgl. auch Schüler 109 f.:

der pauer wart zum ſchüler jehen:
'lieber, wie gern wolt ich in ſehen',

weiterhin Frauenkr. Erz. 181 17 ff.:

was ſolt ich gutes von im ſagen,
ſo ich hab keins von im geſehen?
in ganzer warheit wil ich jehen.

Pfarrer 157 f.:

und fragt in, was im wer geſchehen.
da wart er wider zu ir jehen.

Knecht 175 f.:

daſſelb das wolt er aus ir ſpehen.
die frau wart ſam aus zoren jehen.

Oder ein Verspaar wie 227 f.:

und hub da frümeß an zu ziehen.
da kamn die paurn und pgunden knieen.

im Vergleich mit Tinte 41 f.:

und dienet ir da auf den knien,
pis das man metten wart an ziehen

Man beachte ferner etwa den Reim *geleit* : *pereitt* in Pf. 7 f.

Vnd het ſich ganz darzu pereitt
und ſporn und ſtifal angeleit.

Tinte 77 f.: da es nacht wart, da man ſich leit.
die frau ſich auf die fart pereitt.

Barb.Erz.430 2 f.: da ich mein erznei het pereitt
und ſie ſich hett zu mir geleit.

Unbefangene Betrachtung wird nach alledem zwar Rosenplüts Manier nicht sehr markant ausgeprägt finden, aber dafür auch nichts, was ihr widerspräche. Ich trage keine Bedenken, das Gedicht Rosenplüt zuzusprechen und der Überlieferung in P Recht zu geben. In Y ist der Name getilgt worden, ähnlich wie beim fahrenden Schüler L die Schlusszeile in *Alſo ſprach der Schüler gut* verändert hat. Vielleicht ist *Hans Zapf der barbierer* in Y eine equivoke Anspielung des Dichters selbst oder des Schreibers auf Rosenplüts Gedicht von einem Barbierer. An Hans Folz den Barbierer darf keinesfalls gedacht werden. Von dessen viel beweglicherer und unruhigerer Art zu erzählen, hat das Gedicht gar nichts an sich. Während es z. B. zu Rosenplüts Stil gehört, dass er möglichst jedem Satz sein eigenes Subjekt gibt und selbst, wo er mit *und* oder *oder* verknüpft, das Subjekt des ersten Satzes durch das Pronomen wiederholt (*und er da* —), so bringt im Gegensatz dazu Folz möglichst viele Sätze unter ein Subjekt und drängt dadurch die erzählten Ereignisse mehr zusammen. Vgl. z. B. *Von einem Köler* (Keller 3, 1246 18 ff.):

Der paur machtz kurtz und ließ ſein tzawen,
Faſt ir beid tzöpf und warff ſie nider,
Czoch ſie am tennen hin und wider
Pfropfft ſie mit feuſten und mit füſſen
Vnd ſprach u. s. w.

Ferner neigt Folz auch dort, wo er noch am ruhigsten erzählt, stärker zu Exklamationen und rhetorischen Fragen. Wenigstens ein 'Gott geb', schlüpft ein vgl. Erzählungen 239 10. Auch die Metrik und Reimtechnik im 'Pfarrer' ist nicht die Folzische. Folz reisst z. B. durch den Versschluss syntaktisch eng verbundene Worte auseinander (Köhler 1245 4 ff.):

Mancherley halben darumb ſie |
jr meid ward fragen was doch die |
Wort jres mannes hetten gwelt.

Das thut Rosenplüt im allgemeinen nicht, und auch im 'Pfarrer' kommt dergleichen nicht vor.

5. Hans Schnepperer und der Schmicher.

1. Gehört das Gedicht vom Pfarrer in der That Hans Rosenplüt zu, so war sicher, dass er sich selbst der „Schnepperer" genannt hat. Dem Schnepperer schreibt die Überlieferung zunächst die 'Disputatz eines Freihets mit einem Juden' zu. Ist Rosenplüt der Verfasser? Ich glaube die Frage aus innern Gründen mit „ja" beantworten zu dürfen. Die ganze Erzählungsart gleicht der Rosenplütschen.

Der Fortschritt der Handlung wird bei Rosenplüt gern mit der Wendung gegeben „als die Zeit zu nahen begann":

Frauenkr. 27 (Erz. 178 2):
do es dem mitten tag ward nehen.

Freihet 34: und da die zeit herzu ward nahen.

Es wird gern mit „Noch" angeknüpft, um einen Gegensatz anzudeuten.

König im Bad 49:
Noch treip der küng mit in ſein ſpot

Freihet 186: Noch weiß ich nit, wer an ſol heben.

Rosenplüt liebt es, eine Reihe von hypothetischen Sätzen präambulierend aneinander zu reihen. Das frappanteste Beispiel für diese oft angewandte Manier ist Turteltaube 25 ff. Vgl. ferner etwa Spruch von Nürnberg 189 ff., UFSchön II, 144 ff., Kaiserin 181 ff. (Keller 3, 1143 38 ff.). Wir finden sie auch Freihet 152 ff.

Sehr liebt Rosenplüt Vergleiche, die von ländlicher Arbeit hergenommen sind; namentlich die Verarbeitung des Korns zu Mehl wird zu allerhand Vergleichen verwendet. Der Dichter will das Lob der himmlischen Turteltaube *dreſchen aus ſeins mundes ſtadel* (Turteltaube 18), *dein flegel draſch nie auf lerm ſtro,* heisst es im Müssiggänger 168 (Keller 3, 1156 25) von Christus.

und draſch mit irer zungen flegel
ſo manches andechtigs gepet,

heisst es von der Kaiserin 428 f. (1149 5 f.). Vom Prediger wird Ärzte 100 f. (1085 28 f.) gesagt, er

trifcht aus mit feinr zungen flegel
don criften vierundzwcinzig garb.

Der *eren korn wird ausgedroſchen* (HLudwig), *heil* wird aus der *eren veld* gedroschen (Woche 252). In obszönem Sinn wird das Bild vom Dreschen in den Fastnachtspielen viel verwertet. Gutes und schlechtes Mehl werden geschieden. Das Mehl, die Hülsen und die Kleie soll der Beichtende den Beichtiger sehen lassen, wenn er seines Herzens Thor aufschliesst (Ärzte 133). Meiner Ehren Mehl würde zu Kleie, würde es durch euer Sieb gesiebt, sagt die Kaiserin zu dem bösen Bruder des Herzogs (Keller 3, 1145 17). Der Acker der Welt trägt nur böses Getreide, heisst es in dem Gedicht auf die Welt 38 ff., daraus man solche Kleie macht, dass die Seele drin gequält wird. Häufig ist die Scheidung des guten Getreides von *ſpreuen* und *vraßen* vgl. Brünnlein:

und hat dann unten gar ausgtrofchen
und pringt mir dann erft heim die fpreuen
fo muß ich an den vraßen keuen.

Die zahllosen Parallelen zu dieser Stelle, namentlich aus den Fastnachtspielen hat Euling, Hundert noch ungedruckte Priameln S. 23 f. noch nicht vollständig zusammengetragen. Hier wird das Bild auf das dogmatische Gebiet übertragen. Freih. 16 f.:

ob euer glaub fei eitel kern
on alle fraß und fpreuen.

Der Vergleich der Dogmatik mit einem Tümpel ist ebenfalls so charakteristisch für Rosenplüt, dass er allein schon auf seine Verfasserschaft führen könnte.

Freih. 152: fölt wir die tümpfel all durchwaten,

vgl. Beichte 61 von den Todsünden:

und wat aus den fibn tümpfeln tief!

und Turteltaube 20 f.:

wan ich fo feichten furt wil waten
in deines tiefen lobes tümpfel,

ferner HLudwig *ſeinr ern tümpfel wird nimr ausg'öſt*, Woche 78: *wilt du deinr ſünden tümpfl ausöſen*, andrerseits HLudwig *und wat nicht aus der warheit furt*, UFSchön II, 124 *davon die drei do in ſie wuten.*

So wird die Gnade mit einer Lache verglichen (UFSchön II 244), wie anderwärts (Einsiedel 397, Kr. v. Nürnberg 4) einem Teich. Die Gottheit wird einem Weiher verglichen Priester und Frau 100. Nicht durch so genaue entsprechende Stellen zu stützen, aber ebenfalls in Rosenplüts Richtung liegend ist ein andres Bild für den Glauben.

Freih. 104 ff. das iederman mocht ſehn mit rue
und auch von wort zu wort ⟨da⟩ hören
urſprünglich⟨en⟩ aus welchen rörn
der prunn des glaubens kem gefloſſen.

So wird wohl Maria der heiligen Gottheit Rinne genannt, in der Gott herabfleusst aus dem Thron (UFSchön II 216 f.).

Rosenplüt liebt, wovon man sich leicht überzeugen kann, das Hendiadys (Freih. 49 *den großen kumr und auch die ſwer,* 84 *kein raſt noch ru*). Eine ihm besonders geläufige Verbindung ist Freih. 205 *mit großer fle und auch mit pet,* vgl. Klagen 82 *ſo helf nicht weder fle noch pet,* Spr. v. Nürnberg 326 *dafür helf weder pet noch fle,* Spr. v. Nürnberg 63 *kumt man mit pet für die, mit fle.* Überhaupt ist das Wort *fle* bei Rosenplüt beliebt: Turteltaube 189 *mit deiner gnediglichen fle*, Einsiedel 35 *daran ſie all hetten ir fle*, Einsiedel 377 *dem wuchrer peut man große fle* u. a. Freilich ist auch dieses Reimwort kein sicheres Kriterium; vgl. z. B. Folz, Fastnachtspiele (1) 1 23 f.:

Des leßt die alt und die neu e
Euch kunden hie mit großer fle.

2. Bei dem Lied „die Lerch und auch die Nachtigall“ spricht zum mindesten nichts gegen Rosenplüts Verfasserschaft. Als Dichter eines strophischen Liedes tritt Rosenplüt ja auch mit dem 'Türkenlied' auf. Eine drastische Frische ist dem kleinen Gedicht eigen, die sich recht wohl mit Rosenplüts Charakterbild verträgt. Zu der Wendung *dafür lob ich* vergleiche man das oben S. 142 zum 'Frauenkrieg' bemerkte. Mit der Wendung: *Man lobet uns der ſeiten clang, die alſo ſüßlich clingen* darf man zusammenhalten:

Spr. v. Nürnberg 186:

das daucht in ein füß clingend leit.

HLudwig:

das ist mir ein füß clingend seit.

Woche 213 f.:

eins iechlichen (*l.* ieden) sünder reu und leit
ist vor got ein füß clingend seit.

Kaiserin (Keller 3, 1143 27 f.):

kein seit mir nie so füß mocht clingen,
als wan man eur zu gut gedenkt.

3. Eine der schwierigsten Fragen, die C. Wendeler, Wagners Archiv 388 ff. und Roethe, ADB 32, 31 verschieden beantwortet haben, ist die nach dem Verfasser der 'Klage des Wolfs im Hag'. Die Handschriften gehen in Bezug auf die Fassung des Textes und die Benennung des Verfassers völlig auseinander. Nur Cgm 713⁴ und F nennen als Verfasser den Schnepperer, die Hss. Cgm 270², Cgm 379⁴, Cgm 5919² und D den Schmieher, entweder ohne Vornamen (Cgm 5919), oder als Peter (Cgm 270, Cgm 379) oder als Heinrich (D), R Christian Auer, Cod. pal. germ. 253, 184ᵇ (nach Bartsch, Die deutschen Handschriften der Universitätsbibliothek Heidelberg S. 143) Cunrat Juncreuter. Nur eins scheint mir mit Roethe gegen Wendeler sicher zu sein, dass kein Originalgedicht Rosenplüts vorliegt. Wenn Wendeler das Gedicht schon dem „Inhalte“ nach sehr Rosenplütisch nennt, so wüsste ich sonst keinen Vergleichspunkt zu finden, als dass Rosenplüt auch allerhand Klagen gedichtet hat. Aber redende Tiere treten bei ihm sonst nicht auf. Vielmehr reiht sich das Gedicht ein in die Tierfabeln der Strickerschen Schule. Im Einzelnen lässt sich nicht der leiseste Anklang an Rosenplütische Dichtungen finden. Direkt gegen Rosenplüt spricht, dass in der Wolfsklage, wie sie Camillus Wendeler aus der Überlieferung herzustellen versucht hat, Verse mit und ohne Auftakt wechseln, während in echten Dichtungen Rosenplüts der Auftakt, so viel ich sehen kann, obligatorisch ist. Die Verse sind auch zu leicht für Rosenplüt; das heisst: es begegnen zu wenig dialektisch verkürzte Worte. Selten

ist bei Rosenplüt die Trennung des Objekts vom Verb durch den Versshcluss wie hier gleich V. 2 f. *ſack* | *kaufleut*; nicht bei Rosenplüt zu belegen ein Ausdruck wie *gepurt* im Sinne von mhd. *lîp* als Vertretung des Personalpronomens (4 *wie edel iſt euer gepurt*, 23 *ich pin ein armutſelige gepurt*). Es begegnet auch keines der von Rosenplüt gern verwandten Reimwörter wie *nahen*, *nehen*, *fregen*, *jehen*; *hant* steht nur zweimal im Reim (einmal 163 an unsicherer Stelle). Die Form *biſcholf* im Reim zu *wolf* (V. 44, vgl. Mhd. Wb. I, 16 f.) möchte ich Rosenplüt nicht zutrauen. Was aber mehr ins Gewicht fällt, 119 f. steht *kaufen* im Reim zu *wafen* (C. Wendeler *koffen : woffen*), was sich Rosenplüt nicht gestattet. *gen* und *ſten* sind im Reim gemieden; von *lân* sind nur kontrahierte Formen gebraucht: das deutet auf einen schwäbischen Verfasser. So scheint mir auch ausgeschlossen, dass etwa eine Rosenplütsche Bearbeitung eines älteren Gedichtes vorliegt.

Was den wahren Verfasser anlangt, so ist schwer ins Klare zu kommen. Konrad Jungreuter scheidet jedenfalls aus der Zahl der Konkurrenten aus, da sein Name in der Heidelberger Handschrift nicht einmal recht in den Reim passt. Die Mehrzahl der Handschriften scheint für den Schmieher zu sprechen. Doch ist zu bemerken, dass Cgm 270 und Cgm 379 (beide aus Augsburg stammend), was überhaupt für die Überlieferung der kleineren Dichtungen des 14. und 15. Jahrhunderts nicht unwesentlich, nur bisher nicht recht beachtet ist, in ihrer Hauptpartie auf eine gemeinsame Quelle zurückgehen. Die älteste Partie von Cgm 379 besteht nämlich aus Blatt 12—107 + 154—156, woran sich weiter 108—147, als von derselben Hand herrührend, anschliesst. Davon enthält zunächst Blatt 14—91 dieselben Gedichte in derselben Reihenfolge wie Cgm 270, 43—124. Es fehlen nur die beiden Gedichte Hans Ramingers *Ein Spruch von der Natur* (auch V. Holls Hs. 79[1] und Hätzlerin ed. Haltaus

[1] In Valentin Holls Hs. steht in unmittelbarer Nähe des Ramingerschen Gedichtes ebenso wie in Cgm 270 und 379 der Spruch des Teichners *Stäch idlich eid* u. s. w. Die Gruppierung der Gedichte in

S. 287), *Von der Armut* und das Peter Groningers von St. Sebastian (Cgm 270, 50—59), die wohl als zu langweilig vom Schreiber von Cgm 379 fortgelassen wurden. Diese Handschrift hat dafür als erstes Gedicht der ganzen Partie ein Gedicht *De curia Romana* halb lateinisch, halb deutsch mit dem beliebten Halbvers *Roma caput mundi* als Anfang (Bl. 12—14), das in Cgm 270 als zu kirchenfeindlich fortgeblieben sein wird, und ausserdem Bl. 92—94 allerhand Kleinigkeiten, die ebenfalls noch der gemeinsamen Vorlage entstammen werden und an die sich ein burlesker Liebesbrief anschliesst, den Cgm 270 erst auf Blatt 214 bringt. Man darf danach wohl für Cgm 379 die der gemeinsamen Vorlage entstammende Partie wenigstens von Blatt 12—95 rechnen. Wenn aber weiterhin Cgm 270 unmittelbar v o r der gemeinschaftlichen Partie und Cgm 379 unmittelbar n a c h der gemeinschaftlichen Partie die 'Wolfsklage' bringt, so wird es nicht zu kühn sein auch hier noch die (oder doch wenigstens eine) gleiche Vorlage anzunehmen. So reduziert sich also die Zahl der Handschriften, die für den Schmieher plädieren. Indessen spricht doch die relativ alte Überlieferung für ihn und ausserdem die Überlieferung seiner Vaterstadt; denn er war vermutlich ein Augsburger. Namentlich, wenn die Vermutung richtig ist, dass die 'Wolfsklage' schon in der aus Cgm 270 und 379 rekonstruierteu älteren Sammelhandschrift stand, so rücken wir mit der Überlieferung noch vor die Mitte des 15. Jahrhunderts, da sich am Schluss der eben ausgehobenen Partie von Cgm 379 (Bl. 147^{b}) die Angabe findet, sie sei 1454 entstanden; „*ꝛ finitus ē iſte liber ī fe'ia qüta p9 feſtū Sctī felic(m̄ris Anno dnj milleſīo q̃nqꝫgeſſīo ꝰto . m . k. tūc q̂ ī augusta.*" Einem Augsburger ist der Reim *kauffen : waffen* sicherlich zuzutrauen, wenn auch im Übrigen innere Gründe für Schmieher fehlen, denn was wir sonst von ihm besitzen, sieht etwas anders aus.

den verschiedenen Handschriften ist oft von Wichtigkeit für die Entstehung der Handschriften, um die sich die Litteraturgeschichte noch mehr wird kümmern müssen als bisher geschehen.

Denn Cgm 5919 bringt und zwar unmittelbar nach der 'Wolfsklage' ein Gedicht von den Erlebnissen eines Studenten in Prag (der Esel in der Kiste), das hier ebenfalls dem Schmieher zugeschrieben wird (Kellers Erz. 306 ff.), in F aber wiederum dem Schnepperer und Cgm 713[4], 47—45[1] dem Teichner.

4. Verwandtschaft mit Rosenplüt in der Stilisierung des Ganzen und in einzelnen Ausdrücken ist bei dem 'Studenten in Prag' zunächst zu konstatieren. Vgl. 307_{10} *an das pett ſchleichen*, 306_{18} *das nam der ſtudent eben war*, 307_{16} *Vnd wolt ſy laſſen ſehen eben.* Zu 307_{5} f.:

Der ſtudent gedacht in ſeinem mutt
Ich hoff, mein ding das wer gutt,

ist zu vergleichen Spiegel im Pech 97 f.:

der knecht der ſprach zu ir: Demut,
und tuſtu das, dein ding wird gut.

Andrerseits treten bei dem Text in Cgm 5919 deutlich Spuren des schwäbischen (Augsburger?) Dialekts hervor, z. B. die Reime *entſchlaffen : lauffen* (Erz. 306_{22} f.), *auch : gach* (307_{13} f.), *ſtraffen : lauffen* (309_{10} f.). Wendeler nimmt an, dass Schmieher ein Rosenplütsches Gedicht überarbeitet habe, das in F noch intakt erhalten sei. Aber die Abweichungen sind zu minimal, als dass wir hier von Original und Überarbeitung reden könnten. Auch hat sich Wendeler nicht die Frage vorgelegt, warum denn gerade der Text in F Original sein müsse. Merkwürdiger Weise fehlen nämlich in dem Text, den F und auch Cgm 713[4] geben, die beiden dialektischen Reimpaare 307_{13} f., 309_{10} f. Die zweite Stelle fehlt überhaupt, die erste ist anders gewendet. Die Stelle 306_{22} f. stimmt in Cgm 713 zu Cgm 5919 und scheint nach Wendelers Angaben — ich habe die Handschrift nicht zur Hand — auch in F gleichlautend zu sein. Wäre der Text von Cgm 5919 lediglich eine Überarbeitung des Schmieher, so ergäbe sich die merkwürdige Thatsache, dass er sich bestrebt hätte, dialektische Reime in den Text zu bringen, während

[1] In einer Partie, die von der, welche die 'Wolfsklage' bringt, ursprünglich geschieden war.

doch die umgekehrte Annahme, dass derartige Reime durch irgend jemanden, dessen Dialekt sie widersprachen, herausgebracht worden sind, ungleich mehr Wahrscheinlichkeit für sich hat[1]. So steht die Sache für Rosenplüt schlecht, ebenso für den Teichner, und die Annahme, dass wir es mit einem schwäbischen (Augsburger?) Nachahmer Rosenplüts zu thun haben, ist die naheliegendste. Ein solcher scheint der Schmieher in der That gewesen zu sein. Der obszöne Spruch „vom Reiben“, der Cgm 379[4], 108—110 und Cgm 1020, 52 ff. steht und den ihm kein Konkurrent streitig macht, zeigt dieselben Eigenheiten des Reims. Vgl. Cgm 379, 109:

> Da kam die eptiſſin g e l a u f f e n
> und wolt das nondlin darumb ſ t r a f f e n ,

Bl. 110:

> Ich kan des nachtz nit entſchlaffen,
> hiet ich gellt, ich wolt ein kauffen.

Auch ist nicht zu übersehen, dass der Anfang des Gedichts 'Vom Reiben':

> Hört jr und welt ir es bedagen,
> Ich wil vnß dies von reiben ſagen,

zu dem Anfang des Studenten in Prag nach Cgm 713 stimmt.

> Wolt ir ſweigen vnd betagen,
> Von hubſcher abenthewr ſagn
> Wil ich euch manigfach[2].

Dass hier nicht Cgm 5919 (*Wendt ir horen manige ſach*) und F (*Wolt ir hören ein wunderlich ſach*) das Ursprüngliche haben, leuchtet ein. Das Reimwort *betagen* bot den Anstoss. Hs. L, die das Gedicht ebenfalls (fragmentarisch) bietet, beginnt aus demselben Grunde *Ir heren were es ewch nit leidt Das ich euch von hubſche abenthewer ſeit* u. s. w. So kommt auch von dieser Seite für Schmiehers Ansprüche auf den 'Studenten' Bestätigung, wenn auch zu Rosenplüts Gunsten nicht verschwiegen werden soll, dass der 'Student' in Cgm 713

---

[1] Wie ich beiläufig bemerke, ist in Cgm 713 auch 307_5 f. anders gewendet.

[2] Vgl. auch Kaufringer Cgm 270, 364 *Ich mag lenger nit gedagen Ain abentǘr muß ich ſagen.*

unmittelbar hinter Rosenplüts 'König im Bade' steht. Der Teichner ist offenbar lediglich des Schlussreims wegen zum Verfasser gemacht, ebenso wie er in dem Gedicht *Vom Ritter mit der Roßhaut* z. B. in Cgm 270, 64 f. = Cgm 379, 27 f. Hans Raminger verdrängt hat (vgl. V. Holls Hs. Bl. 71 = Kellers Erz. 201) und wie ihm wohl massenhaft fremde Dichtungen zugeschoben wurden. Im Übrigen vgl. über den Schmieher Roethe ADB 32, 30 f.

Nun ist weiter für den Schmieher charakteristisch, nach dem verhältnismässig gut überlieferten Gedicht 'Vom Reiben' zu schliessen, dass er seine Verse mit und ohne Auftakt baut. Das stimmt recht gut zu der 'Wolfsklage'. So mag er in der That der Dichter sein.

6. Anonyme Spruchdichtungen.

Es kann nicht meine Aufgabe sein, jede einzelne Priamel auf Rosenplüts Verfasserschaft hin zu untersuchen: dass eine ziemlich beträchtliche Anzahl ihm gehört, ist ohnedies nicht bestritten. Auch die Weingrüsse und Klopfans wird ein Herausgeber unter Rosenplüts Dichtungen aufzunehmen haben, nicht ohne hier ein schwächeres dort ein stärkeres Fragezeichen zu machen.

Den „Bauernkalender" dürfen wir Rosenplüt mit derselben Sicherheit zuschreiben wie das Lied „die Lerch und auch die Nachtigall". Es geht im selben Tone (dem Hildebrandston). Sexuelle Dinge werden berührt wie so oft bei Rosenplüt mit Verwendung von allerhand Metaphern. Zu 8 4 *und ſterken uns das hirn* vgl. Freihet *Und aß und trank und ſterkt ſein hirn.* Wie hier die Namen Heinz und Conz und Metz zur Exemplifizierung verwendet werden (17. 19), so dient Klagen 42 *junkherr Cunrad* als Quidam.

Von den übrigen grösseren Gedichten der Handschrift D trägt am Unverkennbarsten die Zeichen Rosenplütschen Ursprungs „Die meisterliche Predigt". Sie reiht sich den echten Gedichten moralisierenden Inhalts an.

Wie in den '15 Klagen' die Stände passieren die Übelthäter Revue. Die Einleitung straft die Hoffart der „Gemeinen“, über die auch Einsiedel 361 ff. geklagt wird. Vgl. Eins. 362 ff. *was nu tregt ⟨an⟩ der edelman, die cleider koſtenlich und zart, die ſneidt der purger auf der fart* und Predigt 11 f. *und was der edel[man] kan erdenken das will der paur als an ſich henken.* Auf das geschlechtliche Leben wird besonderes Gewicht gelegt. Wie im 'Brünnlein' wird über den Spieler Klage geführt, der sein Weib vernachlässigt. Dabei begegnet ein sterotyper Rosenplütscher Reim *taſchen : naſchen.*

Predigt 19 f.:

und ſitzens zum wein und lern die taſchen
und laſſn ein andern darzu naſchen.

Brünnlein 113 ff.:

und ir umbs maul get leckn und naſchen
dieweil raumt ſie im unten die taſchen.

Dann geht wie im 'Brünnlein' die Klage über den Trinker. Weib und Kind leiden Mangel, während er in Saus und Braus lebt, ist hier wie dort der Grundgedanke. Vgl. Predigt 27:

und was im weip und kind [kan] erſparn,
das leßt er [alls] durch die plaſen farn

und Brünnlein 12 ff.:

wenn ich daheim die claen ſaug
ſo ſitzt er dort und füllt ſein cragen
und leſt mich unter [die] juden tragen
Mentel ⟨und⟩ rock ⟨und⟩ kandl und ſchüſſel,
daſſelb fert alles durch ſein drüſſel,
und was ich an dem rockn erleck.

Zu Predigt 30 *und wil nit gdenkn: 'es wirt ſich machen'* vgl. oben S. 149.

In der Klage über die Nachtraben wird eine Nürnberger Lokalität gezeichnet, der Fischmarkt mit seinen Schragen. In der Klage über die Ehebrecher findet sich ein auch sonst von Rosenplüt gebrauchter obszöner Vergleich, einer von den vielen die ihm zu Gebote stehen.

Predigt 79:

ſo tuts im pald ſein eſel ein,

vgl. Hasengeier 24 f.:

das ſie im auch ſein eſl eintet[1].

Mit der Episode des Bezahlens Predigt 74 ff., vgl. Tinte 13 ff. Die Klage über die Winkelwirte finden wir sonst in Rosenplüts Spruchdichtungen nicht. Wohl aber ist Bauernkalender 17 von den Winkelwirten die Rede, bei denen Heinz und Kunz zu Weihnachten ihre *wampenſeck* füllen, und Klagen 33 ist von den Winkelweibern die Rede. Auch in der 'Predigt' finden wir Verwertung von Personennamen zur Bezeichnung eines Quidam. Wenn sich der Dichter der 'Predigt' als Strafe das Kastrieren mit echtem Behagen ausmalt, so finden wir darin Rosenplüts wenig erquickliche Art. Der buhlerische Pfaff in der 'Wolfsgrube' wird zur Strafe kastriert, der im 'Hasengeier' muss sich infolge der erlittenen Verletzungen kastrieren lassen. Die mit Behagen gegebene Schilderung der männlichen Geschlechtsorgane findet sich etwa auch Schüler 154 ff. Die Kategorie derer, die in der Kirche schwatzen, kommt zwar sonst bei Rosenplüt nicht vor; aber dieselbe Art der Aufzählung wie bei den durchgehechelten Frauen von Nr. 1 bis 20 ist vielfach bei Rosenplüt anzutreffen, vgl. z. B. 'Frauenkrieg'. Wenn zuletzt die Knaben, die den Maiden in ihr *fleiſchgadem prechen*[1] abgekanzelt werden, so wiederholt der Dichter damit eigentlich nur, was er vorher gegen die Ehebrecher gesagt hat. —

Aus moralischen Bedenken darf man Rosenplüt jedenfalls den „Maler zu Würzburg" nicht absprechen, in dem ich Rosenplüts Art ziemlich deutlich ausgeprägt finde: Rosenplüts Reim- und Verstechnik, seine Manier zu erzählen. Es wird ein buhlerischer Pfaff betrogen wie im 'Fahrenden Schüler', in der 'Wolfsgrube' und im 'Hasengeier'. Wir bleiben also ganz in der Sphäre, in der sich Rosenplüts Schwankdichtung auch sonst bewegt. Wenn das Ehepaar den Pfaffen auf eine wenig Schamgefühl verratende Art in

[1] Zahlreiche Parallelen finden sich in den Fastnachtspielen.

die Falle lockt, so ist doch die Moral hier nicht laxer als anderwärts. Denn das ist das Widerwärtige an Rosenplüts ganzer Persönlichkeit, dass das, was Rosenplüt als lobenswert erscheint, eine brutal äusserliche Sittlichkeit ist. Er hat keine einzige Persönlichkeit geschildert, die sich innerlich mit Abscheu von dem abwendete, was er selbst als Sünde betrachtet — auch die fromme Kaiserin thut das nicht: sondern ein äusserliches Wohlverhalten schwebt ihm einzig und allein als Ideal vor. Ist man nicht zu *warer tat* (Schüler 35) gekommen, so ist die Sünde nicht geschehen. Ist aber wirklich einmal diese Grenze überschritten, so wäscht schliesslich doch noch die Beichte den Russ von der Seele ab und auch nach dem thätlichen Vergehen bleibt ein Trost: *die peſte puß iſt nimer tun*[1]. Es ist genau der Standpunkt, dessen Unsittlichkeit Luther so tief empfand. So darf uns gar nicht wundern, dass Rosenplüt für die Schlangenklugheit der Malersfrau nur Anerkennung hat, weil sie es versteht, die Sünde selbst zu meiden, aber doch die klingende Frucht der Sünde einzuheimsen.

Allerdings ist die Erzählung keine Erfindung Rosenplüts. Aber auch die Wahl eines Stoffes ist allemal für den Wählenden in irgend einer Weise charakteristisch. Der Stoff ist weitverbreitet (vgl. R. Köhler, Germania 18, 44 ff.) und auch in Deutschland schon vor Rosenplüt dichterisch behandelt. Ein Stückchen von Rosenplüts Quelle ist in der Karlsruher Hs. Nr. 408 erhalten und in Kellers Erzählungen S. 173 ff. abgedruckt, ein anderes aus Cod. pal. germ. 341 von Bartsch, Germania 18, 41 ff. publiziert. Bartsch berechnet das ganze Gedicht auf 238 Verse — Rosenplüts Gedicht hat nur 136 —: Anfang und Schluss sind uns erhalten. Rosenplüt verfährt auch sonst kürzend in Schwankerzählungen, wie man sehen kann, wenn man das Gedicht 'Vom Knecht im Garten' vergleicht mit dem Gedicht 'Von dem Schreiber'

---

[1] Vgl. z. B. Fastnachtsp. (40) 311_{22}. (19) 166_{26} f. u. ö. Brünnlein 128 f. *Alls waſſer die ſel ſo rein nit weſcht Als nimer tun und frum im alter.* Vgl. auch Hasengeier 154. 169. Wolfsgrube 143 f.

in der Karlsruher Hs. 408, 123[d] (Kellers Erz. 287 ff.), das wohl die Quelle war. Die Veränderungen sind dort allerdings einschneidender als im 'Maler'.

Hier ist die Handlung vom Rhein (Erz. 173$_6$) nach Würzburg verlegt und der Pfarrer zu einem Würzburger Domherrn geworden. Das darf nicht dazu verleiten, das Gedicht Rosenplüt abzusprechen und einem Würzburger Dichter zuzuschreiben. Dass die Maler von Würzburg allgemein berühmt waren und der lockere Lebenswandel der Würzburger Domherrn weit über das Weichbild der Stadt bekannt war, hat M. Hermann, AnzfdA 15, 14 f. hervorgehoben, der das Gedicht ohne hinreichende Gründe Folz zuteilte, aber seine Ansicht selbst zurückgezogen hat (AnzfdA 18, 17 f. Anm. 2). Darin mag der Grund für die Lokalisierung liegen, die Rosenplüt sonst nicht kennt. Etwa Bamberg, zu dessen Diözese Nürnberg gehörte, zum Schauplatz zu machen, war wohl zu gefährlich, da sich die beleidigten Bamberger Domherrn beschwerdeführend an den Nürnberger Rat hätten wenden können. Das Buhlen um die Malersfrau wird in der Bearbeitung kürzer und plumper gestaltet. Ohne Umschweife geht der spätere Dichter aufs Ziel zu. Während es Erz. 174$_7$ heisst:

> Nu zwank in die mynn dar zu,
> Daß er ſpet und fru
> Warpp mit ſeinem ſynne
> Vmb die malerinne u. s. w.

ist daraus in der Bearbeitung geworden (Maler 15 f.):

> Und pulet heimlich oft umb ſie,
> das ſie in ließ zwiſchen ir knie.

Rosenplüt pflegt dergleichen stets sehr deutlich zu sagen, ohne jede Verhüllung. Vgl. z. B. Hasengeier 22 ff.:

> und pulet umb ſie frü und ſpet
> das ſie im auch ſein eſl eintet.

Tinte 7 ff.:

> der münch der pulet umb ein weip
> und warp ſo ſer um iren leip,
> das ſie ein nacht neur pei im leg,
> das er eins ſolchen mit ir pflog u. s. w.

Während in der Vorlage gesagt wird, dass der Pfarrer der Malersfrau auf der Gasse und in der Kirche nachging, ist in der Bearbeitung ein Moment des Werbens sofort herausgegriffen, und der Domherr sagt seine Absicht so plump heraus, als handle es sich um die erste beste Buhldirne. Maler 15 ff.:

> Eins tags wolt ſie zu metten gan.
> der probſt kom zu ir auf die pan
> und grüſte ſie gar minnigleich
> und ſprach: 'ich wolt euch machen reich,
> das ich ein nacht ſölt pei euch ligen.
> und weſt ich neur dass pleib verſwigen,
> ich wolt euch geben ſechzig ſchock
> und darzu kaufen mantl und rock.

Man vergleiche die entsprechenden Verhandlungen im 'Knecht', in der 'Tinte', in der 'Kaiserin', um hierin die rohe Art, mit der Rosenplüt dergleichen anfasst, wiederzuerkennen. *mantl und rock* als Versschluss begegnet auch Tinte 88. — Auch das Folgende, die Unterredung zwischen den beiden Eheleuten über die Bemühungen des Buhlers ist in der Bearbeitung gekürzt. Während die Vorlage ziemlich ausführlich über Zeit und Ort der Unterredung berichtet, heisst es in der Bearbeitung nur (27 f.):

> die frau gar zaulich (Hs. *pald*) hinheim lief;
> den iren man ſie zu ir rief.

Die Verse klingen an an andere Rosenplütische:
vgl. Pfarrer 97 f.:

> zu ſeiner frauen er hin lief:
> gar heimlich er ir zu ihm rief.

Pfarrer 155 f.:

> ſeinr frauen er auch pald aufrief:
> die ſaumt ſich nit, ſie zu im lief.

Tinte 83 f.:

> hin zu der tür aus er da lief:
> ſein prüdern er da zu im rief.

Dagegen scheint mit dem Moment, wo das alte Gedicht leider abbricht, zunächst ein erweiterndes Verfahren einzusetzen. Abweichend ist die Art, wie der Pfaff zu der Frau ins Haus kommt. Während er sie in der Vorlage deshalb von neuem anredet, sendet sie hier eine Magd zu ihm, wie die buhlerische Frau in der 'Wolfsgrube' eine Magd aussendet, als der Pfaff zu lange ausbleibt. Eine Zeitbestimmung fehlt nicht.

Maler 49 f.:

dass in hieß kumen, e er eß,
und auch des geldes nicht vergeß;

vgl. Wolfsgrube 11 f.:

wenn man des nachtes plies die horn,
ſo ſolt er ſleichen durch das korn[1].

Während im alten Gedicht der Pfaff gleich in das mit Bildern verzierte Schlafgadem geführt wird, die Überraschung durch den Mann also sehr schnell vor sich gegangen sein wird, hebt in der Bearbeitung erst ein behagliches Schmausen an. Die ganze Situation entspricht ziemlich genau der im 'Schüler'. Die Frau *ſtößt ein hünlein an den ſpiß* (56), vgl. Schüler 49 *ein gpraten hun-ſtak an eim ſpiß*. Es wird gegessen und getrunken, Maler 59 f.:

und aßn und trankn und lebten wol.
der probſt der ward da freuden vol.

Vgl. Frauenkrieg 97 f. (Erz. 179$_{34}$ f.):

der wein geviel in allen wol
drumb wurdens all⟨e⟩ freuden vol.

Wir können dagegen etwa Folz' „Kaufmann zu Basel" (Erz. 228 ff.) halten, wo auf die Überraschung keineswegs derartig vorbereitet wird. Es heisst einfach: es begab sich an einem Mittag, dass der Kaufmann geritten kam.

Die Art, wie schliesslich dem überlisteten Pfaffen zur Flucht verholfen wird, ist ebenfalls der im 'Schüler' angewandten entsprechend, was zunächst nur für die Stoffwahl ins Gewicht fällt. Wer am 'Schüler' Behagen fand, der konnte ja wohl auch den 'Maler' überarbeiten. Doch finden

[1] Vgl. Spiegel 91 f.: als umb die erſten hanenkret,
ſo wers nit zu frü noch zu ſpot.

sich auch hier wieder charakteristische Abweichungen des jüngeren Gedichts vom älteren. Der Pfaff muss sich nackt abziehen und wird mit Ölfarbe bestrichen. Das scheint eine Erfindung des Bearbeiters zu sein und entspricht dem Bestreichen des Pfaffen mit Russ im 'Schüler'. Im Vorbild wurde er vermutlich nur nackt an ein Kruzifix gehenkt, wie in dem französischen Fabliau, auf das Köhler hingewiesen hat. An die Stelle des Christusbildes, das der Pfaff repräsentieren soll, ist in der Bearbeitung ein Götzenbild getreten. Das deutet nicht nur auf ein stärkeres Einwirken der Antike auf Kunst und Kunsthandwerk, wie es ja thatsächlich im 15. Jahrhundert statt hatte, sondern mehr noch darauf, dass der Bearbeiter ein kirchlich frommer Mann war, der sich eine solche Blasphemie nicht gestattete. Das stimmt ganz zu Rosenplüt, der fortwährend auf Christus und die Jungfrau Maria hinweist. Denn dass dem Pfaffen die Strafe droht, kastriert zu werden, machte sich Rosenplüts schmutzige Phantasie zu Nutze.

Zu 102 *Der probſt erſchrack, das er erpleicht* vgl. Schüler 147 ff.:

> der paur erſchrack, das er ward heiß,
> das er viel nider in den kreis
> und das er ward gel und auch pleich.

Hasengeier 138:

> die frau erſchrack, das ſie wart rot.

Bedeutungslos ist, dass im Original der Maler ein Messer verlangt, um die partie honteuse zu entfernen, in der Bearbeitung ein Beil, was auf weniger guter Kenntnis der Schnitzkunst beruht, beachtenswert aber wie sehr der Bearbeiter die Situation zu Witzen benutzt, die jedem Schamgefühl Hohn sprechen. Ganz ähnliche Scherzchen gestattet sich der Bauer im 'fahrenden Schüler'; im 'Maler' nimmt aber auch die Frau daran Teil. Mutternackt flieht schon im Vorbild der erschreckte Buhler heim wie der Pfaffe im 'Schüler' und, wie auch das buhlerische Weib in der 'Tinte' nahezu nackt heim eilt. Eine Erfindung des Bearbeiters ist es, dass die klägliche Situation des Überlisteten zu einer neuen Erpressung benutzt wird. Man vergleiche damit die Erpressungen des fahrenden Schülers und des Dieners im 'Hasengeier', um Rosenplüts Art wiederzuerkennen. Auf einem Missverständnis des Verses

Habt uf, mir louft min bilde hin

in der Vorlage, vielleicht auf dem Schreib- oder Lesefehler *hebt auf* wird es beruhn, wenn es Maler 107 f. heisst:

werft ab prücken und ſteg,
die götzen laufen mir all weg,

was übrigens nicht zu Würzburg passt, wo über den Main keine „Stege“ gingen, wohl aber zu Nürnberg, das auch seiner vielen Brückchen wegen wohl mit Venedig verglichen werden konnte[1].

Die Schlussverse des 'Malers von Würzburg' sind nahezu gleichlautend mit denen der 'Predigt' (In F und der Giess. Hs. fehlen sie). Vgl. auch oben S. 146.

Maler 131—136:

Nu hat die abenteur ein end.
würd mir der wein hie in mein hend,
ſo wolt ich trinken unde ſaufen
das mir die augn müſtn überlaufen.

Predigt 165—168:

nu hat mein predigt gar ein end.
würd mir das trinkfas in mein hend,
ich wölt ein jungfrauzüglein ſaufen,
das mir ped augn müſtn überlaufen.

Ähnlich aber lautet allerdings auch in einem der spätesten Sterzinger Spiele, Nr. XXV *die zwen Stendt*, niedergeschrieben 1535 und, wie es vorliegt, jedenfalls nach dem Auftreten Luthers entstanden (vgl. 166 f.), der Schluss einer Freihartspredigt 237 ff.:

---

[1] Gerade diese Verwechslung würde wohl dagegen sprechen, mit Roethe ADB 29, 230 noch ein verlornes Mittelglied zwischen Rosenplüt und das ältere Gedicht einzuschieben. Weder Roethe noch Herrmann scheinen die Bartschische Publikation beachtet zu haben.

Hie mit ſey mein ſpruch alhie vollendt.
Wur mir ein trinck gſchirr ein dj henndt,
Ich wolt ein Junckfrau trinckle sauffenn,
das mir dj augen mueſſten vberlauffen.

Dafür, dass es eine bewusste Reminiszenz an Rosenplüt ist, scheinen indessen die folgenden Verse zu sprechen mit dem Reim *guet* : *bluet* (statt Rosenplüts *güt* : *-plüt*):

Nun lieben herren und froind, nembt zu guet:
das ſchenkht euch hanß leberwurſt das edel bluet,
das wenig gwingt und vill verthuet,

wozu man dann aber auch weiterhin den Schluss der Rede des Freihartsbuben im Spiel vom Reichen Mann und Armen Lazarus halten muss (Schweiz. Schausp. I V. 159 f.): *Damit ſo hand von mir für gůt Spricht bhalt kein gelt, des edel blůt.* Auch in der Leipziger Rosenplüthandschrift L Blatt 136ᵃ begegnen die Verse wieder als Schluss eines kleinen Scherzgedichtes, über dessen Verfasserschaft sich nichts wird ausmachen lassen, weil es sehr zerstört überliefert ist:

Das hat ein end.
Wurd dem haußfrein der wein jn die hend,
So wolt er drincken vnd ſauffen
Das jm die augen muſten vber lauffen.

Wenn also auch diese Verse nicht zu einem direkten Beweis für Rosenplüt zu benützen sind, so scheint mir doch sonst so viel für ihn zu sprechen, dass er für den Verfasser gelten darf. —

Roethe hält für glaublich, dass der „Spiegel im Pech“ ein Werk Rosners sei, dem das Gedicht *Von dem Knecht Herolt* in der Karlsruher Hs. 481, 42ᵇ (Kellers Erzählungen S. 471) als ältere Quelle zu Grunde läge. Da diese Karlsruher Handschrift die Quelle zu Rosenplüts 'König im Bade' (Bl. 156ᵇ) und zum 'Maler von Würzburg' enthält, so liegt die doppelte Vermutung nahe, dass wir 1) hier in der That die Quelle zum 'Spiegel' vor uns haben und dass 2) wiederum Rosenplüt der Bearbeiter ist. Ganz in Rosenplüts Art sind die Metaphern *rauhe taſchen* (22), *das under gadem* (117), *das heimtiche gemach* (109), *ſpiß* (114), *ſper* (118), Rosenplütisch der Ausdruck *zaulich* (59. 61) den die Handschriften meist durch *zeitlich* ersetzt haben. Mit Vers 69 *da ruft im zaulich dar die frau*, vgl. Wolfsgrube 80: *ir meid ſie zaulich zu ir rief.* Rosenplütisch ist die Wendung *Im haben mein große ſünd verſmacht* (54 von Gott), vgl. Klagen 222 *die ſtück all got größlich verſmahen.* Sehr häufig ist bei Rosenplüt die dem Turnierwesen entnommene Wendung *Ich pger der ſtangen* (123) im Sinne von „ich bin besiegt". Vgl. z. B. Kl. Narr 151 *der herr der ſprach: 'ich pger der ſtangen'*, Turteltaube 24 *Drumb ſo pger ich, juncfrau, der ſtangen.* Rosenplütisch ist auch die Wendung *aus ſchern* vom Mädchen, das den Buhlen abfahren lässt (138); der Vergleich mit der Thätigkeit des Barbierers begegnet häufig; *trucken ſchern* bedeutet geradezu „abtrumpfen", z. B. Spr. v. Nürnberg 122 wird von jedem Feinde Nürnbergs gesagt, er würde gern etwas unternehmen, *forcht er ſich nit vor truckenſchern.*

Das Gedicht vom 'Spiegel', wie es die Rosenplüt-Handschriften überliefern, hat einen zweiten Teil, der in der Karlsruher Hs. fehlt. An eine Fortdichtung Rosners „aus eigenen Mitteln" denkt Roethe. Unterscheidet sich nun dieser zweite Teil dem allgemeinen Charakter nach oder in stilistischer Beziehung vom ersten? Ich wenigstens bin nicht imstande auch nur den leisesten Unterschied wahrzunehmen, was doch möglich sein müsste, wenn wir es mit den Werken zweier Verfasser zu thun hätten. Sehr deutlich hebt sich z. B. der zweite Teil des Gedichts 'von den Handwerken' ab; es ist ein unorganischer Bestandteil, eine äusserlich angeflickte Fortsetzung. Hier aber rundet sich erst durch den zweiten Teil, die Rache der Magd, die saftige Geschichte in der rechten Weise ab. Ohne den zweiten Teil haben wir es mit einer blossen Schmutzerei zu thun; mit ihm kommt uns wenigstens das ästhetische Vergnügen am Sieg der List über die Gewalt zu Hülfe. Angenommen Rosner sei der Verfasser des überarbeiteten Gedichts 'von den Handwerken und auch des 'Spiegels im Pech', so hätte er sich das eine Mal als Überarbeiter sehr ungeschickt, das andre Mal sehr geschickt benommen, er hätte sich das eine Mal gar nicht, das andre Mal ausgezeichnet in Gedankengang und Manier des ursprünglichen Dichters eingelebt; er hätte ferner das eine Mal den älteren Bestand in metrischer Beziehung gar nicht auf das Mass seiner eigenen Dichtungen zu bringen verstanden, das andere Mal ganz brillant. Mir scheint es nicht gerechtigt, mit solchen Widersprüchen zu operieren bei Konstruktion einer dichterischen Persönlichkeit, von der wir sonst, wie ich schon oben (S. 147) bemerkt habe, gar nichts wissen. So zerflattert das Phantom Rosners.

Lassen wir die Frage nach dem Verfasser des 'Spiegels im Pech' zunächst unentschieden, so entstehen doch Bedenken in Bezug auf das Verhältnis zum Gedicht *Von dem Knecht Herolt.* Beide Fassungen stehn sich — abgesehen von dem Fehlen des zweiten Teils in der Karlsruher Hs., das aber doch recht wohl auf einer Auslassung beruhen kann und beruhen wird — ungleich näher als die ältere und jüngere Fassung vom 'Maler' und vom 'König im Bade'. Die Hauptdifferenz ist eine metrische. Das Gedicht *Vom Knecht Herolt* (α) hat durchgehends kürzere Verse als das 'Vom Spiegel im Pech' (β). Die Reime sind grossenteils dieselben. Hält man die Verse gegeneinander — das wird künftig in bequemer Weise möglich sein, wenn meine kritische Ausgabe vorliegt — so erkennt man leicht, dass die längeren Verse den kürzeren gegenüber durchaus nicht den Eindruck machen, als seien sie auf ein Prokrustesbett gestreckt worden. Die Verse in α sind ganz unregelmässig gebaut, die in β sehr regelmässig, nämlich mit vier Hebungen und stetem Wechsel von Hebung und Senkung, sobald man sich nur die Mühe giebt den Text methodisch aus allen Hss. herzustellen und die Wortkürzungen, die Rosenplüt sich stets in Einklang mit seinem Dialekt gestattet, auch hier zulässt. Nun ist aber die Annahme, dass kürzere Verse Zeichen höheren Alters seien doch nur ganz im allgemeinen zutreffend, keineswegs jedoch auf jeden Spezialfall anwendbar. Und jedenfalls ist es ungleich leichter, lange regelmässige Verse in kurze unregelmässige zu verwandeln als umgekehrt. Rosenplüts und anderer Dichter des 15/16. Jahrhunderts

Verse haben so reichlich eingestreute Flickwörter, dass man mit Leichtigkeit hier und dort etwas fortlassen kann, ohne den Sinn wesentlich zu schädigen. Gerade die Rosenplüt-Überlieferung zeigt, dass ebenso gut verkürzt wie zugesetzt wurde, je nach der Individualität der Schreiber. So neigten z. B. die Schreiber von L, der Giessener Hs., von Cgm 713^4 mehr zu Auslassungen, der von D oder seine Vorgänger mehr zu Erweiterungen. Für den Schreiber der Karlsruher Hs., der zumeist ältere Gedichte abschrieb und den Klang der kürzeren Verse im Ohr hatte, ist es ganz begreiflich, dass er ein kürzendes Verfahren einschlug. Er hat auch archaistische Schreibung verwendet z. B. *z* statt *s* oder *ß* in *daz, waz* (auch als Verb); er schreibt *fruewe* (: *zue* Erz. 471_{25}), *paidew* (471_{21}), was alles für die Sprache des Dichters noch nichts beweist.

Nun begegnen allerdings auch stärkere als bloss metrische Veränderungen. Es stehen in α Verse, die in β fehlen und umgekehrt. Doch besteht ein ähnliches Verhältnis auch zwischen den verschiedenen Handschriften von β selbst. FLD Giessener Hs. Cgm 713^4 gehen auch unter sich derartig auseinander, dass wir bei näherer Untersuchung finden, dass nicht nur zwei Rezensionen α und β zu unterscheiden sind, sondern drei, repräsentiert durch die Karlsruher Handschrift (I), durch F und die Giessener (II), durch L, D und Cgm 713^4 (III). Wir müssten nicht nur eine einmalige, sondern eine doppelte Umformung annehmen und zugleich auch eine konsequente Annäherung an Rosenplüts Art.

Folgende Stelle mag das Verhältnis der drei Rezensionen zu einander beleuchten.[1]

---

[1] Kleine Abweichungen der einzelnen Handschriften von einander bleiben unbeachtet.

I (Karlsruh. Hs. 473_{22} ff.)

Da gieng der wirt dar
und wolt nemen war,
waz der djrne waz geſchehen.
er begond ir zwyschen die beyn ſehen:
da ſach er ein fewr jnnen
in dem ſpiegel brynnen.
da greiff er mit der hant dar
und wart auch viel schier gewar,
das der magt ein ſpiegelglaß
für die ſcham gemacht was.
er ſprach: habe danck, herolt,
seit ſye nicht thuen wolt,
das du ſie haſt verpicht;
wie hart wir ſein erſchrickt,
das sollen wir alſo verklagen.
ich will dir für ware sagen:
auff mein trewe, dyemud,
ez wer dir zwirnot als guet,
du hettest jn laſſen mynnen:
wann es wirt wachſſen begynnen
nahent vndt ferren,
vor frawen und vor herren,
und ervert ez ein ſchreiber,
eyn alſo wonderlich mere,
der begond etwas darauß machen,
daz ſein die leute werden lachen.

II (F Giessener Hs.)

Der wirt lief auch gehlingen dar
und wolt des wunders nemen war,
wie ſeiner dir⟨e⟩n wer geſchehen.
da wart er zwiſchen die pein ſehen.
er ſprach: hab danck, mein knecht Herolt,
da ſie deinen willen nit tun wolt,
das du jrs ſo hübſchlich haſt verpicht,
das manche noch vor dir erſchrickt.
nu ſprich ich es iedoch: Demut,
es wer dir nahent zwir als gut,
du heſt ſein willen hie gethan,
als das du ſolch *geſpött* muſt han.

III (DL Cgm 713^4.)

Da kam gelaufen dar der man
und wolt das wunder auch ſehn an.
als pald als er da plicket dar
da wart er alſo ſnell gewar,
das ir mit pech ein spiegelglas
für die scham gepichet was.
er ſprach: 'hab dank, mein lieber knecht!
du haſt ein hübsch ſtraf auserſpecht;
darumb das ſie dir hat verſacht,
haſtus zu großem *gſpötte* pracht.

Auf den ersten Blick könnte es scheinen, als gingen die Rezensionen II und III beide auf I zurück. Aber bei genauer Betrachtung des gesamten Textes stellt es sich heraus, dass Rezension II und III gegen I so oft zusammenstimmen, dass sie notwendig von einander abhängig sein müssen. So haben z. B. Vers 21 ff. (nach meiner Zählung) II und III die sehr auffallende und echt Rosenplütsche Lesung:

und ſenkt ſich nider (III ſank fürn ofen) in die aſchen
und ließ do plecken[1] (II plehen) die untern taſchen,

dagegen I (472_{2-5}):

und leyt ſich für den ofen nyder.
alſo ſeit man uns ſieder,
daz die zu minne recht lack,
und keyner gedeck nicht enpflag.

Rezension II und III sind präziser. Sie sagen das in zwei Versen, wofür I vier braucht, darunter einen deutlichen Flickvers 472_3. Ich möchte daher die Meinung vertreten, dass I (die Karlsruher Hs.) geändert hat, dass I, II und III auf ein Original zurückgehen, das I ziemlich stark verändert und dem II, III vielfach noch näher stehn, vor allen Dingen in metrischer Beziehung. Und zwar sind bei den Änderungen von I gerade Eigenheiten herausgebracht wurden, die für Rosenplüt charakteristisch sind. Um ein weiteres Beispiel zu wählen: in I (Erz. 473_4 ff.) heisst es:

Da gieng die wirtin dar
Vnd wolt nemen war,
Waz der dyrn were geſchehen.
Sye begond ir zwiſchen die beyn ſehen,
Da ſach ſie ein groß fewr jnnen
In dem ſpiegel prynnen.

Statt 473_7 heisst es im 'Spiegel' nach D und Cgm 713 mit einem bei Rosenplüt sehr beliebten Reim *da ſie nu zu ir wurde nehen.* Man sieht nicht recht ein, weshalb der Bearbeiter den unanstössigen Reim *geſchehen* : *ſehen* verändert haben soll, während sehr wohl zu begreifen ist, dass das Rosenplütsche *nehen* statt *nahen* Schreibern anstössig sein konnte, denen die umgelautete Form ungeläufig war. Auch denen von FGiess.L war sie anstössig; denn sie lesen ähnlich wie die Karlsruher Handschrift *Vnd wart ir*

[1] vgl. Fnsp. 100, 763_{25}: *wenn ſies in ſeiner hand ſehn, plecken.*

auch (fehlt F Giess.) *zwiſchen die pein ſehen.* Der Vers kehrt 437 25 wieder und schon 472 29 stand eine ähnliche Wendung. Wer nicht *nehen* für das Ursprüngliche hält, muss also annehmen, dass sich nicht etwa schon in einer gemeinsamen Vorlage für die sämtlichen Handschriften der Rezensionen II, III, auch nicht einmal in der für sämtliche der Rezension III, sondern erst in der für D Cgm 713[4] die Rosenplütische Wendung eingeschlichen hat. Dann wäre also gar dreimal ein Schüler Rosenplüts, der sich in seinen Stil eingelebt hatte, über das Gedicht gekommen. Ich halte das für unwahrscheinlich. Auch in den beiden folgenden Versen kann ich nicht umhin, die Lesung der jüngeren Handschriften für das Ursprüngliche zu halten:

da ſach ſie in dem ſpiegel auch
prinnen ein feur und reuchen (D *reichen,* Cgm 713 *richen,*
L *riechen*) rauch.

Das Wort *reuchen* mochte den Schreibern Anstoss bieten. F (Giess.) haben:

da ſach ſie in dem ſpiegel ein feuer
und einen rauch (Giess. *ain rauchen*) gar ungeheuer.

Die Karlsruher Hs. wiederholt nur 472 30 f.

An andern Stellen würde wenigstens eine konsequente Verbesserung vorliegen von der Karlsruher Hs. zur Vorlage für FGiess. und weiter zur Vorlage für DL Cgm 713. Vgl. Erz. 473 16 ff.:

Dye frauwe ſprach ymmer mer:
'Lieber wirt, gee her
Und ſchaue das gröſt wonder hie'.

FGiess.: Die frau rief irem man auch dar:
'Kum her, mein lieber man, nim war
Des allergröſten wunders hie'.

DL Cgm 713:
Da ruft (D *rieff*) im zaulich (L *zeitlich*) dar die frau:
'Kum her, mein lieber man, und ſchau
Des allergröſten wunders hie'.

Offenbar ist die letzte Fassung sozusagen die originellste. Die Karlsruher Hs. hat den trivialsten Reim und hat ein deutliches Flickwort dazu nötig, um ihn herzustellen. Der Reim *dar* : *war*, den FGiess. hat, kommt wenigstens gleich noch einmal vor (V. 77 f. = Erz. 473 28 f.). Auch ist schon von anderer Seite darauf hingewiesen worden, dass die Karlsruher Hs. mit ihren Vorlagen ziemlich frei verfuhr. Für den Spruch „Von dem Pfaffen mit der Schnur“, dessen älteste Behandlung von Herrant von Wildonie herrührt (ed. Kummer No. II, Gesamt-Abenteuer II, 337), hat Wendeler, Wagners Archiv 408 vermutet, dass die in der Karlsruher Hs. erhaltene Fassung (Erz. 310 ff.) nichts als eine Bearbeitung der Bearbeitung ist, als deren Verfasser sich in F 164—176^b Meister Hans Awer nennt. Allerdings bleibt zu untersuchen, in welcher Beziehung der Verfasser jener Form der Erzählung 'Vom Pfaffen mit der Schnur', wie sie die Karlsruher Hs. bietet, zum Verfasser der Geschichte vom 'Maler' in dieser Hs. steht. Sie zeigen einiges Verwandte in der Technik. Die Art der Verhandlung zwischen Frau und Pfaff ist ganz ähnlich. Bemerkenswert ist, dass es hier wie dort heisst: *Die red ich nu kurzen wil* (319 14), *Die red ich kurzen wil* (174 21). Auch bei dem Gedicht „Von dem Zwetzler (oder Zwatzler)“ darf die Fassung der Karlsruher Hs. Bl. 112^c (Kellers Erz. 401) nicht einfach als die Vorlage für die Fassung in Y 38 (Erz. 407) angesehen werden. Bei dem Gedicht „Von dem Streit zwischen dem Zagel und dem Gold“ ist die Fassung der Karlsruher Hs. 194^c (Erz. 435) noch fragmentarischer als die ebenfalls verstümmelte, aber doch besser erhaltene in Cgm 5919, 258^b (Erz. 437).

Was wieder den 'Spiegel' angeht, so will ich immerhin die Möglichkeit nicht unbedingt ableugnen, dass das Gedicht immer sorgfältiger und sorgfältiger überarbeitet wurde, namentlich wenn man annimmt, dass der Dichter selbst an seinem Werke feilte; aber für den, der die Handschriftenfabrikation des 15. Jahrhunderts kennt, ist diese Möglichkeit doch keine Wahrscheinlichkeit.

Es ist nur selbstverständlich, dass sich auch Stellen finden, an denen die Karlsruher Hs. sicher das Ursprüngliche bietet und die andern Hss. zum Teil verschieden geändert haben, so 473 19 (*das gröſt wonder hye*) *Daz got auff erden nye begye*, wofür FGiess. haben: *Das got auf erden nie gelie*, offenbar weil ihnen die Form *begie* nicht recht geläufig war, DL Cgm 713 aber: *Das du haſt vor* (fehlt Cgm 713) *geſehen* (D *du vor geſehen haſt*) *nie.*

Wie man sich indessen auch das Verhältnis von Rezension II und III zu I vorstellen mag, so darf für die Überlieferung doch nicht übersehen werden, dass sich, abgesehen von dem Fehlen der Rezension I auch für den 'Maler von Würzburg' die Handschriften ganz in derselben Weise gruppieren, sodass wir annehmen dürfen, dass die Handschriften beider Gedichte auf dieselben beiden alten Vorlagen zurückgehn, die für uns F und die Giessener Hs. einerseits, LD Cgm 713 andrerseits repräsentieren. Diese Gleichartigkeit der Überlieferung verbietet uns sie zu trennen, und ohne die schwerwiegendsten Gründe den 'Maler' einem andern Verfasser zuzuschieben als den 'Spiegel'. Aber auch im 'fahrenden Schüler' findet sich, sehr deutlich ausgeprägt, eine Sonderstellung von F Giess. gegen DL (Druck *h* scheint eine dritte jüngere Rezension zu repräsentieren); ähnlich auch im 'Knecht im Garten', und in der 'Wolfsgrube', wo zu F und der Giessener Hs. (soweit letztere das Gedicht giebt) noch Y tritt im Gegensatz zu D. Im 'Hasengeier' stehen sich wenigstens G und D mit stark abweichenden Lesungen gegenüber. Das alles deutet darauf hin, dass diese 6 Gedichte, die innerlich, was man auch für Unterschiede heraustifteln mag, entschieden verwandt sind, eine gemeinschaftliche Textgeschichte haben und einst in zwei alten Handschriften vereinigt waren, aus deren einer F Giess. Y, aus deren anderer LD Cgm 713 geflossen sind. Wahrscheinlich gehören sie zu Rosenplüts ältesten Dichtungen.

Dass das Gedicht „Mutter und Tochter" Rosenplüt gehöre, wage ich nicht mit gleicher Sicherheit zu behaupten. Das Mädchen benimmt sich wie die Frau im 'Barbierer'. Sie sucht einen, der ihr ihr *ſenen püßen künd* (Hätzlerin 305 12) vgl. Barbierer, Erz. 427 12 *Meiſter, macht Ir mir den kumer nit piſſen?*; vgl. auch Knecht 47 ff. *Ich hab ein frumen eling man, Der mir ein ſolchs wol püßen kan* (Sie leidet, wie Rosenplüt das anderwärts ausdrückt am „Nachthunger" vgl. Roethe, ADB 29, 226). Die Mutter übernimmt die Rolle des Arztes.

Die mûter ſprach: mein liebes kind,
als ich an deiner weis empfind,
der maytumb dir gar nahent leit. (?)

(Hätzlerin 305 12 ff.) vgl. Barbierer, Erz. 428 2 ff.:

o wie pald ich da empfandt
was derſelben frauen was!

Die Lehren der Mutter stimmen zu dem Verfahren der Frau im Hasengeier 30 f.:

wan sie neur lieb het zu den mannen,
die in dem peutel waren ſwer.

Der arme Edelmann wird verschmäht. Vgl. Hätzl. 306 25 ff.:

Weſt ich das er hett pfennig vil,
So ließ ich nit, ich gab im zil (vgl. oben S. 143),
Was er aber ein ſölcher man
das er wolt zalen vf porg,
ſo zelt ich im ein widerſorg u. s. w.

Wie die Mutter rühmt, sie habe es verstanden ihre Opfer zu rupfen:

Heimlich ich in der taſchen ſucht:
was ich vand, was im verloren.
ich hab manigen vßgeſchoren.

(Hätzlerin 306 50 ff.), so klagen die Eheweiber bei Rosenplüt über die Buhlerinnen.

wann er ir obn im puſen ſteckt
und um das maul get leckn und naſchen,
dieweil ſo raumpts im untn die taſchen.

(Brünnlein 111 ff.). Über den Ausdruck *aus ſchern* vgl. oben S. 171.[1]

Zu Hätzlerin 57 f.:

Ich ging barhaupt und ſchweig
Vnd lôſet pfennig vß der n e i g.

vgl. Brünnlein 99 ff.:

Wenn sie dan im mit trüber n e i g
Den durſt gelöſcht die ſnöd, die feig.

[1] Vgl. auch noch Welt 409 f. *O werlt, du poſer, karger wirt, Wie gnau dein ſcharſach ungwetzt ſchirt*, Klagen 74 ff.: *ſein meſſer vil geneuer ſchirt ... Dan ie kein ſcharſach neu gewetzt* (Knecht 56: *kein ſcharſach nie ſo wol geſneit*).

Zu Hätzlerin 71 f.:

> Wann in was der peutel lär,
> So waren ſij mir gantz vnmär.

vgl. Hasengeier 151 f.:

> Wer leicht und ring im peutel iſt,
> Der wirt gefürt zu langem friſt.

Zu Vers 92 f. (nach D):

> Solch pfenwert und ſauers pier
> Die ſol man geben von der hant,

vgl. Wolfsgrube 85:

> Dieweil die pfenwertkauf künn ſein.

Roethe ADB 32, 99 vermutet, dass unser Gedicht denselben Verfasser habe wie der Spruch „von einem Mönch" der aus Cgm 5919 bei Keller Erzählungen 242 ff. abgedruckt ist, und als dessen Verfasser sich *Hans Schneperger* nennt. Es liege der Verdacht sehr nahe, dass die Handschrift mit ihrem *hans ſchneperger* den bekannten Dichternamen Hans Schnepperer meinen. Sollte es wirklich anzunehmen sein, so ist doch Rosenplütsche Autorschaft, an die übrigens auch Roethe nicht glaubt, für den 'Mönch' abzulehnen. Abgesehen davon, dass sich gar keine Anklänge an Rosenplüts Dichtungen finden lassen, ist er für Rosenplüt viel zu gewandt erzählt. Wo verstände dieser so knapp zu rekapitulieren wie Schneeperger Erz. 249 10 ff.:

> Sagt im alle ding wider und für,
> Den garten vnd die hinter thür,
> Manglung des mans, pach, lind vnd venſter,
> Dar durch das liecht wurdt han ſein glenſter
> Vnd wy etc. — ?

Vgl. auch 249 27 ff. — Dagegen halte man etwa die schwerfällige Rekapitulation im 'Knecht'. Auch die bewegte Apostrophe an die Liebe am Schluss des Gedichtes möchte ich Rosenplüt schlechterdings nicht zutrauen. Die Gewandtheit und Frische des Vortrags scheidet das Gedicht auch sehr merklich von dem langweiligen Spruch 'von Mutter und Tochter'. Was Roethe zu der Vermutung gleicher Verfasserschaft brachte, ist wohl der Umstand, dass in beiden Gedichten sich die Buhlerin der List bedient, einen Schwamm auf den Kopf zu binden, dessen herabfliessende Tropfen die Thränen ersetzen müssen. Es ist das ein Zug, den der Verfasser des Spruchs von einem Mönche nicht seiner Quelle (Decameron 3, 3) verdankt. Er wird ihn eben einfach aus dem Gedicht 'von Mutter und Tochter' übernommen haben. Von dieser Seite aus erhebt sich kein Widerspruch gegen Rosenplüts Verfasserschaft des Gedichts 'von Mutter und Tochter'.

Mit dem Gedicht „vom Pfennig" verhält sichs ganz ähnlich wie mit dem 'von den Handwerken'. Es ist die Überarbeitung eines älteren Gedichtes, dessen Metrik im Wesentlichen gewahrt ist. Dass der Überarbeiter Rosenplüt gewesen sei, ist durch nichts zu beweisen.

Rosenplüt entschieden absprechen möchte ich auch das erste der beiden in D überlieferten Gedichte „von unserer Frauen Schöne" (UFSchön I). Es nimmt allerdings eine sehr merkwürdige Stellung ein. Es findet sich eine Fülle ganz entschieden Rosenplütscher Bilder und Vergleiche, Rosenplütscher Wendungen, wie sie namentlich in UFSchön II, der 'Turteltaube', in 'Frau und Priester' und im 'Lob der fruchtbaren Frau' begegnen. Selbst ein so auffallender Ausdruck wie die Bezeichnung Gottes als *götlicher weiſer Salomon* (238) kehrt wieder; vgl. Fruchtb. 39 f.:

Und gaben zeugnus auf iren halmen
Der [groſſen] weisheit des himliſchen Salmen.

Vgl. ferner König im Bade 280 f. von Maria:

Du angeſigende Judith,
Du überpietende ſchön Heſter;

ebenda 276 *Aufhaltrin des helliſchen Phaaron* (d. i. des Teufels). Aber Rosenplüt pflegt sonst nicht Verse mit weiblichem Ausgang und nur drei Hebungen unter männliche und weibliche vierhebige Verse zu mischen. Vgl. schon den Anfang:

Götlicher geiſt der herzen kranz,
Der ſünder paveſen und glanz
Du höchſte kron der ere,
Götlicher tugend ſphere.

An Textverderbnis lässt sich bei der Häufigkeit mit der die dreihebigen Verse auftreten, und bei der sonstigen Beschaffenheit des Gedichts nicht denken. Auch überschreitet das eingestreute Latein wenigstens um etwas das Mass dessen, was Rosenplüt sonst leistet. Der Reim *ſtreuen* : *frauen* 231 f. ist Rosenplüt auch nicht recht zuzutrauen. Hier scheint also direkte Nachahmung Rosenplüts vorzuliegen und zwar ganz bewusste, die an talentvolle Fälschung streift. Haben wir es mit einem frühen Gedicht von Folz zu thun?

Die kleinen obszönen Gedichte, die D weiterhin bringt, dürfen wir Rosenplüt absprechen und für Nachahmungen erklären. Es kommt wenig darauf an: denn sie machen den Eindruck von Improvisationen und würden auf alle Fälle der übrigen Masse Rosenplütscher Produktionen gegenüber in zweite Linie rücken. Auch würde hier der Rahmen der Untersuchung unnötig erweitert werden, wenn wir uns auch ausserhalb des in der Handschrift D Überlieferten mit zweifelhaften Rosenplütschen Gedichten beschäftigten, da es sich lediglich darum handelt, für die Beurteilung der Fastnachtspiele einen haltbaren Unterbau zu gewinnen [1]. Und nun zu diesen.

7. Rosenplüts Fastnachtspiele.

a. *Stück 100.*

Dafür das Stück 100, das ihm, wie wir sahen, von zwei Handschriften (FP) zu, von den andern wenigstens nicht abgesprochen wird, wirklich Rosenplüt gehört, spricht die Art der Aufzählung, zunächst die Vorliebe für bestimmte Zahlen. Man kann diese im 'Spruch von Nürnberg' (etwa 70 ff.), aber auch in andern Rosenplütschen Dichtungen beobachten. Im 'Krieg von Nürnberg' werden Truppenzahlen und ähnliche Daten sehr genau gegeben. Damit vergleiche man Stück 100. Es soll ein Turnier stattfinden. Der König Artus will ein Pferd verschenken, das 52 Mark Goldes wert ist (762_{18}); es trägt eine Decke, bestickt mit 100 Perlen (762_{20}) und an der Stirn mit 100 Diamanten besteppt. Die Königin

[1] Über Rosenplüts angebliches 'Memorial der Tugend' (Keller 3, 1081. 1152), das in Wahrheit mit dem 'Spruch von Nürnberg' identisch ist (Dresdener Hs. M 50^d^), vgl. Archiv f. Litteraturgesch. 9, 441 ff.

verspricht als zweiten Preis ein Halsband mit vier Edelsteinen (763_{6}), deren jeder 100 Karat an Gewicht haben soll (763_{12}). Dem dritten Kämpfer soll ein Schwert werden, dessen Scheide 1000 Nobel wert ist (763_{19}); der Faulste soll einen jährigen Esel mit 1000 Schellen haben, jede 10 Lot schwer u. s. w. (765_{17} ff.). In Rosenplüts Art ist auch die geographische Aufzählung vgl. Sp. v. Nürnberg 192 ff. 231 ff., Rosenplütisch ferner die Aufzählung von Edelsteinen vgl. Kaiserin 195 ff. u. a. Bei Rosenplüt begegnen auch sonst Worte wie *angutzen* (z. B. Tinte 49), *ſchmutzen* (UFSchön II 156), *plecken* (Spiegel 22). Nach Creizenach, Geschichte des neueren Dramas I, 430 wird das Stück in die Zeit zwischen 1430 und 1440 gehören: „denn mit dem Herzog Schwidrial von Reussen (761_{21}) kann kein andrer gemeint sein als der Grossfürst Swidrigiello von Litthauen, der gerade in dem gegebenen Zeitraum die Aufmerksamkeit Westeuropas auf sich lenkte“.

b. *Die Stücke der Dresdener Handschrift und Verwandte.*

Von den übrigen in D überlieferten Stücken 42. 96. 41. 88. 49. 39. 46. 108. 109. 19 stehen die Mehrzahl unter sich deutlich in einem Konnex, indem einzelne Verse und ganze Partieen in mehreren Stücken begegnen.

Von Stück 39 begegnen Verse in der Rede des 17. Bauern von 45; aber nur in einem Teil der Hss. (s. u.). Mit Stück 99 hat 39 die Rede des Ausschreiers in 𝔅M gemeinsam; in den andern Hss. hat diese Rede Verwandtschaft mit der in Stück 19, die wiederum auch mit Stück 40 Ähnlichkeit hat. Sie ist aber in Stück 19 nur durch DW überliefert. Beachtenswerter ist also ein schwacher Anklang an St. 108, ein zweiter zugleich an 40. 88. 109. 108 hat Berührungen (die sich nicht direkt als Entlehnungen kennzeichnen) mit 40. 42. 19. 102 ferner auch mit der 'meisterlichen Predigt'. 40 zeigt Berührungen mit 88. 42. 19. 41. 87. 102. 86K; 88 mit 41. 87. (43 Folz); 109 mit 41. 92. 95 (45); 42 mit 27. 116. 97 (45). 46. 19; 41 mit 95. 109. 86; 19 hat keine Anklänge von Bedeutung; 102 zeigt einen schwachen Anklang an 87; 87 zeigt einen Anklang an die 'meisterliche Predigt'; 86 dagegen enge Berührung mit 59 = 95 und einen Anklang an 30. (Die Berührung mit 93 beruht wohl auf Entlehnung dieses zusammengestohlenen Stückes); 92 zeigt Berührung mit 99. 116; 95 = 59 hat weiter keine Berührungen (denn 93 wird entlehnt haben). Auch 27 ist ohne Anklänge von Bedeutung; ebenso 46. 116 erinnert an 93. 97 zeigt einen Anklang an St. 36 (Fragment).

Die Stücke 39. 108. 40. 88. 109. 42. 41. 19. 102. 87. 86. 92. 95. 59. 27. 46. 93 gehören also einem gemeinsamen Kreise an, das heisst:

Handschrift D giebt uns ein Bild von dem dramatischen Wirken Rosenplüts und seiner Nachahmer. Sie zeigt zugleich, dass der Kreis zu erweitern und auch aus den übrigen Handschriften Material mit Vorsicht herangezogen ist. Leicht ist es Rosenplütsche Verse, Einfälle, Phrasen, Bilder als solche zu erkennen. Rosenplüt schreibt sich selbst aus. Aber mit seinem Eigentum haben auch andere nach Belieben geschaltet. Es kann nicht zweifelhaft sein, wenn wir die Stücke, wie sie uns in den Handschriften vorliegen, betrachten, dass viele stark zerspielt sind. Kleine Gesellschaften zogen in Nürnberg herum und schnitten sich aus alten Dramen fortwährend neue zurecht für ihre Bedürfnisse. Neue Stücke waren leicht zu dichten für den, der dies und jenes der älteren mitgespielt, die Verse auswendig gelernt und einen hübschen Schatz im Gedächtnis behalten hatte. So entstehen Dichtungen von Männern, die ich als Rosenplüts Schule bezeichnen will. Als methodische Grundsätze für die Erkennung von Rosenplüts eigenen Dichtungen werden sich folgende aufstellen lassen: ein Stück darf desto mehr Anspruch darauf erheben, für Rosenplüts Eigentum gehalten zu werden, 1) je besser oder verständiger es komponiert ist; denn es ist selbstverständlich, dass der, welcher mit eigenen Einfällen arbeitet, sie verständiger verwertet, als der, welcher fremde benutzt; 2) je grösser die Summe neuer origineller Wendungen ist im Vergleich zu den auch sonst verwerteten, vorausgesetzt natürlich, dass sie sich mit dem Bilde vertragen, das wir von Rosenplüt haben; denn es ist selbstverständlich, dass der eher das Bedürfnis fühlen wird, wieder Neues hervorzubringen, der überhaupt einmal Neues geschaffen hat, als der, welcher vom Überlieferten lebt. Auch darf man die Wiederbenutzung Rosenplütscher Wendungen verschieden beurteilen. Die Wiederkehr einer seltenen Wendung spricht eher dafür, dass der Dichter selbst es ist, der sie von Neuem benutzt, weil sie andern weniger leicht im Gedächtnis haften bleiben musste als — sei es vom Dichter, sei es von andern — öfter wiederholte Kraftstellen. Ferner darf man auch auf grössere oder geringere Ausdehnung der Überlieferung und das Alter der Handschriften ein Gewicht legen.

Politische Stücke.

Aus der grossen Masse der Stücke hebt sich zunächst Stück 39 heraus als sicher Rosenplüt gehörig. Es dient der Verherrlichung Nürnbergs wie Rosenplüts 'Spruch von Nürnberg' und 'Krieg von Nürnberg'. Selbst der Türke geniesst den Schutz der freien Reichsstadt, und vergebens möchten ihn seine Feinde antasten. Vgl. Spr. v. Nürnberg 377, wo es von den Nürnbergern heisst:

Ir ere hat noch nie gehunken.
Wie übel man in ie hat [nach]gſprochen[1],
Noch hans ir ſigel [noch] nie zeprochen
Und nie an keim ir gleit zudrumt.

So rühmt sich der Vertreter Nürnbergs in Stück 39, niemand, auch nicht der Kaiser, werde das Geleit zertrennen. Zum Ausdruck *Es müßt im neun mal werden zu ſauer* vgl. Spr. v. Nürnberg 158 *Kein fürſt ward gein in nie ſo ſaur.* Im Übrigen entspricht die Tendenz des Stückes ganz der von Rosenplüts sonstiger politischer Dichtung. Wie im 'Lied von den Türken' erscheint die Türkengefahr als Strafe für den politischen und sozialen Jammer in Deutschland. Der sonst streng kirchliche Dichter stellt sich einen Augenblick auf den Standpunkt der Türken: in der Türkei herrschen nicht die Übelstände, die Deutschland und die Christenheit quälen. Dieser Standpunkt ist nicht ganz so befremdlich, wie es auf den ersten Augenblick scheint. Durch das zunehmende Interesse für die Reiselitteratur neigte die Zeit

[1] Vgl. (39) 291_{11} Darumb ſol in niemant ubel ſprechen.

dazu, sich die Länder der Heidenschaft utopistisch vorzustellen. Bei Johann von Mandeville, den Rosenplüt gewiss kannte, heisst es vom Lande des Chans zu Cathay: *In dem Land ist gut Fried und recht Gericht, Mörder und Diebe, und wer unrecht thut, Den tödtet man bald* (Ausgabe von 1697 S. 164, vgl. auch Seite 141. 192)[1]. Das klingt an das an, was von den Türken bei Rosenplüt gesagt wird. Der Türke will vor allen Dingen *guten frid und sun machen* (289 10). Der klagende Ruf nach Frieden geht hindurch durch Rosenplüts politische Dichtungen. *In frides gart wechst glück und seld*, heisst es Spr. v. Nürnberg 398 ff.

wo unfrid ist da haglts und schaurt,
ein ieglich creatur die traurt,
wan es in fride sucht sein speis.

Über den mangelnden Frieden jammert der Dichter Türken 29, 1, Klagen 220. Darum wird Einsiedel 155 ff. Octavianus gerühmt als ein Kaiser des Friedens. Auch (39) 297 8 f. begegnet der für Rosenplüt bezeichnende Reim *keiser* : *reiser*:

Ich pin ein pot vom römischen keiser
Zu dir du vnglaubiger weitreiser.

Vgl. oben S. 139. Wie von Octavianus in der 'Kaiserin' so wird von dem türkischen Kaiser gerühmt, dass er fromm sei und darum ein so grosser Herrscher.

Kaiserin 1 f.:

Zu Rom da saß ein Keiser mechtig,
Der was gen got so gar andechtig u. s. w.

(39) 290 17 f.:

Unser hoher fürst ist reich und mechtig
Und ist gen seinem got andechtig.

Kaiser, Fürsten und Adel trifft die Anklage des Dichters, gerade wie im 'Einsiedel' und den 'Klagen' auch. Wie der Pfarrer klagt (Klagen 153 ff.):

Wucher, epruch und swer neu tetz
Die ding man nimer für sünd schetz
. . .
Hoffart ⟨und⟩ spil und meineidswern
Der künnr keins auf der kanzl erwe n,

---

[1] *Der groß chan* wird bei Rosenplüt zitiert Spr. v. Nürnberg 86.

so werden hier unter den neun Stücken, die Gott an der Christenheit rächen will, genannt (293_{23} f.):

> Ir hoffart, wuocher und ir eeprechen.
> Das vierd iſt ir meineid ſchwern,
> Das ſolten die oberſten haupt in wern
> . . .
> Das achtent neu zöll und ſchwär dätz,
> Davon man ſamlet haimlich ſchätz.

Wenn so neun Stück aufgezählt werden, so vergleiche man ähnliche Reihen etwa im Spr. v. Nürnberg 225 ff. *Sibn ſprach in aller criſtnheit ſein*, 297 ff. *Fünf heilig ſtet ſind in der welt*, Türken 25, 1 *Dreu ding die wolln wider got ſich viern* u. s. w. In ähnlicher Weise wie in Stück 39, aber ohne direkte Zählung fasst Klagen 205 ff. der Herold das Sündenregister der Zeit zusammen, und wie es dort am Schluss heisst:

> Die ſtück all got größlich verſmahen (V. 222),

so hier:

> Das will in got nicht überſehen (264_{18}).

Klage über die ritterlichen Räuber begegnet 289_{16} ff. vgl. Einsiedel 132 f.; 296_{11} wird über die Untreue der Menschen gegeneinander geklagt (vgl. Klagen 208), 296_{12} über *bös müntz* (vgl. Klag. 217), $296_{13.\ 19}$ über falsche Richter und ungetreue Amtleute (vgl. Klag. 211 f.). Die rhetorische Frage begegnet 296_{17}, 296_{22} vgl. oben S. 138. Wie im 'Einsiedel' V. 157 die Bibel zitiert wird, so hier „die Bücher": 293_{9} *Wir haben geleſen in den puochen.* Dass die Hohen die Niederen verschmähen (294_{11}), erscheint als eine schwere Sünde, wie Einsiedel 208 von Christus gerühmt wird: *Und het die armen nit verſmecht.* Den Pfaffen wird 296_{17} vorgeworfen, dass sie *hohe roß reiten*, wie Eins. 247 geklagt wird, dass *wer nu ſtark iſt und wol geriten* am ehesten ein Bistum erlange. — Wie im 'Türkenlied' verlegt sich Rosenplüt aufs Prophezeien. Er giebt sich den Anschein astrologischer Kenntnisse: 294_{19} ff. vgl. Türken 19 und auch Ärzte 61 ff. Wie in den 'Türken' spielt Rosenplüt mit Zahlen.

Vgl. Türken 18, 1 ff.:

Da eins [und] vier dreu und eins man ſetzet,
Da wart der ar von der euln gletzet
Und treip in auf ein ecke.

Türken 39, 1 ff.:

Wan eins [und] vier fünf und neun man ſetzet,
So wirt der ſenſn ir ſchartn ausgwetzet.

und (39) 294 15 ff.: [1]

Wann eins und vier und fünf und ſechs
Ir datum wirt, ſo kumt daus es
Und ſtraft ſes zing umb die neun ſtück.

Das heisst: es wird für das Jahr 1456 mit versteckten Worten eine Revolution in Aussicht gestellt; denn *taus es* ist das gemeine Volk, *ſes zing* der Adel; vgl. Krieg v. Nürnberg 105 ff.:

Da vierzehn hundert [und] fünfzig jar,
Nach Kriſt gepurt das datum was,
Da macht got ſein gnad offenbar,
Das taus es vor ſes zink genas

und Liliencrons Anmerkung (Hist. Volkslieder I, S. 429).

Wenn in sprüchwörtlichen Redensarten Bilder aus dem Tierleben verwertet werden, 295 1 f.

Wan wer einen fuchs wil fahen bald,
Der hetz in nicht in dicken wald,

so vergleiche man die Verwertung des Tierlebens namentlich im 'Lied von den Türken'.

Auch an die nichtpolitischen Gedichte Rosenpüts finden sich Anklänge. So ist 291 19 *Du fechſt nit fiſch in diſem bach* zu vergleichen mit Knecht 40 ff.:

Noch ſag ich dir zwar du wirfſt fel
Du fechtſt nit fiſch in diſem ſe.

292 7 *Du wirſt dich anders ſelbſt in ein wolfgruob fellen* ist wohl eine Art Anspielung oder Reminiszenz an das Gedicht 'von der Wolfsgrube'.

„*Das iſt dem adel ein groſze ſchant*“ — dieser Vers aus Stück 39 (288 18) kehrt in Stück 78 (646 28) wieder. Beide Stücke sind nicht von einander zu trennen. Rosenplüt ist unzweifelhaft auch der Verfasser von Stück 78, das

[1] nach MXB.

weniger klar und eindringlich dieselbe politische Weisheit predigt wie Stück 39. Der Reichsstädter redet, der Proletarier. Die Klage der Armen soll, wenn auch nur im Schauspiel mahnend ans Ohr von Pabst und Kaiser dringen, die flehentliche Bitte: Herr gieb Frieden. Wie vom türkischen Kaiser gesagt wird, er wolle *machen guten frid und ſun*, so wollen Papst, Kaiser, Kardinal und König, Fürsten, Bischöfe, Grafen, Ritter und Knecht in Stück 78 *all ſach ſchlecht machen*: mit melancholischem Doppelsinn setzt der Dichter hinzu: *geſchicht das, ſo müg wir alle wol lachen.* Es wird nicht geschehen, ist der Sinn des Stückes; eine müde Verzweiflung am heiligen römischen Reich thut sich kund. Einer klagt über den andern; aber keiner der Herrschenden verzichtet zu Gunsten des allgemeinen Besten. Es ist der traurige Ton der 'fünfzehn Klagen', den wir auch hier wieder vernehmen. Wie anders später bei Hans Sachs, wenn die Stände Revue passieren! Der kennt keine Verbitterung, und wenn er gescholten hat, fliegt um seinen freundlichen Mund rasch wieder ein Lächeln und sein Beschluss lautet immer wieder: Die Welt ist doch gut trotz aller Schäden. Ein Ritter klagt in Stück 78 im Namen der Armen dem Papst über die streitsüchtige Geistlichkeit. Der Papst wendet sich an den Bischof und verlangt Rechtfertigung. Der beruft sich darauf, dass sie es den Fürsten gleichthun müssen, um ihre Stellung zu wahren. Die Fürsten also sind Schuld; und die geistliche Gewalt, der Papst, wendet sich durch einen Vertreter, den Kardinal an die weltliche Gewalt, den Kaiser, und bittet um Abstellung der Übel.[1] Laut dringt

---

[1] Im Stück, wie es vorliegt, erscheint der König als Mittelsmann zwischen Kardinal und Kaiser. Es berührt wunderlich, dass in einem Stück, das die Verhältnisse des heiligen römischen Reichs so scharf beleuchtet, ein vom Kaiser, geschiedener König angenommen wird. Ich vermute, dass an den drei Stellen, wo das Wort *kunig* steht, *kanzler* zu lesen ist. Dann entsteht ein sehr genauer Parallelismus. Wie der Kardinal die Geschäfte des Papstes führt, so der Kanzler die des Kaisers. Sie stehen auf gleicher Stufe (643_8 lies: *Daz der kanzler und cardinal*). An den Kanzler, seinen Kollegen, wendet sich der Kardinal (644_2 *Hört, herr kanzler, es geht euch an*), damit er mit seinem Herrn die Mittel zur Abhülfe der Übelstände beraten soll, wie es denn seiner eigenen

die Klage ans Ohr des Herrschers; einer der Fürsten (*der herzog*) wird als Friedensstörer direkt bezeichnet. Er beruft sich darauf, dass er seine Ritter und Mannen beschützen müsse; der Friede mache Bauern und Städter zu üppig. Vergeblich wirft *der dem kaiſer des ſchwert vortregt* ein, noch nie habe Friede einem Lande Unglück gebracht — er spricht die Wahrheit, wie auch sonst bei Rosenplüt die frommen Herolde die Vertreter der Wahrheit sind —: der niedere Adel, vertreten durch den Ritter, stimmt dem kriegerischen Fürsten bei:

> ſolt es allweg frid bleiben,
> die pauren würden den adel vertreiben.

Der Krieg allein ist dem Adel nützlich. Es ist doch wohl derselbe Ritter, der 642 15 ff. gesprochen hat, obgleich dort die Überschrift der Handschriften *der erſt Ritter* anzudeuten scheint, dass mehrere Ritter auftreten. Erst dadurch schliesst sich das Stück zu einer vollendeten Satire zusammen. Die ganze Bitterkeit der Stimmung wird deutlich: der welcher zuerst das Wort für die Unterdrückten führte, wird ihr Gegner in dem Moment, wo er sich selbst bedroht sieht. Auf ihm bleibt die Anklage haften, die im Namen der Armen einer der ausserhalb der Stände steht, der Narr, schleudert. Es ist ein „kluger Narr“ wie Rosenplüt in seinem Spruchgedichte den klugen Narren zum Vertreteter weiser Lehren gemacht hat. Kein Zweifel, dass er selbst sich gern in die Person des Narren hineindachte, indem er selbst sich als der Ungelehrte, der Autodidakt, der Plebejer fühlte, der doch den Schriftweisen und Hohen seinen Rat nicht vorenthielt. Hat er sich aus ähnlichen Empfindungen heraus auch als *Snepperer*, als *Swetzer* bezeichnet? Die Worte des Narren verhallen; er erntet übeln Dank: so verzweifelt der Dichter an der Wirkung seiner eigenen Worte.

Anklänge an verwandte Rosenplütsche Dichtungen fehlen

Aufgabe und der Würde des Kaisers entspricht (644 8 f. *Das ſolt ein kanzler beſtellen wol : Ain keiſer rechtes helfen ſcholl*). Und so geschieht es denn auch.

auch hier nicht. Wenn der Papst die Bischöfe fragt, wie sie dazu kämen, ihre Schafe zu *ſchern* (vgl. oben S. 171):

Aus welcher ſchrift wolt irs bewern? (643_7),

so ist daran zu erinnern, dass auch der Einsiedel dem Kaiser vorhält, wie sein Thun nicht mit den Lehren der Geschichte und der Bibel im Einklang sei.

Eins. 152: hat er von Alexander gleſen . . .?

Eins. 157: wenn er die bibel het geleſen . . .

Eins. 166: wan hörens leſen die gſchrift . . .?

Wenn dem Bischof vorgeworfen wird, dass er seine Schafe thut *rauben und brennen* (643_8), so wird auch im Einsiedel 287 von dem kriegerischen Domherrn, der zum Bischof gewählt wird, prophezeit, er werde im Lande *raubn und prennen.* Vgl. (78) 643_{12} ff.:

Eur infel von ſtahel glitzen;
Eur ſtab hat eine eiſene ſpitzen

mit Einsiedel 289 ff.:

ſein imfel geit dan liechten ſchein;
ein eiſenhut von ſtahel fein,
und für den ſtap ein ſcharpfes ſper!

Wenn der Bischof sich darauf beruft, dass ihm die Fürsten „ein“, d. h. zur Erlangung des Bistums, geholfen haben, so vergleiche man damit, wie Einsiedel 243 ff. ausgeführt wird, wie zum Bistum gelangt,

wer nu ſtark iſt und wol geritten
und in dem lande wol pehauſt
und hat freund, drob den armen grauſt.

Aus dem Kaiser sollten *all recht fließen*, heisst es Einsiedel 117; ebenso Stück (78) 644, 9 f.: *ein kaiſer rechtes helfen ſchol.* Wie der mythologische Einsiedel den Kaiser anklagt (149 ff.):

das iſt z erparmen,
wan die not get übr die armen,

so mahnt der Kanzler (647_{19} f.):

Herr der kaiſer, das lat euch erparmen,
Lat uns zu hilf kumen den armen!

Wenn der Ritter schliesslich, um nur das noch anzuführen, tadelt 646 15 f.:

> **Der paur wil als der purger gan,**
> **Der purger als der edelman,**

so halte man dagegen die Klage über die *Hoffart der gemein* Einsiedel 358 ff.

Kleine Handlungen.

An diese politischen Stücke reiht sich eine Gruppe Rosenplütscher Spiele, die ebenfalls eine kleine Handlung enthalten und mit gutem Bedacht, wenn auch ohne besondere Frische und mit sehr mässigem dramatischem Geschick aufgebaut sind. Bereits in W überliefert, daneben in 𝔅D ist Stück 19. Es hat einen moralischen Anstrich und soll die Bewahrung der ehelichen Treue verherrlichen. 160 24 f.:

> **Man ſol auch fromm efrauen kronen,**
> **Die wol benugt an iren eemannen.**

Der moralische Standpunkt ist dabei der, den Rosenplüt sonst einnimmt. Die geschlechtlichen Dinge werden mit der auch sonst bei Rosenplüt herrschenden Roheit aufgefasst. Auch hier die reichen Metaphern, die Rosenplüt für dies Gebiet zur Verfügung stehen. Nicht um einen innerlichen Kampf des sittlichen Strebens gegen die Leidenschaften handelt es sich: der Sittlichkeit ist genug geschehen, wenn die Frau durch äussere Umstände, den Zuspruch einer treuen Magd, vor der ehelichen Untreue bewahrt wird. Vgl. oben S. 164. Wir haben trotz der Kürze des Stückes eine Reihe lose mit einander verknüpfter Szenen. Die Ehefrau hat ihren Mann im Verdacht, *er het in fremden ſcheuren gedroſchen* (110, 11 vgl. oben S. 153 f.). Er leugnet ab; ein Bote kommt und meldet, dass sein Bruder eine Nonne geschwängert habe. Das deprimiert ihn (162 22 f.):

> **Mancher fragt nach ſachen mit ſle (s. oben S. 155):**
> **Erfert er es, ſo tut es im we.**

Offenbar geht er in sich. Dann beginnt der zweite Teil. Er reitet aus. Eine Kupplerin naht der Frau; auf die Mahnung der Magd hin bleibt sie standhaft und empfängt ihren heimkehrenden Ehemann mit Freuden (164 24):

Hauswirt, ſich freuen all mein glider u. s. w.

Vgl. damit Tinte 32 f.:

Und ſprach: 'es traurtn all mein glider,
Wan ich forcht ſer, ir würdt mir felen.

Der Ehemann ist misstrauisch, lässt sich aber beruhigen; auf *aller ſwetzer klaffen* bittet ihn die Frau nichts zu geben — *und zich man mich mit münchen und pfaffen* (vgl. Brünnlein 26 *Und pult ich juden, münchn und* (Hs. *oder*) *pfaffen*). Die Moral lautet (166 26 f.):

Die größte puß iſt nimmerthun:
Die macht zwiſchen uns frid und ſun.

Vgl. oben S. 164 und zu 166 27 auch (39) 269 10. Im Übrigen wird es unnötig sein, die Parallelen zu häufen.

Ebenso hat Stück 46 überliefert in PD𝔇𝔅 eine Handlung. Man könnte die Moral auf den Vers des 'Spiegels im Pech' bringen: *Einfeltigr has hat ein fuchs gfangen.* Wir haben gleichsam 4 Szenen: erste Szene zwischen dem Edelmann und dem Bauern, der nie eine Lüge spricht. Der Edelmann vertraut seinem Bauern einen Bock an. Zweite Szene: Edelmann und Frau: die Frau macht sich anheischig, jenem den Bock abzugewinnen und ihn zur Lüge zu bringen. Die dritte Szene ist eingeschoben, um den Zuschauer über die Zeitdifferenz zwischen dem Vorhergehenden und Folgenden hinfort zu helfen. Der Edelmann fragt drei Statisten nach ihrer Meinung über den Ausgang der Sache. Vierte Szene: Edelmann, Frau, Bauer. Die Frau hat den Bock gewonnen; aber sie triumphiert nicht, da der Bauer nicht lügt, wie sie erwartet, sondern verrät, dass sie ihre eigene Ehre dafür geopfert hat. Für Rosenplüts Autorschaft spricht nicht bloss, dass (46) 356 20 f. = (42) 327 14. 18 und 357 19 f. = (16) 136 23 f. = (41M) 319 18 f.; ihm gehören auch die obszönen Bilder und Vergleiche 354 15, 356 16 ff., 357 5 ff., die sich anderwärts ähnlich, wenn auch nicht völlig gleichartig finden. Auch das Bild 354, 1 *So will ich gen zu richten mein ſchragen* ist in Rosenplüts Art. Vgl. Wolfsgrube 83 ff. wo die Gunst der Frau mit einem Kramladen verglichen wird. Innerhalb der Sphäre von Rosenplüts

Kenntnissen liegt die Aufzählung der durch Weiber geäfften Männer, Aristoteles, Salomon, Sampson, die übrigens stereotyp ist, vgl. Roethe, Zu Reimar von Zweter, Spruch 103.

Vgl. auch Welt 138 f.:

Ariſtotiles nie ſo kunſtreich wart,
Wenn er noch lebt, er würd geefft.

Aristoteles heisst *der hoch doctor* (354 15), wie Ärzte 70 der *doctor Ipocreis*, 96 *doctor Plinjus* als Autoritäten genannt werden. Man vergleiche wie Rosenplüt im 'Einsiedel' und der 'Kaiserin' biblische und historische Exempla anbringt.

Gerichtsszenen.

Weiterhin haben wir in dem Kreise von Stücken, die deutlich mit Rosenplütischem Material arbeiten, eine Reihe von Gerichtsszenen. Sie haben unter einander die Ähnlichkeit, dass es sich um geschlechtliche Dinge handelt; wo Strafen beantragt worden, sind sie von phantastischer und abgeschmackter Greulichkeit. Ein paar sorgfältiger gearbeitete Stücke heben sich heraus, um die sich Verwandte gruppieren: Stück 40, 41, 42.

1. Am frühesten überliefert, nämlich ausser in andern Handschriften ebenso wie Stück 19 in der relativ alten Handschrift W ist Stück 40, das „Hofgericht“. Die Klage der Ehefrau über ihren Mann stimmt inhaltlich zu der Klage der Ehefrauen in den '15 Klagen', im 'Brünnlein' und im 'Frauenkrieg'. Auch was in Stück 19 die Frau ihrem Manne vorwirft, ist verwandt: der Mann trage das „Nachtfutter“ aus und gehe zu andern Frauen „naschen“. Die Schöffen sagen ihre Meinung über dies Vergehen. 307 23 f. ist schon als Rosenplütisch notiert (s. oben S. 154). Unter den vorgeschlagenen Strafen ist natürlich die des Kastrierens (309 25. 310 11). Aber auch den Vorschlag, dass der Missethäter *ſiben mal an die türken geſtreit* (307 14) wird man bei dem Dichter des Türkenliedes und des Spiels vom türkischen Kaiser begreiflich finden. Zu dem Vorschlag, dass er *achtmal mit ſcharpfen glenen gereit* (307 15), vgl. Woche 141 ff. von Christus:

Dank im ſeins kempfens und ſeins ſtreitens
Und ſeins nacket und ploß glenreitens,
Da er ſcharpf mit Longinus rant.

Als Moral ergiebt sich (311_{22} = 312_{5}) *die größte pus iſt nimer tun.* Auf diese Weise entsteht zwischen den Eheleuten *frid und ſun* (311_{23} = 312_{4} vgl. (39) 289_{10}).

Stück 87 und 88 bewegen sich in denselben Bahnen. Sie sind beide im Grunde nichts als ein Abklatsch von Stück 40; Verse aus Stück 40 begegnen wieder; sie sind ganz in Rosenplüts Manier gehalten. Stück 88 in DM überliefert, darf man ihm noch am Ehesten zutrauen. Gab es dort ein „Hofgericht“, so giebt es hier ein „Landgericht“. Wie dort ist Ehebruch das Delikt; aber nicht der Konflikt zwischen zwei Gatten wird abgehandelt, sondern ein Bauer beklagt sich, dass ihm einer seine Hausehre geraubt habe. Über die Strafe soll das Gericht beraten. Das geschieht in ähnlicher Weise nur etwas schematischer als in Stück 40. Ganz konsequent werden bei dem Landgericht nur Ritter und Knechte befragt (710_{6} f.), während in den übrigens gleichen Versen des Hofgerichts (306_{7} f.) der Richter sich öfters auch an die anwesenden gelehrten Juristen (*ir doctor*) wendet. Im Übrigen ist (88) 709_{4} f. ~ (40) 305_{5} f. vgl. auch (41) 314_{6} u. a.; (88) 709_{7} f. ~ (40) 305_{9} f.; (88) 710_{11} f. ~ (41) 317_{15} f.; (88) 712_{22} f. ~ (40) 310_{10} f. (42) 327_{21} f., (41) 319_{5} f., (88) 713_{23} f. = (40) 312_{24} f. Mit 711_{2} vgl. (40) 308_{6} und (39) 300_{3} f.; mit 711_{3} vgl. meisterl. Pred. 63. Der Rosenplütsche Reim *naſchen : taſchen* begegnet 710_{9} f. Ein Rosenplütsches Bild ist es, wenn die Ehre mit einem Schild verglichen wird, der in Stücke bricht (710_{11} f.), vgl. Eins. 179. 352 f., Tinte 4.

Wenn 711_{27} ff. in einem ausgeführten Vergleich geschildert wird, wie jemand mit seinem Beil in einen schönen Baum haut, so ist daran zu erinnern, dass Rosenplüt Hussenflucht 53 ff. einen Vergleich hat von einem Prior, der in einem Kloster zimmern soll und dem der Abt sein scharfes neugewetztes Beil in einen Stein haut. Die Sätze sind auch in syntaktischer Beziehung ähnlich aufgebaut.

Stück 87 FKM ist noch schwächer und bedient sich zum Teil derselben Verse wie Stück 40 und 88. 705_{15} f. = (40) 306_{7} f.; 705_{22-29} = (40) 310_{13-20} (allerdings nur KM), 705_{31} f. = (88) 712_{7} f., 706_{3} f. ~ (88) 712_{30} f.;

706 19—21 ~ (88) 712 11—18, 707 20 = (88) 713 5; 707 29 f. ~ (88) 713 14 f. Vgl. ferner 706 11 f. mit (40) 307 15 f.; 707 1 vgl. (40) 309 25 u. ö., 707 14 : (40) 307 14, 707 25 : (40) 310 10 f. u. ö. 707 26 f. = Meisterl. Pred. 105 f.

Frauen klagen über Frauenschänder. Der einzig neue Gedanke gegenüber 40, 88 ist, dass ein Fürsprecher auftritt. Wäre Rosenplüt der Verfasser, so hätte er sich in wahrhaft kläglicher Weise bis zur Erschöpfung seiner Produktionskraft ausgeschrieben. Wir haben keinen Grund ihm das zuzutrauen, und dürfen wenigstens Stück 87 einem Nachahmer zuschieben.

2. Stück 42, durch die reiche Überlieferung in 𝔄DKM — 𝔄 bildet eine Gruppe für sich — als ein beliebtes Stück gekennzeichnet, zeigt einen ähnlichen Stoff wie 40 in etwas anderer Form. Statt eines Hofgerichts, bei der die Schöffen Urteil sprechen erhalten wir ein geistliches Gericht (Chorgericht) vor dem Official des Bischofs von Bamberg, zu dessen Diöcese Nürnberg gehörte. Statt eines Ehepaares treten deren drei auf. Die Klage ist dieselbe wie in Stück 40: die ehrbaren Frauen beschweren sich, dass ihnen ihre Männer das „Nachtfutter“ austragen. Wie (40) 306 31 f. wird 320 17 f. darauf hingewiesen, dass im alten Testament Steinigung auf Ehebruch stand. Rosenplüt beruft sich gern auf *die alte e.* Vgl. Einsiedel 378 f.

Ganz regelrecht ruft der Büttel die beklagten Ehemänner auf. Er droht mit des Pabstes Bann. Es werden Namen genannt, während sich sonst die Dichter von Fastnachtspielen so gut wie nie zu solcher Individualisierung aufschwingen. Auch wird weiterhin ein Ansatz zur Charakteristik der einzelnen Paare gemacht. Dem ersten Mann ist sein Weib zu jung; dem zweiten zu kränklich, um die ehelichen Rechte in vollem Umfang geltend zu machen; die Frauen remonstrieren dagegen. Es geht nicht streng schematisch: eine kleine Steigerung ist vorhanden, insofern der Dichter mit dem dritten Paar seinen Haupttrumpf ausspielt. Es handelt sich nicht um einen Ehebruch: die Ehe der beiden jungen Eheleute ist vielmehr noch gar nicht vollzogen worden. Der Offizial soll entscheiden, ob ein Scheidungsgrund vorliegt und wer der schuldige Teil ist; zu diesem Zweck werden die ehelichen Szenen erörtert. Es liegt doch etwas Humor in der Charakteristik des über Gebühr naiven Ehemannes und der über Gebühr aufgeklärten Frau. Eberhart Blumenthal berühmt sich in seiner Unerfahrenheit, dessen was ihm zum Vorwurf gemacht wird. Die Gabe, sich eine solche Gerichtsszene lebendig vorzustellen, zeigt sich immerhin, wenn Blumenthal offenbar ganz verschüchtert, im Gefühl der gekränkten Unschuld, womöglich mit Thränen in den Augen auftritt:

Hort, lieber her der official,
Wie kume ich an ſölliche zal? u. s. w.

(323, 26 f.). Rosenplüts stark angefaulte, aber nicht abzuleugnende Phantasie thut sich kund. In Bildern und Vergleichen wird gesprochen. Dem Mann, der die Jugend seiner Frau fürchtet, wird mit einem Bild geantwortet: *Die haut iſt junc, friſch, aber zeh* (322 7). Wenn er sich eine übel angebrachte Enthaltsamkeit auferlegt hat, so muss ein Vergleich die Antwort geben (322 8 f.):

Ainer der uber Rein iſt gefaren,
Den ubel durſt und waßer wil ſparen,
Iſt der niht ain rechter gauch?

Die Bilder und Vergleiche, in denen das Ehepaar Blumenthal sein eheliches Leben enthüllt, entbehren bei aller Unerquicklichkeit nicht der Originalität.

Man halte dagegen Stück 102, überliefert in FM, das Handschrift M direkt mit Stück 42 in Beziehung setzt, indem sie dies den „alten Official", jenes den „neuen" nennt, und man wird einen schwachen Abklatsch finden. Was, das Stück für sich genommen, zunächst einen originellen Eindruck machen könnte, findet sich auch anderwärts, namentlich in Stück 42. Wieder haben wir drei Ehepaare, die vor dem Offizial erscheinen; aber statt der lebendigen Freiheit herrscht die starre Schablone. Die erste Ehefrau klagt, dass der Mann die Nacht in der Kneipe zubringe. Die zweite, dass er zu andern Weibern laufe. Die dritte, dass er des Nachts wie ein Stock im Bette liege. An dritter Stelle hätten wir also wieder das Ehepaar Blumenthal in verblasstem Abdruck. Der Ehemann ist nicht naiv: er bringt die schwächliche Ausrede vor: seine Frau sei zu zänkisch, während beim zweiten Ehemann auch hier wie in Stück 42 die Entschuldigung lautet, die Frau sei kränklich. Während in Stück 42 das letzte Ehepaar versöhnt wird und nur die beiden Ehebrecher aufs Neue vorgeladen werden, wird in Stück 102 für alle drei das Urteil aufgehoben [1].

Mit Stück 102 ist Stück 108 nahe verwandt, das nur in D überliefert ist. Neben Anklängen an Stück 40 finden sich solche an 39, 42, 102. Wieder drei, die sich in geschlechtlicher Beziehung vergangen haben. Sie sind vor das geistliche Gericht nach Bamberg geladen — 851_{13} ff. vgl. (42) 320_{7} ff. —, aber den Anklägern in ein Haus entronnen, wo nun die Gerichtsszene vor sich geht: eine etwas unwahrscheinliche Einführung. Wo der Richter herkommt, ist nicht ganz klar. An die Stelle der drei Ehefrauen sind drei männliche Ankläger getreten. Neben einem Ehebrecher, der zu den Winkelwirten schleicht und in dessen Ausrede wieder das schwache kranke Weib aus Stück 42 und 102 figuriert, treten diesmal zwei Junggesellen auf, von denen der eine einer Dirne die Ehe versprochen hat, die aber inzwischen ein Pfaffenkind zur Welt gebracht hat, der andere angeklagt ist, ein Mädchen geschwängert zu haben. Man sieht der Versuch, etwas Neues zu erfinden, ist ziemlich kläglich ausgefallen: eine neue Idee zu haben, ist dem Verfasser noch allenfalls gelungen; zur zweiten reichte die Erfindungsgabe nicht recht hin. Soll man wirklich Rosenplüt diese Flickarbeit zutrauen? [2]

Selbständiger in der Erfindung ist die Gerichtsscene von Stück 27, das nur in 𝔅 überliefert ist. Es unterscheidet sich von den erwähnten Stücken dadurch, dass es viel dezenter gehalten ist. Ein Ankläger will von seiner Frau geschieden sein. Statt der Frau sprechen drei Antworter. Weshalb drei,

---

[1] (102) 771_{4} f. ~ (40) 305_{17} f.; 771_{8} f. ~ (19) 167_{18} f., (40) 307_{23} f., (108) 852_{28} f.; 772_{26} ~ (87) 707_{18}.

[2] (108) 851_{9} f. vgl. Pred. 62; 851_{13} vgl. (42) 320_{8}; 852_{9-11} ~ (42) 322_{19-21}; 852_{16} = (42) 327_{8}; 852_{17} ~ (42) 327_{15}; 852_{28} f. ~ (19) 167_{16} f., (40) 307_{23} f., (102) 771_{18} f.; 853_{11} vgl. (102) 772_{7}; 854_{11} ~ (40) 311_{11}; 854_{18} ~ (39) 302_{13}; 855_{6} vgl. (101) 771_{32}.

ist nicht recht klar. Stellen von Stück 42 sind übernommen: 235_{5-8} = (42) 321_{14-17}. (42) 322_{7-9} ist 235_{13} ff. ausgeschrieben und erweitert.

Ir haut iſt junc, ſi iſt aber zee;
Aber der uber Rein iſt gefaren,
Den durſt und wil das waſſer ſparn
Vnd hungerig in eim obstgarten ſeß
Vnd vor faulheit kein Apfel eß
Vnd danach hunger vnd durſt wolt clagen,
Wer wolt im das in gut dar ſchlagen?

Sonst findet sich nichts was an Rosenplüt erinnert. Die Häufung der Adjective 236, 14 ff. erinnert noch eher an Folz. Ausserdem ist *epfel eſſen* die einzige Metapher für geschlechtliche Dinge im Gegensatz zu den vielen Rosenplütschen, die auf die Rechnung von Folz zu setzen ist vgl. (7) 72_{9}.

3. Eine dritte Klasse von Gerichtsszenen wird repräsentiert durch Stück 41. Die reiche Überlieferung in 𝔄DFKM — 𝔄 bildet eine Gruppe für sich gegen DFKM — hebt dieses Stück wieder aus den übrigen heraus. Ein Jüngling tritt vor das geistliche Gericht und er bittet *mit großer flee* (315_{2} vgl. oben S. 155) ihm zu sagen, wann er heiraten solle. Zehn Doktoren (Ratherren M, Juristen D) antworten 319, 6 f. ~ (40) 310, 10 f. 𝔄WMK, (42) 327_{21} f. 𝔄MKD. 317_{12} f. ~ (86) 701_{27} f. Der Reim *zeitig* : *geitig* findet sich auch Turteltaube 57 f. Zu 317_{17} f. vgl. Frauenkrieg 105. Zu 317_{19} f. vgl. Wolfsgrube 9 f.:

drein man nit ſolchen ſperen ſticht,
davon man ſelten awe ſpricht.

Das Ausschütten der geographischen Weisheit 318, 2 ff. stimmt zu Rosenplüts Art.

Stück 41 ist von QV benutzt worden:

(41)	314_{15-18}	~	QV 101—104
	314_{19}—315_{2}	~	QV 107—110
	315_{4-7}	~	QV 169—172
	315_{11-18}	~	QV 179—186
	316_{13-20}	=	QV 243—250
	318_{2-9} DKM	=	QV 193—200
	319_{2-7}	~	QV 259—264
	316_{22}—317_{2}	~	QV 273—278
	319_{1-12}	~	QV 299—302

In demselben Verhältnis steht Stück 42 zu Q II (von Vers 37 ab), das seinerseits auch aus dem Spiel von Rumpolt und Mareth entlehnt hat (1—8 = Q VIII 130—137) und ein paar Verse auch mit QV gemein hat (23—26 ~ QV 131—134, 27—30 ~ QV 137—140). Es sind in Q II nur, um das Revueschema etwas zu unterbrechen, Väter und Mütter mit ein paar Reden, Zwischenfragen des Offizials u. s. w. eingeschaltet, so dass in diesem Sinne selbständig sind 59—68. 77 f. 82—96. 100—103 f. 109—121. 134—144. 161—170. 227—244, und alles von 249 an.

Eine Art Gegenstück zu Stück 41 ist Stück 97. Es gehört nicht bloss zu den Stücken Rosenplütscher Schule, sondern ist Rosenplüt ganz wohl selber zuzutrauen, weil es doch bei aller Ähnlichkeit mit Stück 42 eine gewisse, wenn auch bescheidene Selbständigkeit bewahrt. Nur der Umstand, dass es nur in KM überliefert ist, kann stutzig machen. Diesmal wird weder ein Hofgericht noch ein Chorgericht abgehalten, sondern ein Rat, in dem der Bürgermeister mit seinen Ratherren entscheidet. Ein junges Mädchen will einen Mann; ihre Mutter findet sie zu jung. Neben alten Rosenplütschen Vergleichen für den geschlechtlichen Verkehr — mit 749_{25} ff. vgl. (42) 326_{14} ff.; mit 748_{2} ff. vgl. (40) 307_{19} f. u. a. 747_{11} vgl. (40) 311_{11}. (42) 326_{24}. (46) 356_{23} — finden sich neue, im selben Stil gehaltene. Das ist immer ein Zeichen der Originalität. 747_{6} ist gleich (42) 322_{7}, (27) 235_{15}; 745_{9} f. ~ (42) $324_{11.\,10}$; zu 750_{22} f. vgl. 274_{8} f. 335_{1} f. 345_{4} f., zu 747_{24} ~ (87) 705_{20} (88), 710_{15}.

An diese Gerichts- und Beratungsszenen schliesst sich ferner an eine Schulszene, ein „Actus" (Stück 84). Ein junger Meister verlangt von älteren Belehrung darüber, warum man die Frauen so liebt. Auch Stück 84 möchte ich Rosenplüt durchaus zuschreiben. Der Gedanke, gelehrte Meister zu einer Beratung zusammentreten zu lassen, musste ihm sehr nahe liegen, da er sich gern auf gelehrte Autoritäten beruft, auf *aller weiſen lerer hent* Turteltaube 32, auf die „Doctoren": *All doctor möchten [mich] nit pas gleren* Kl. Narr 154, *All doctor in der erzenei* Ärzte 18 (Keller 3, 1083_{18}), *die zwelf himliſchen doctor* Turteltaube 35, *das heilig gticht der zwelf doctor* Beicht 108 (Keller 3, 1101 18) auf die Schriftweisen und Hohen Ärzte 27 (1083 27), Kl. Narr 138, die *zwelf weisen, die heiligen apostel, Cristus poten* Ärzte 108 (1085 36 ff.). Das Stück ist gut komponiert, und namentlich wenn man die Folge der Reden in F, das nur 693 3—11 ausgelassen hat, zu Grunde legt, kommt eine wohl überlegte Steigerung heraus. Der erste Meister (693 13—20) behauptet, Reichtum der Frau erzeuge die Liebe, der zweite (693 21—29) vornehme Geburt, der dritte (693 3—11, wohl hier einzuschalten) schöne Kleider, der vierte (692 21—693 2) angenehmes Wesen, der fünfte (693 31—694) schöne Gestalt; der sechste setzt *ein ſach die es alles beſchlewſt* (694 6 ff.):

Es iſt naturlich, das dy man
Große lieb zu frawen ſchüllen han.

Diese Berufung auf ein Naturgesetz findet sich bei Rosenplüt auch sonst:

Türken 27 4 ff. Es ist natürlich, das der greif
Den kefer übermeget.

Sie ist sogar ein Zug in dem Charakterbild dieses widerspruchsvollen Mannes, der nicht übersehen werden darf. Auch Rosenplüt zeigt uns, nur in wenig erfreulicher, aber darum desto drastischerer Weise, das Ringen des Naturalismus der neuen Zeit und der mystisch-scholastischen Bildung des Mittelalters. Sein grobgesunder Menschenverstand lässt sich imponieren von den scholastischen Autoritäten, sein derbsinnliches Begehren wird niedergehalten, nicht überwunden durch die kirchliche Moral. Deshalb hat man von ihm so oft den Eindruck eines scheuen Hundes, der fortwährend nach verbotener Speise schnappt, aber durch die Peitsche des Herrn abgehalten wird, sie zu ergreifen. Einen vollen und tiefen Klang hat seine Poesie nur da, wo er klagt und anklagt: denn die Schäden seiner Zeit, die hat er tief empfunden.

Auf die Reden der Meister dankt der Jüngling und höflich dankt ihm wieder einer der alten Meister. Dieses doppelte Danken begegnet ähnlich auch in Stück 16, das wie ich vermute, ebenfalls von Rosenplüt herrührt. 694 21 f. begegnet Rosenplüts beliebter Reim *taſchen* : *flaſchen*:

Recht ſam ein gürtel zu einer taſchen
Und eben als ein zapf für ein flaſchen.

vgl. (16) 135$_{6}$ *Recht als ein zapf in ein faß.* Die Berufung auf des Papsts Bann (694$_{31}$) findet sich bei Rosenplüt (42) 324$_{10}$ u. ö.

Endlich sind diesen Gerichtsszenen zwei Stücke anzureihen, in denen die Fastnacht vor Gericht erscheint: Stück 72 M und 73 KM. Sie scheinen, unvollkommen, wie sie sind, mit dem Material eines verlorenen Stückes gearbeitet zu sein.)72) 624$_{4-11}$ ist nahezu völlig gleich (73) 629$_{13-20}$; vgl. auch 628$_{25}$. (72) 624$_{12}$ f. ~ (73) 628$_{10}$ f. (72) 625$_{3}$ f. ~ (73) 629$_{2}$ f. (72) 625$_{7-12}$ (73) 629$_{6-11}$. (72) 626$_{5}$ f. ~ 626$_{33}$ f. ~ (72) 629$_{26}$ f. ~ 630$_{9}$ f. In ähnlicher Weise stehen sich die ganz trümmerhaften Stücke 76 M und 77 M gegenüber, in denen der Fastnachtbrauch des Einsalzens der übrig gebliebenen Mädchen in irgend einer Weise behandelt wurde.

Revuen.

Schwieriger ist es bei den Revuen zwischen den Stücken zu scheiden, die von Rosenplüt selbst herrühren und denen die zwar mehr oder minder stark mit Rosenplütschem Versgut und Rosenplütschen Phrasen arbeiten, aber doch im besten Falle nur als Überarbeitungen Rosenplütscher Originalstücke gelten können.

Dem Anspruch verständiger Gestaltung oder origineller Gedanken genügen nur wenige der Revuen; die meisten könnten nicht zerfahrener sein. Man kann verschiedene Typen scheiden, die indessen nicht reinlich aus einander gehalten werden:

1) verschiedene Personen treten auf und monologisieren, ohne Rücksicht auf einander oder auf dritte Personen zu nehmen;

2) sie sind in Beziehung gesetzt

   a) zu einer führenden Persönlichkeit (einem Preisrichter, einer Preisrichterin),

   b) zum Wirt;

3) sie sind unter einander in Beziehung gebracht, insofern als jeder folgende auf die Rede des früheren Sprechers (die Reden früherer Sprecher) repliziert.

Typus 1 repräsentiert etwa Stück 45, das der Überlieferung nach in die erste Reihe rückt. Es ist in ABDM erhalten. Bauern treten auf und berühmen sich, wie meisterlich sie mit den Weibern „schimpfen“ könnten. Sicherlich liegt ein Rosenplütscher Kern vor. Vgl. 343_{15} *Alſo ſüßlich ſpilen wir auf der quintern.*

345_{24}—349_{31} fehlen in M. Und mindestens ein Teil der Reden passt nicht zu dem Gedanken, eine Reihe sich rühmender Bauern auftreten zu lassen. 345_{27}—348_{11} gehören in M zu Stück 94. In 𝔄𝔅𝔇 ist Stück 45 deutlich erweitert. 346_{8}—347_{15} = (94) 732_{1}—733_{5} gehören klärlich zusammen. Ein Bauer klagt, er könne sein Weib nicht befriedigen, zwei Nachbarn bieten ihre Hülfe an. Ebenso gehören 347_{16}—348_{11} innerlich zusammen: ein stolzer Wittwer wünscht eine Frau; sein Nachbar empfiehlt ihm seine Magd. Möglich, dass sie in dasselbe Stück gehörten wie die vorhergehende Partie; auch M bringt sie (94) 733_{6-31} unmittelbar hinter ihr. Was folgt, schliesst sich ganz gut an. Der Sprechende hat von seiner Hausdirne behauptet, sie wäre ihm oft zu Willen gewesen. Darauf antwortet ein anderer *Ach ſchweig, du leugſt und haſt nit war.* Die Rede fehlt aber in M und wird aus Stück 67 stammen; denn 348_{12-20} sind gleich 588_{11-18}, 348_{21-22} = $586_{9.\,10}$. Auch 348_{24}—349_{19} gehörten gewiss ursprünglich nicht zu Stück 45. Es treten zwei Bauern auf, die auf den Säumarkt gefahren sind. Aber die Reden schliessen nicht an einander an. Der zweite Bauer erklärt die Rede des ersten für erlogen; man weiss nicht recht weshalb; denn was er nachher behauptet, hat jener gar nicht bestritten. Es muss etwas von einem Mädchen geredet sein: *bei ir* 349_{5} ist jetzt beziehungslos. Die Reden scheinen Trümmer eines Stückes zu sein, in dem die Einkleidung die war, es seien Bauern in die Stadt zum Schweinemarkt gekommen. Das Stück könnte von Rosenplüt herrühren. Mit 349_{4} f.:

er iſt der wirdig, den man nent den ſtülein[1]:
er hat oft getan pei ir ein rülein.

vgl. Tinte 55 f.:

---

[1] Nach 343_{2} hiesse der vierzehnte Bauer nicht *Stülein*, sondern *Vinsterwedel*.

und fprach zu ir: 'nu hin, mein püllein,
nu flaf dieweil und tu ein rülein.

Zu 348 30 vgl. 343 18. 349 12—18 stehen ziemlich wörtlich so auch (99) 754 13—20. 349 21 ff. könnten ganz gut in dem ursprünglichen Bauernspiel 45 gestanden haben; sie würden übrigens auch in das Spiel „die Bauern auf dem Säumarkt“ passen: unter die Bauern ist auch ein verkommener Student gemischt. Da sie M fehlen, so ist darin wohl auch ein Zusatz der Rezension 𝔄𝔅𝔇 zu sehen. Auch 345 2—9 fehlen M. Diese Rede ist kürzer als die übrigen; auch war die Form, die Rede mit einer Zurückweisung der vorhergehenden Sprecher zu beginnen, wohl dem ursprünglichen Stück 45 nicht eigen.

Aber das Stück ist sicherlich nur erst aufgeweitet worden, nachdem es ursprünglich zusammengestrichen war. Die 17 Bauern, die in der Rede des Einschreiers auftreten, traten wohl einst wirklich auf. Wenigstens ein Teil der Namen ist Rosenplütisch und begegnet ebenso oder ähnlich auch in Rosenplüts Stück 40 (*Seutut*, *Lulhart*, *Votzpart*, *Muggenfiſt*, *Kalbseuter*, *Molkenpauch*, *Kerbenfeger*).

Stück 94, in M allein überliefert, ist übrigens auch nichts weniger als ein vollständiges und einheitliches Stück. Es fehlt zunächst die Rede des Einschreiers. Dann passen die Reden der ersten beiden Bauern nicht zum Folgenden. 732 1 ff. setzen ein Stück voraus, in dem Männer auftreten, die über ihre ehelichen Missstände klagen. Offenbar das Letzte ist erhalten. Ein Alter tritt auf, der ein junges Weib hat. Vermutlich handelte es sich vorher um einen Jungen mit einer alten Ehefrau. Man kann weiterhin annehmen, dass dem eine Partie vorausging, in der ein starker Mann über seine schwache Frau klagte u. s. w. Von ähnlichen Stücken unterschied sich das ursprüngliche Stück 94 dadurch, dass diese Angelegenheiten nicht vor Gericht abgehandelt, sondern mit guten Nachbarn besprochen werden, die ihren, natürlich möglichst zynisch gehaltenen Rat dazu geben (Typus 3). Den Reden der Ehemänner folgt dann schliesslich passend die Rede des Wittwers, der trotz der Erfahrungen der andern gern wieder zur Ehe greifen möchte. Dazu passt aber was auf S. 731 steht, sehr schlecht. 731 16 ff. ist von einer

Buhlgeschichte mit einer Müllerin die Rede. Das hat dem Stück in M den Namen *Dj Vaſnacht von der Müllnerin* verschafft. 731 20 f.

Das ſie mir meinen eſel ein ſolt thun
Vnd ließ mir die kotzen vor der thür hangen,

ist ein Rosenplütsches Verspaar (= Haseng. 24 f., s. oben S. 163), aber eins von denen, die am leichtesten gestohlen werden konnten. Wie die Interpolation in 45 𝔄𝔅𝔇 zeigt, ist die Verbindung dieser Verse mit dem ursprünglichen Stück 94 schon relativ früh eingetreten. (94) 731 1—15 steht in K in Stück 86 hinter 702 10 (vgl. Keller 3 S. 1519). Der Anfang enthält ebenfalls Rosenplütsche Verse:

Mir het ein junge frau gezilt,
Sie wolt mir leihen iren ſchilt,
Darein man mit ploßen ſperen ſticht,

vgl. Wolfsgrube 7 ff.:

das ſie eim pfaffen zu ir zilt,
ſie wolt im leihen iren ſchilt,
drein man mit ſolchen ſperen ſticht u. s. w.

Die Verse stehen auch (14) 124 25—27. Auch 734 5—14 bringt K in Stück 86 hinter 703 14. Jedenfalls passen diese Verse nicht in das Stück 94, zu dem nur 734 8 f. noch gehören werden. Mit 734 9 f. ist Rosenplüt (40) 311 4 f. zu vergleichen, eine Stelle die auch sonst begegnet.

Stück 86 zeigt wenigstens eine Einheitlichkeit. Männer treten auf und klagen dem Wirt, warum sie noch nicht verheiratet sind (also Typus 2^b). Die Anordnung ist systemlos. Nach der Rede des Einschreiers in M sollen es 9 Männer sein; es sind aber nur 8: auf den „andern" folgt gleich der „vierte". Demnach scheint hinter 701 17 etwas ausgefallen zu sein. Nach K sind es zehn; aber was von dem zehnten in der Rede des Einschreiers, die hier entsprechend länger ist (Keller 3, 1519), bemerkt wird:

Der zehent hat ein ſchöns weib ym hauß
Vnd get zu andern weiben naſchen auß

stimmt nicht zu dem Grundgedanken des Stücks, uns eine Revue von Hagestolzen vorzuführen.

701 27 f. sind Rosenplütische Verse vgl. (41) 317 12 f.; ebenso 702 29 vgl. (30) 248 29 f. und Hasengeier 16 *mit dem het ſie ein eiſn abgrant.* 703 4—9 = (59) 519 11—16 = (95) 736 4—9, (93) 728 11—16. Auch begegnen einzelne Rosenplütische Ausdrücke z. B. 701 11 f. 701 30. Auffällig ist 703 25 in der Rede des „Letzten“: *Wir paid* kann sich nicht gut auf die beiden letzten Sprecher beziehen. So ist wohl auch dieses Stück, das man Rosenplüt wegen der Einheitlichkeit der Anlage von den kleinen Revuen noch mit am Ehesten zutrauen möchte, weder in Bezug auf Verszahl noch Anordnung intakt erhalten. —

Eine besondere Klasse des Typus 1 bilden die Narrenrevuen. Stück 109 ist eine Narrenrevue, die sozusagen eine Variation des Rosenplütschen Themas ist:

So trink ich lieber wein dan ſauers bier,
So leck ich lieber honig dan wagnſmier

857 14 f., womit zu vergleichen ist (41) 316 24 f., (45) 350 28 f. und im Lied *Die lerch und auch die nachtigall* 5 3:

der trinkt vil lieber wein dan waſſr,
und hets der pabſt geweiht.

Die Verse begegnen ferner (95) 736 17 f. Ähnlich ist auch (92) 726 5. Neun Bauern treten im Ganzen auf. Nr. 2 bis 5 nennen ihre Namen und erklären, dass sie dies oder das einem andern meist recht zweifelhaften Vergnügen vorziehen. Bei den Übrigen müssen allerhand andre Schmutzgeschichten zur Aushülfe herhalten.

Auch 59, 95 und 93 variieren in derselben Weise weiter, wenn auch hier das Urthema nicht mehr ganz klar durchklingt.

Stück 59 und 95 sind eigentlich dasselbe Stück, das in 𝔅 und M nur mit verschiedener Folge der Reden überliefert ist, M hat ausserdem ein Dutzend Verse mehr. Von einer einheitlichen Komposition ist nicht die Rede; die einzelnen Monologe fallen auseinander. Eine Schar von jungen Burschen und Mädchen sagen allerhand zusammenhangslose Einzelheiten, die eine sehr weltliche und fleischliche Gesinnung verraten. (59) 519 11—16 ist gleich (86) 703 4—11 KM.

Die eine Dirne erklärt, sie trinke *lieber wein dan pier* u. s. w.; eine andere lässt sich *gern die knaben an tasten* 737 72 f. (vgl. 729 8 f.); einer dritten ist ihr Buhle *ain wenig zu leppisch*. Kleine Unanständigkeiten werden vorgebracht.

Stück 93, in KM überliefert, arbeitet ebenfalls im Wesentlichen mit demselben Versmaterial wie 59 = 95. Sechs Paare treten auf, wie es scheint. Zwar ist in den Überschriften nur von vier Paaren die Rede, dann heisst es *der fünft, der sechst* (K *Princeps*); aber die Rede des Ausschreiers verlangt im Ganzen vierzehn Personen und die lassen sich, wenn man Einschreier und Ausschreier mitzählt, auf die angedeutete Weise herausrechnen. Die ganze Gesellschaft ist in blau gekleidet, und die Reden machen den Anspruch, zu erklären: weshalb? In Wahrheit ist das aber nicht der Fall, und die Entstehung des Stücks ist hinlänglich charakterisiert, wenn man annimmt, dass eine Gesellschaft sich im Besitz von 14 blauen Kostümen befand und irgend jemand zu diesem Zweck aus altem Versmaterial rasch ein Stück zurechtschnitt. Dass dieser Jemand Rosenplüt selbst gewesen sei, ist ja an sich möglich: wir haben aber kein Grund ihm eine so dürftige Arbeit zuzutrauen, wenn auch der ganze Ideenkreis der Rosenplüts ist und ganz entschieden Rosenplütsche Phrasen begegnen. Vgl. z. B. 729 3 *Darümb ist jugend eine süsse clingende sayt* (oben S. 156). Die Rede des Ausschreiers, der die des Ausschreiers in Stück 116 in der Form sehr nahe steht, vergleicht sich mit Aufzählungen wie in der Predigt V. 112 ff.

Verwandt in der Anlage ist Stück 92. Zehn Büsser, die nach *Makócken* pilgern wollen, treten mitsamt ihren Frauen auf. Offenbar hat das zufällige Vorhandensein von Pilger- oder Büsserkostümen Veranlassungen zu dem Stück gegeben. *Muköcken* wird dasselbe fiktive Land sein wie (48) 367 28 *Akucken*, wohl eine Entstellung des französischen *Coquaigne*. Es berührt im ganzen noch etwas Rosenplütischer. Zu 724 16 ff. ist (14) 124 10 ff. zu vergleichen. 725 23 f. ist gleich Predigt 60 f. (Keller 3, 1159) 725 26—30 ist gleich (99) 755 9—13.

Denn Stück 99, überliefert in KM reiht sich hier weiterhin an. Man kann sagen, es werde das Thema variiert

Eines tags da kam ein fraw zu mir u. s. w. Büsser im Harnisch treten auf — eine neue Verkleidung, ohne neuen Inhalt: öde Buhlgeschichten werden aneinander gereiht.

Stück 116, in M und F ziemlich abweichend überliefert, repräsentiert wieder eine andere Form von Typus 1 der Narrenrevuen, die eigentlich auch schon auf Stück 109 eingewirkt hat. Für diese ist das Grundthema in den an Rosenplütische Priameln erinnernden Versen 1009 27 ff. zu sehen:

Wann das ich ſlaffen ſolt, ſo wachet ich,
Wann das ich trauren ſolt, ſo lacht ich,
Wann das ich kußen ſolt, ſo peiß ich,
Wann das ich eßen ſolt, ſo ſcheiß ich.

Die beiden ersten Verse begegnen auch (92) 725 15, vgl. ferner 725 1 f. und Murner Narrenbeschwörung c. 50 *Ich weinet offt, ſo ich ſolt lachen.* Narren treten auf und erzählen ihre Geschichte, d. h. was sie verrückt gemacht hat, natürlich Buhlereien. Eine Dirne (Venus?) führt sie am Seil, so dass man das Stück auch dem Typus 2ª zurechnen könnte. Rosenplütsche Phrasen begegnen vgl. z. B. 1009 2 mit (42) 321 29. Die Rede des zehnten Narren (M) mit ihrer Aufzählung — auffälliger Weise von 15 Narren, während nur 10 auftreten! — erinnert an Rosenplütsche Aufzählungen wie die in der 'meisterlichen Predigt'. Der Reim *gaden* : *widerfaren* 1010 4 f. ist wohl Rosenplüt nicht zuzutrauen. (1010 15 f. ist mit F *geredt* : *verzedt* zu lesen, ebenso 1010 26 f. *flihen* : *zihen*).

Eine etwas originellere Idee war es in Stück 50 (𝔄), das gleich 105 (X) ist, Hausierer Revue passieren zu lassen, die ihre Waren ausbieten. Dem Kreis der Rosenplütschen Schule gehört das Stück mit den burlesken Bauernnamen — Kalbseuter begegnet bei Rosenplüt (40) 306 24, aber auch sonst —, mit seinen unanständigen Witzen, den beliebten Reimen *glunkern* : *junkern* (373 23 f.), *benaſchen* : *taſchen* (375 1 f.), *zilen* : *ſpilen* (375 13 f.) durchaus an; für Rosenplüt selbst spricht nichts. Ähnlich ists, wenn in den Stücken 98 und 101 Ärzte Revue passieren, wobei allerhand alte Scherze (s. oben S. 52 ff.) zur Verwendung kommen.

Der Typus 2ª ist repräsentiert durch Stück 16, das in 𝔅KM erhalten ist. Wie in Stück 100 König Artus und sein Hof Preise ausgesetzt haben, so haben hier die Frauen ein

Kleinod ausgeworfen für den besten Liebhaber. Ich trage kein Bedenken, das gut komponierte kleine Stück Rosenplüt zuzuschreiben. Die Form *mein weip liebet mir für* wird variiert. Der Letzte trägt den Preis davon, und der Chorus der Männer spricht seinen Dank aus. Es ist nur in ironischer Weise ausgeführt, was im „Lob der fruchtbaren Frau" ernsthaft behandelt wird. Vgl. dort 121 f.

> ſie liebet mir zu aller friſt
> für alles das auf erden iſt.

Vgl. auch oben S. 142. Dass 135 17 ff. König *Davit* und *Berſabe* (im Reim zu *me*, wie Rosenplüt *Joſue* mit Vorliebe im Reim verwandte vgl. oben S. 139) und *Heſter die ſchön königein* zitiert werden, passt zu Rosenplüts biblischen Kenntnissen und seinen sonstigen Zitaten. Wenn dem zehnte die Liebste liebt für *nacket walgen In neſſeln und fur igels palgen*, so darf man das als Reminiszenz an den „Spiegel im Pech" betrachten. Zu 135 27 *er liebet mir für roßeier eſſen* vgl. Türkenspiel 295 21 f.

> das du fürbaß eitel eſelsfeign muſt eſſen
> und eir, die die bauren haben geleit.

Die Verse 133 17 f.

> Sußt mir vil pas im herzen mein,
> Dann regent eß eitel honig darein

sind gleich Kaiserin 185 f. (Keller 3, 1143 32 f.).

Nur im Schlepptau dieses Stückes segelt Stück 74, in M allein erhalten. Es heisst in M *Di Groß Liebhaber vaßnacht* und ist schon durch den Titel zu Stück 16 in Beziehung gesetzt, das M *Daß gut liebhaber ſpil* nennt. Nur ist Stück 74 nicht gross im Vergleich zu Stück 16. Die Idee des Konkurrierens um ein Kleinod ist aufgegeben; statt 10 Liebhaber treten nur sechs auf. Die Verse (16) 134 12. 16. *Und liebet mir für part außreifen . . . Und liebet mir für haut abſchinten* bilden gewissermassen die Ansatzstellen, aus denen der neue Schössling herausgewachsen ist. 632 24 f. ist eine Reminiszenz an Neidhart von Reuenthal 47 38 f. Nichts nötigt gerade direkt das Stück Rosenplüt abzusprechen, nichts aber ist andrerseits vorhanden, was seine Autorschaft besonders wahrscheinlich machte. Die Reime *ſtrik* : *mich* 633 2 f., *beſchert* : *ſteet* 633 15 f., *muß* : *puſch* 634 3 f., sind sonst bei ihm nicht zu belegen.

Dagegen gehört Rosenplüt sicher Stück 96 DFMR, das in der Anlage dem Stück 16, noch mehr aber Stück 84 nahe verwandt ist. Man könnte auch Stück 96 einen „Actus" nennen und den Gerichts- und Beratungsszenen anreihen. Was über das Auftreten der Meister zu Stück 84 bemerkt ist (s. oben S. 200), gilt auch für 96. Wie dort die Meister einem Jüngling Auskunft erteilen sollen, woher die Liebe zwischen den Geschlechtern komme, so bittet hier der Jüngling *mit großer fleh* (741 22 vgl. oben S. 155) ihn zu belehren über die Frage, wie man Frauen *mag ere erpieten* (741 19 R). Auch Stück 41 ist heranzuziehen, vgl. besonders 741 22 f. *Nu bite ich euch mit großer fle*, *Das ir mir ſagt*, *das ich verſte* mit (41) 315 6 ff. . . . *Ain urtail ſprecht*, *das er verſte*, . . . *Des pit ich euch mit großer pet.* Die Aufzählung der Autoritäten 740 7 ff. ist mit der Ärzte 64 ff. zu vergleichen. Dort findet sich die Manier des Zitierens, dass erst der Inhalt der Lehren dann der Name des Gewährsmannes angegeben wird (70 *Das ſagt der doctor Ipocreis*, 76 *Das iſt des Avicenna ſag*, 88 *Das hat Origenes ausgſpent*, 96 *Das hat doctor Plinjus geſagt* : hier wenigstens 741 8 *Das hat der Konig Tholomeus funden*). Besonders auffallen muss, dass wie in Stück 16 und 84 die Zeremonie der Danksagung wiederholt wird (s. oben S. 201), sie hier sogar dreimal stattfindet. 744 16 ff.:

Ir weiſen meiſter hochgelart,
Ich dank euch ſer, auf dieſer fart,
Das ir mich habt wol entricht usw.

klingen wörtlich an (84) 694 15 ff. an:

Ir weyſen mayſter wol gelart
Ir habt mir recht auf dieſer fart
Beſcheyden das ich hab gefragt usw.

Wie in Stück 16 verehren die Frauen ein Kleinod. Dabei ist 745 3 = (16) 136 14; 745 5 f. = (16) 136 16 f. Auch hier begegnet 745 8 ff. eine den Versen Kaiserin 184 ff. auffallend ähnliche Stelle, vgl. oben S. 209. Zu dem Ausdruck *mit ſcharffen glenen geriten* vgl. oben S. 194.

c. *Weitere Stücke Rosenplüts in* M𝔇𝔅.

Ein zweiter Kreis von Nürnberger Stücken, der mit den eben genannten nur wenig Berührungen hat, aber doch genügend, um die Frage nahe zu legen, ob nicht Rosenplüt als Verfasser anzunehmen ist, wird gebildet durch die Stücke 47. 79. 75. 80/81. 17. Es sind sämtlich sorgfältiger gearbeitete Stücke mit einer Art Handlung, aber doch dem Revuetypus angenähert.

Stück 75 ist davon das interessanteste: eine bittere Satire auf den Ritterstand, der seinen Namen mit Schande trägt, wie sie dem Dichter der 'Hussenflucht' wohl zuzutrauen ist. Bei dem kleinen Land, das sich manchem Land (lies: *eurer hant*?) wiedersetzt, 636 3 f. mag an Böhmen gedacht sein.

Der Anfang (75) 635 3-8 ist gleich dem Anfang von Stück 47 359 3-8, nur dass dort der Kaiser von *Schnokenlant* stammt statt aus *Kriechenlant*. Stück 47 𝔇M scheint ebenfalls als Satire auf den Adel gedacht zu sein. Die Reden des 2—8 Ritters sind offenbar mit satirischer Absicht geschrieben. Aber die des 1. und 9. sind ganz salz- und harmlos.

47 und 79 gehören eng zusammen und haben jedenfalls denselben Verfasser. Beide sind frei erfunden und prunken mit allerhand geographischen Namen. Darauf beruht das einzige, was die Stücke vielleicht für die Zeitgenossen interessant machte. Sonst sind sie zwar anständig, aber ungemein langweilig. In beiden tritt ein Kaiser oder König von Schnakenland auf. In Stück 47 sollen eine Reihe von Männern angeben, weshalb sie zu Rittern geschlagen wurden. Zum Teil fällt einer dem andern korrigierend in die Rede, sodass wir also hier Typus 2ª und 3 der Revueform vereinigt hätten. Die ganze Anlage des Stückes mit den fremdartigen Namen erinnert ganz an Rosenplüts Stück 100. Im Einzelnen wüsste ich allerdings nichts für Rosenplüts Verfasserschaft geltend zu machen, es sei denn das Auftauchen des Namens *Seydenſchwanz*, den Rosenplüt (42) 321 8 verwertet. Wenn der eine der Ritter seine Gesangsleistungen rühmt: *Ich kan tenor, dritt ſtym, diſchkant* (362 1), und der Kaiser

ihm sachverständigen Rat für die Erhaltung seiner Stimme giebt, so mag man sich an Rosenplüts Verständnis für Musik erinnert fühlen.

Stück 79 M bildet eine Art Fortsetzung. Mehrere Ritter kommen vom Hof des Königs von Schwabenland und klagen darüber, dass sie beim Turnieren auf die Schranken gesetzt, d. h. für ehrlos erklärt worden sind (vgl. Rüxner Turnierbuch Bl. xvij). Wir haben Typus 3 der Revueform ziemlich rein: einer fällt dem andern ins Wort und will, obwohl ein *socius malorum*, nicht zugeben, dass dem andern Unrecht geschehen sei. Es sind meist geschlechtliche Vergehen, die den Entehrten vorgeworfen werden; einer ist ein Wucherer. Der Narr epilogiert, und nach ihm spricht noch sehr überflüssiger Weise ein *Lapp*, *Heinz Narrolt*. Rosenplütisch ist die Wendung, der eine trage seiner Frau *die pfründ außem haus* (649 7. 16), vgl. (40) 305 18. 308 1. Sonst vermag ich einen bestimmenden Anhalt für Rosenplüts Autorschaft nicht zu gewinnen. Die Reime *ſtraſſen* : *taſchen* 651 2 f., *ſun* : *lon* 652 9 f., auch wohl *tochter* : *pfer* 651 35 f. machen sie zweifelhaft. Zu 653 15 vgl. (97) 748 29, zu 653 14 (17) 153 3.

Auch für die kleine Handelsszene, die Stück 49 bietet, und die ausser in 𝔇 in DM überliefert ist, darf Rosenplüts Autorschaft wenigstens in Erwägung gezogen werden. Mit 371 16 *Und legt eur pfewart* (l. *pfenwert*) *wider ein* vgl. Wolfsgrube 85 f.

dieweil die pfenwertkauf künn ſein;
der kramer wil ſchier legen ein.

Rosenplüt war mit dem Artuskreis vertraut, wie Stück 100 zeigt. Dass es sich in beiden Stücken um Beschämung der Ehebrecher handelt, stimmt zu Rosenplüts Vorliebe für das Thema. Die Vorliebe für den Reim *verſchmehen* : *geſchehen* (654 7 f.), *verſchmehen* : *ſpehen* (655 11 f., 662 15 f.), *ſehen* : *verſchmehen* (660 24 f.), *verjehen* = *vergæhen* : *ſehen* (662 34 f. 671 32 f.), *jehen* : *geſehen* (671 23 f.), *jehen* : *geſchehen* (673 20 f.), *geſehen* : *geſchehen* (671 32 f. 676 13 f.) hat auch Rosenplüt. Zu 657 34 f.:

Wann du haſt mir meine pfenbert tragen auß,
Der ich ſelber wol pedörfft in meym hauß.

vgl. oben S. 180, zu 673 24:

Darümb peger ich hie der ſtangen

vgl. oben S. 171. Die Metapher *den tham abgraben* 673 23, wäre Rosenplüt recht wohl zuzutrauen. Das Lob des reinen Weibes 677 13 ff. erinnert an das 'Lob der fruchtbaren Frau'. Es ist immerhin nicht viel, was für Rosenplüt spricht. Die Narrenepisode 673 28—675 16 hält Roethe, ADB 29, 232 für interpoliert. Ich kann ihm darin nicht beistimmen. Die kleine Retardation unmittelbar, bevor der letzte König, der König von Spanien, auftritt, der den Sieg über die andern gewinnt, weil er ein tugendhaftes Weib hat, obwohl er ein alter Mann ist, ist bei bescheidenen Ansprüchen ganz wirkungsvoll zu nennen. Im Hofstaat des Königs Artus auch einen Narren auftreten zu lassen, war ein recht naheliegender Gedanke. Hier ist also *Hannß Narrolt* (673 33) sehr viel passender als in (79) 653 11, und die Narrenepisode in Stück 79, wird erst durch die in Stück 81 eingegeben sein. Überdies dürfte gerade die Thatsache, dass der Narr den klügsten Rat giebt, mit für Rosenplüts Autorschrift verwertet werden, wenn man sich an sein Gedicht 'Der kluge Narr' und an Stück 78 erinnert. Eine Narrenepisode hat aber auch Stück 17.

Stück 17 𝔅 ist sozusagen eine Verbindung des Artus- und Aristotelesspiels. Aus dem Artuskreis stammen die als Ehebrecher stigmatisierten Könige aus Zypern, Arragonien u. s. w. An die Stelle des König Artus ist hier der Soldan getreten; man denkt an den Türken vom St. 39. Verse des Artusspieles 80/81 begegnen auch hier, teils wörtlich, teils so ähnlich, dass zufällige Berührung ausgeschlossen ist:

(17) 138 12–14 ~ (80) 654 10–13
(17) 138 17 f. ~ (80) 654 16 f.
(17) 152 16 f. ~ (81) 674 10 f.
(17) 153 4 f. ~ (81) 674 31 f.
Vgl. auch (17) 144 11 f. mit (80) 657 32 f.

Stück 80/81 M gehören, wie schon Keller andeutet, zusammen. Es ist zu bemerken, dass die Hs. unmittelbar und ohne Zwischenraum nach Stück 80 fortfuhr. Die Überschrift *D*[s] *lunetē mātl* (rot) ist erst nachträglich hinter dem

Wort der *Außſchreyer* auf derselben Zeile eingeklemmt. In M stand übrigens auch 360 1 und 15 *Lauet*; an der ersten Stelle ist es deutlich, an der zweiten ziemlich undeutlich in *Lanet* verbessert. So [oder *Laueta*?] stand ursprünglich auch 665 12, das *u* mit schwarzer Tinte aber in *n* verbessert [desgleichen eventuell das *-a* angehängt]. Das erste *a* ist erst mit roter Tinte in *u* verwandelt. Über das Verhältnis von Stück 81 zum Meisterlied in Bruns' Beiträgen II 143 ff. und in der Kolmarer Hs. hsg. v. Bartsch 373 ff. hat Warnatsch, Der Mantel S. 74 ff. gehandelt. Fastnachtspiel und Meisterlied gehen zurück auf eine verlorene gemeinsame Quelle; das Fastnachtspiel benutzte aber auch das Meisterlied vom Horn (Bruns 139) oder eine ähnliche Version. Der Inhalt von Stück 80 begegnet in einem Meisterlied, Germ. 5, 101, auch Mones Anzeiger 8, 354. 378. Dort heisst der König (oder die Königin) von *Asion*.

V. FOLZ.

Es sei gestattet hier die Resultate voranzustellen. Folz nennt sich als Verfasser von Stück 1. 7. 38. 43. 44. (s. Goedeke, Mittelalter 980) 112. Stück 60, in 𝔅 überliefert und ausserdem in etwas abweichender Gestalt bei H. Stüchs in Nürnberg gedruckt wie Stück 112, hat im Druck den Schluss: *Von der kurzweyl jetzund nit mer Spricht Hanns Foltz Barwirer*. Auch Stück 120, das ebenfalls bei Stüchs gedruckt ist, darf man ihm mit Sicherheit zuschreiben[1]. Ich glaube ferner, dass ihm auch 2—4. 8ᵃ. 8ᵇ (s. u.) 20. 22. 32. 35. 37. 51. 55 und 106 ohne Bedenken, vielleicht auch 31, zuzusprechen sind, und will zunächst darauf hin seine Art zu charakterisieren suchen, ehe ich anf Einzelheiten eingehe. Beachtenswert ist, dass diese sämtlichen Stücke, mit Ausnahme von 106, das in N steht, nur in 𝔅 und 𝔄 begegnen, nicht in den anderen Hss.

[1] Hans Stüchs druckte 1509–1531; vgl. K. Steiff, ADB 36, 715 f.

Revuen.

Folz geht offenbar von Rosenplüt aus. Die Narrenrevuen 32. 38. 43. 44 dürfen wir als die ältesten seiner Stücke betrachten. Sie zeigen noch sehr den Rosenplütischen Charakter. In der Metrik freilich unterscheiden sie sich. Folz baut seine Verse nach HSachsischer Art d. h. offenbar unter dem Einfluss der meistersingerischen Tradition (Achtsilbler), die er in das Nürnbergische Drama einführt. Nur 43 macht eine deutliche Ausnahme, wenigstens in der Hs.

Die Stücke 32 und 44 berühren sich, sodass sich folgende Partieen decken:

	(44) 338_{8-15}	=	(32) 259_{17-24}
	338_{19-26}	=	259_{26-33}
	340_{8} f.	=	261_{16} f.
teilweise:	340_{2} f.	~	260_{20} f.
	340_{4} f.	~	261_{14} f.

Nun hat es aber mit Stück 32 eine eigene Bewandtnis.

Es stimmt nämlich dort wieder manches zu einem anderen Folzischen Stück, nämlich Stück 38:

(32) 258_{6-11}	=	(38) 283_{15-20}
262_{7-14}	=	286_{8-15}.

Der Inhalt beider Stücke ist derselbe. Venus ein Urteil fällend über eine Schar Venusnarren — wohl ein Vorbild für Gengenbachs 'Gäuchmatt' und Hans Sachsens 'Hofgesinde der Venus' (Fastnachtspiel 2). In beiden Stücken lautet der Urteilsspruch gleich: 'bleibt nur ferner im Venusorden wie Vater Adam, die antiken und biblischen Helden!' (zu 263_{1} ff. vgl. besonders Frauenlob Spr. 141 = Regensburger, Kolmarer Hs. hsg. von Bartsch 81_{24} und ferner Roethe zu Reinmar v. Zweter 103)[1] und: 'zieht nur ferner

[1] Bei Rosenplüt (14) 126_{31} ff. ~ (17) 151_{4} ff., Salomo und Sampson auch (46) 355_{5} ff. Auch die Franzosen kennen das Register:

Par femme fut Adam dessus,
Et Virgile mosquez en fut,
Ypocrasse en fut enerbez,
Ssansson le fort deshonorez.

am Narrenseil!' Beidemale klingt auffällig an der Anfang von Kapitel 13 des Brantschen Narrenschiffs, das auf Gengenbach und wahrscheinlich auch auf Hans Sachs gewirkt hat:

An meynem ſeyl ich draffter yeich
Vil narren, affen, eſel, geüch,
Die ich verfůr, betrüg vnd leych.
Frow Venus mit dem ſtrôwen ars
Byn nit die mynſt jm narren fars u. s. w;

wo *efghk* (nach Zarnckes Bezeichnung) *ſtrôwen Loch : narrenjoch* haben. Dazu einerseits (38) 287 7 ff.:

Seit mit eur pulſchaft fort ungheit,
Und pit euch voln zů wünschen heil,
Das jar zu ziehn am narrenſâil.

Auch lauten hier die Überschriften der Reden: *Der Erſt : Narr, ... Der Dritt : Eſel, ... Der Neunt : Gauch* u. s. w. Andrerseits bezeichnender (32) 263 15 f.:

So ſagt mir, frau, ſeit ir es doch?
Fraw Fenus mit dem ſtroem loch,
Von der ich ſo vil han vernumen,
Und kunt doch lang nie auf euch kumen?[1]

Den Ausdruck *Fraw Venus mit dem ſtrôen Ars* hat auch Hans Sachs „Kram der Narrenkappen" (Folioausgabe 5, 406), wie Zarncke bemerkt hat, „sicher mit Anlehnung an Brant". Wie die Ähnlichkeit hier zu erklären, bleibe eine offene Frage; vor der Hand kommt es nur darauf an, dass gerade die Kombination der beiden sich entsprechenden Stellen von 32 und 38 zu Brant stimmt. Das ist sicher auffällig.

Davit an ſit fault jugement
Et Sallemon fault teſtament.
Femme chevalchat Ariſtote.
Il n'est rien que femme n'aisotte!

(Hdschr. d. 15. Jhs. aus Épinale no. 189, mir aus Héron Oeuvres de Henri d'Andeli p. XLIII bekannt.)

[1] Vgl. Gengenbach, Gouchmat 375 ff.:

Du alter narr, was ſtoſt du hie,
Ich bitt dich drumb, nun ſag mir, wie
Ich vff die gouchmat ouch môg kūme,
Von der ich hab ſo vyl vernumme.

Gleichwohl läge vielleicht die Annahme am nächsten, dass Stück 32 aus Folzischen Reminiszenzen entstanden sei; indessen bezieht sich doch (32) 260 20:

Ich pin ie auch ertrunken drin

zu deutlich zurück auf 258 6:

Die in ir pulſchaft ſein ertrunken.

Es ist also Stück 32 vermutlich älter als 44, wo die erste und auch älter als 38, wo die zweite Stelle isoliert begegnet. Das Umgekehrte setzte wenigstens ein sonderbares Zusammentreffen voraus. Ein ebenso sonderbares wäre es, wenn Stück 32 auf dem Wege der Flickarbeit seine gegen die verwandten Stücke sehr viel gleichmässigere Komposition erlangt hätte. Mit Ausnahme des letzten, dreizehnten Narren, der Venus selbst, des Ausschreiers und eines, der sie alle nennt (aber 21! — späterer Züsatz?) haben alle Personen gleichviel Verse nämlich 8, während in den anderen Stücken, namentlich auch in Stück 44, die Zahl variiert. Vgl. dazu Lier, Studien z. Geschichte des Nürnbergers Fastnachtspiels (1889) 11. Ich halte also Stück 32 für älter; und da es unwahrscheinlich ist, dass ein namhafter Dichter wie Folz andere ausschrieb, so glaube ich, dass auch Stück 32, wie 44 von ihm herrührt. In Stück 32 erinnert übrigens auch 263 13 *Weicht ab, trett umb und laſt uns fur* nicht umsonst an Folz (1) 1 5 *Weicht ab, tret umbę und raumet auf.* Auch dass die ganze Rede des Ausschreiers in 32 wie in 38 lebhaft das Einerlei derartiger Abgänge durchbrechend, sich an Venus selbst wendet, ist ein origineller Zug, den man nur einem geübten Dichter zuzutrauen hat.

In Stück 44 fällt auf, dass in der Aufzählung 10 Narren gezählt werden (337 25), während mit Einschluss des Sprechers nur 9 auftreten. Ist etwas ausgefallen? Man sollte doch eigentlich annehmen, dass die Zuschauer bis 10 zählen konnten. Der erste Narr ist des *Piſchoffs hofnarr.* Welches Bischofs? Wenn man ein Recht hätte mit Max Herrmann (Anz. f. deutsches Altertum XV, 146) den Hanns Voltz, der in einem Aktenstück des Jahres 1461 als Diener des Bischofs Johann von Würzburg erscheint, mit unserm Dichter zu identifizieren, so liesse sich an den Würzburger denken und ein lustiges Hypothesengebäude konstruieren. Dann wäre Stück 44 in Würzburg entstanden, vor 1479 (vgl. a. a. O. 145), also wohl Stück 32 (und 38) auch und erst recht. In Würzburg in unmittelbarer Nähe des Bischofs hätten wir einen Herd des Fastnachtspiels zu suchen u. s. w. Leider muss ich schon die Berechtigung zu jener Identifikation anzweifeln[1]. Namensgleichheiten, namentlich bei einem so häufigen Vornamen wie Hans sind auch im 15. und 16. Jh. nichts seltenes. In den Nürnberger Akten des 16. Jhs. begegnet sehr zum Verdruss des Forschers mindestens noch ein gleichzeitiger Hans Sachs, ein höchst unwürdiger Namensvetter des Dichters. Andrerseits wird durch Stücke wie (42) 320_{7} der Gedanke an den Bischof von Bamberg, zu dessen Diözese Nürnberg gehörte, näher gelegt. Vielleicht ist es gar eine Anspielung auf Rosenplüts 'klugen Narren', wie 338_{19} ff. eine Anspielung auf den 'Spiegel im Pech' enthält und 339_{28} f. auch ein Rosenplütsches Verspaar steht (vgl. oben S. 162). Ob bei dem Ort Schroffenhausen an den Markt (die heutige Stadt) Schrobenhausen an der Paar auf der Linie Ingolstadt—Augsburg zu denken sei, ist mir zweifelhaft (so auch Lier a. a. O. 4, Anm. 2). Ich kenne im 15. Jh. nur die Schreibung Schrobenhausen (mehrfach in den Städtechroniken). Wenn ja, so wäre darum das Stück noch nicht etwa nach Ingolstadt zu verlegen. Hans Sachsens Schwank vom „tollen Bauern von Schrobenhausen“ (Tüb. Ausg. IX, 262) zeigt, dass sich die Bauern von Schrobenhausen ob ihrer Tollheit eines weitgehenden Rufes erfreuten.

Wie stellt sich nun das Verhältnis von Folz zu Rosenplüt?

Folz zeigt bei aller Verwandtschaft mit Rosenplüt doch von vornherein eine überlegene Gewandtheit im Erzählen der öden Buhlgeschichten. Er liebt die Fragezeichen, die kurze Rede:

(43) 352_{35} ff. Ich klopf dran vnd ſprach: Piſtu do?
Sich regt die ſau vnd ſpricht: Jo, jo!
W e r f r o e r d a n n i c h ? Und want ſi wers u. s. w.

[1] Vgl. auch AnzfdA. 18, 146.

Ähnlich ist es, wenn (1) 26 25 f. eine kurze rhetorische Frage gestellt und vom Sprecher gleich beantwortet wird:

> **Das geſicht Isaie hort wem?**
> **Ganz Juda vnd Jeruſalem.**

Reden und Gedanken dritter Personen werden in direkter Rede gegeben. *Jetzt denkt ſie*: ... (32) 259 20 *So ſpricht ſi* (43) 332 16 vgl. 331 4. Auch die eigenen: *Ich dacht*: ... (32) 259 32 *So dacht ich dann*: .... (32) 260 32. *Do ſprach ich* ... (43) 331 5 [1].

Auch die Rosenplütischen Eingänge varriiert er und gestaltet sie lebendiger. Er lässt das Spiel ohne lange Vorrede beginnen und gestattet sich gleich eine dichterische Fiktion: die eintretenden Schauspieler benehmen sich als wären sie nur zufällig in das Haus geraten, in dem das Spiel vor sich gehn soll:

(38) 283 3 **Pox grint, ich mein wir gen nit recht!**
Get einher lieben freunt, und fecht!
Es iſt nit meier Pilzans haus u. s. w.

Anderswo sucht er durch grobe Kürze zu imponieren und die Aufmerksamkeit zu packen:

(1) 1 5 f. **Weicht ab! tret umbe vnd raumet auf,**
Eͤ man euch blüpfling überlauf!

(20) 169 4 f. **Schweigt ſtill, vnd halt all die meuler zu!**
Hort was man euch verkünden thu!

Anderswo wird der Wirt gleich als Schiedsrichter in die Handlung hineingezogen. So bringt Folz dramatisches Leben in die matten Revuen hinein.

Gerichtsszenen.

An die Revuen schliessen sich dann bei Folz wie bei Rosenplüt Gerichtsszenen, die sich ebenfalls in charakteristischer Weise von denen des Vorgängers unterscheiden.

---

[1] Das findet sich allerdings auch gelegentlich bei Rosenplüt.

Stück 112 steht auch Q XX, von Vigil Raber 1512 abgeschrieben, wo die überflüssige Rede eines *andern pauern* 959 27 fehlt. Vielleicht lautete der Schluss 959 25 f. ursprünglich:

Habt yetz vergût. Zum negſten mer
Spricht Folz von Nürmberg barbirer.

Das Stück ist für die Beurteilung des Verhältnisses von Folz zu Rosenplüt von Wichtigkeit und in dieser Beziehung höchst interessant. Nicht nur die ganze Idee stammt von Rosenplüt. Auch im Einzelnen finden sich Anklänge. 959 4 f.

Ich ſprich, welch man ein ſchöns weib hat
Vnd die zum pfarrer neſchen lat

vgl. (40) 307 10 f:

Ich urteil, wer ein frauen hat
Vnd zuo andern weiben auß naſchen gat.

Und doch ist Folz originell. Schon auf den ersten Blick unterscheiden sich die Folzischen Gerichtsszenen von den Rosenplütschen dadurch, dass die Urteilssprüche kürzer sind. Folz ist nicht so langatmig wie Rosenplüt. Dreierlei Klagen werden vorgebracht, bei den beiden ersten sprechen Kläger und Ankläger, Richter und zwei Schöffen; bei der letzten nur ein Schöffe — vielleicht ist etwas ausgefallen. Aber Folz bethätigt seinen Witz darin, dass er zwar dem ersten Schöffen so greuliche und abgeschmackte Strafen in den Mund legt, wie wir sie aus Rosenplüts Stücken gewöhnt sind, dann aber den zweiten einer gemeinschaftlichen lustigen Zecherei mit Kläger und Angeklagten das Wort reden lässt. Vgl. 957 16 ff.:

Ir herrn, das wer ein leckerey!
Ein anders urteil ich darbey:
Wo wir zu negſt an einer zech ſein,
Das ſie ein wock und vier maß wein
Pringen und mit uns drein zechen —
Ich weyß kein peſſer recht zu sprechen.

958 11 f.:

Ein dreck was kewſtu von dem ding!
Ein anders ich dar bey für pring
Und urtheil, ſo uns eins ſer dürft,
Das ſie uns bayd ſchicken ir würſt,
Und bring yeder ein ſchweinen praten,
Do well wir gûts zun ſachen raten.

So wirft ein keckes Weltkind der alten schwerfälligen Moralisiererei Rosenplüts den Fehdehandschuh ins Gesicht, gerade wie Folz als Lyriker in schneidiger Polemik den Meistersingern die Mahnung zuruft: *Thund nit in himel zilen!* (Mss. germ. Berl. 414. 4⁰, Blatt 269 ff., vgl. Vossische Ztg. 1890, Sonntags-Beilage No. 26). Für die Nürnberger, die sich bei den Worten des ersten Schöffen im alten seit Jahren gewohnten Rosenplütschen Fahrwasser wähnten, musste die neue Wendung im höheren Grade als für uns den Reiz des Überraschenden haben. So erreicht Folz auch eine höhere Stufe der Komik als Rosenplüt.

Stück 102 ist ein Bauerngericht. Mit gutem Humor freut sich der Dichter der Bauerntölpel. Auch in dieser Beziehung hat er von Neidhart und seinen Nachahmern gelernt, wie er sich in der Lyrik als überzeugter Anhänger Neidharts bekennt. Dürfen wir nicht annehmen, dass die Gerichtsspiele, in denen Bauern als Kläger, Beklagte und Richter auftreten unter dem Einfluss von Stück 112 stehn? Freilich die feineren Pointen, über die Folz verfügt, stehen den Nachahmern nicht zu Gebote, während die groben Zoten der Rosenplütschen Schule lustig fortwuchern.

Stück 10 erscheint als ein solcher Kompromiss zwischen Folz und Rosenplüt.

Stück 18 ist damit verwandt. 18 (154)$_4$ f. = (10) 57$_4$ f.; 157$_9$ f. ~ (10) 99$_{33}$ f. Frettendrüssel (158$_7$) begegnet auch (10) 100$_{17}$.

Andererseits setzen Gerichtsszenen, die im Dialog so behend sind, wie Stück 29 und namentlich Stück 61, wenn man sie auch wohl nicht direkt Folz zuschreiben wird, bereits den Einfluss seiner dramatischen Technik voraus.

Stück 51 ist eins von den weniger lebhaften Stücken der jüngeren Technik. Doch der Unterschied gegen 72/73 ist in die Augen springend. Dort eine einzige Frage, eine matte rhetorische:

Was rechtz ſchol ich darümb ſprechen?
Ich wolt mich ſelber gern an der Faßten rechen.

629$_{26}$ f. vgl. 626$_{33}$ f. Hier eine ganze Reihe. Mit 383$_{24}$ f.:

Sag, Fasnacht, wer iſt ſchuldig dran?
Niemant dan du, kan ich verſtan.

vergleiche (1) 26_{25} f. Lebhafte Schilderung des Fastnachttreibens in den Reden der klägerischen Anwälte; reichliche Anwendung der direkten Rede in Berichten:

382_{22} ff. *Du weiſt doch Adam was ein paur, Und ſprach zu uns allen: ......*; 383_{35} f. *Wenn ſie auf ſtan oder gen nider, Gedenkt ider: .....*; 384_{2} f. *Das er erſeufzt und denkt da mit: ....*; 384_{35} *Und ſprachen: ....*; 385_{31} *Das manche ſpricht: ....*; 388_{9} *Igklicher ſpricht: .....*; 388_{10} *Und ich ſprich werlich: .....*; 389_{21} f. *Des ir mir nit kunt ſprechen: Nein.* vgl. (1) 9_{6} *Und vmb vns ſchreien: We, we, we!*

So verstehe ich auch 383_{15} als „dort gicken sie und gecken sie: auweh! genug!“ *gicken* = *ſtechen*, namentlich mit der Spitze des Zeigefingers, *gecken* = *vexare* (Schmeller, Bair. Wb. I² 883). Ausser der Reimbrechung beim Personenwechsel wird auch sonst das Enjambement verwendet:

380_{18} ff. Do wirt dann mancher zu eim Lotten,
Der dann die eigen tochter ſein
Beſchlief, als ſie waren durch den wein
Entſchemt.

Wir dürfen wohl Folz für den Verfasser halten. Ein Folzischer Fluch mit 'Potz' steht 387_{14} (vgl. unten S. 226). Der Reim 381_{25} f. *riemen* : *kemen* aber darf nicht abhalten, das Stück Folz zuzusprechen. Es ist offenbar zu lesen:

Und ſchmitzen mit iren geiſeln rumen,
Das mancher vmb ein aug mocht kumen.

(*rumen* : (7) 74_{25} die Drucke). Dass *ſchmitzen* ein Folzisches Lieblingswort ist, hat Stiefel, Herrigs Archiv 90, 3 bemerkt, wenn er den Reim *ſchmitzen* : *ſitzen* für Folz in Anspruch nimmt. Er begegnet auch hier 386_{19} f. Ebenso das nach Stiefels richtiger Beobachtung bei Folz viel verwendete Reimwort *remen* (: *klemen* 382_{7}, *zu ſemen*? 386_{27}).

Benutzung von Quellen.

Wo Folz seine Stücke unter Benutzung älterer Quellen gestaltet, erkennt er mit sicherem Blick, was sich für dramatische Behandlung eignet. Er strebt nach drastischen Effekten. Wie die Ironie liebt er den Wortwitz. Der schlagfertige Disput zwischen Salomo und Morolf zieht ihn an und er erkennt das dramatische Element (Stück 60). Auch die dramatische Behandlung des Traugemundliedes (Stück 63) werden wir ihm zutrauen dürfen. Das komische Missverständnis muss als ein unabsichtliches ein neues Motiv für das Arztspiel abgeben, das Hans Sachs später übernimmt. Vgl. auch (22) 206_{9} f. Als absichtliches hat es Folz in einem Spruchgedicht (ZfdA. 8, 520) verwertet, das dann Hans Sachs in seinem vierten Fastnachtspiel kopiert hat.

Er liebt es, an den Scharfsinn der Zuhörer zu appellieren und deshalb darf man ihm auch Stück 22 das Spiel vom 'Kaiser und Abt' sehr wohl zutrauen.

Bei dem Pfalzgrafen am Rhein, der drei Fürsten überritten und auch zu Preussen gestritten hat (201_{7} ff.), kann eigentlich nur an Friedrich den Siegreichen (1449—1476), den vielbesungenen Helden von Seckenheim, den bösen Fritz gedacht sein. Dass er gegen Preussen gekämpft habe, meldet die Geschichte freilich nicht. (Vgl. L. Häusser, Geschichte der rheinischen Pfalz I (1848) 129 ff.; K. Menzel, ADB 7, 593 ff.). Hier muss irgend ein Missverständnis untergelaufen sein, oder dichterische Phantasie hat zuerfunden. Wenigstens darf an das Datum der Seckenheimer Schlacht (30. Juli 1462) als Terminus a quo angeknüpft werden, und zwar als ziemlich entfernten wegen der sagenhaften Gestaltung (22) 203_{21} ≐ (20) 172_{11}.

Zweifelhaft bleibt, ob Folz Stück 37 zuzusprechen ist mit dem Rosenplütschen Lieblingsreim *ſchmutzen : ergutzen* (277_{20} f.). Die Zank- und Prügelszene zwischen den Eheleuten spricht auch hier für ihn. Ähnlich steht es mit Stück 64, dem Spiel von den faulen Pfaffenknechten, einer Revue des Typus 3, über deren Quelle man W. Grimm,

Märchen III^3 233 ff.; Liebrecht, Germania II 246; J. M. Wagner in seinem Archiv 71 ff. vergleiche.

Besonders lebendig tritt uns Folzens dramatische Kraft in Stück 8 entgegen, dem Stiefel kürzlich eine Behandlung gewidmet hat (Herrigs Archiv 70, 1 ff.). Aber weder er noch sonst jemand hat erkannt, dass wir es in Wahrheit mit zwei Stücken zu thun haben. Ich nenne sie 8^a und 8^b und möchte beide für Hans Folz in Anspruch nehmen.

8^a geht bis 78$_4$ und hat mit 8^b nichts weiter gemein, als dass in beiden Stücken ein König auftritt, in 8^b ein veritabler, in 8^a nur der Kartenkönig. Denn das ist doch offenbar der

> kunik, nit reich, das wißt,
> Auß einem land, ich weiß nit wo,

der sich darüber beschwert,

> Das in manik ſpilman trit in das kot.

77$_{6-12}$ lassen darüber gar keinen Zweifel. Das Stück ist offenbar 78$_4$ zu Ende, und die Überschrift 75$_2$ f. passt nur für Stück 8^b.

Dass das Stück aus Nürnberg stammen wird, zeigen die Reime. *ei* nnd *ai* werden gebunden: *ſein* : *klain* 75$_{24}$ f.; *erzaigen* : *geſchweigen* 75$_{26}$ f.; *flaiß* : *weis* 76$_6$ f.; *ſeit* : *lait* 76$_{17}$ f. u.s.w. *genoßen* : *moßen* 77$_{24}$ f.; *than* : *darvan* 77$_{27}$ f. stimmen zu Nürnberg (womit ich natürlich nicht gesagt haben will, dass dergleichen nicht auch anderwärts vorkäme). Die Verse sind, wenn man einige überflüssige *e* der Endungen tilgt, kleinere Zusätze desgleichen, regelrecht nach Hans Sachsens Weise. Nur 76$_{26-28}$ sind stark überladen. Vielleicht haben wir es hier aber mit einer Interpolation zu thun. 76$_{30}$ steht in der Handschrift:

> Herr konik, mich dunkt, es wol erwachßen
> In mir groß weiſheit ....

Keller verbessert stillschweigend *erwachen*, um den Reim zu *machen* herzustellen. Vielleicht ist statt dessen V. 27 f. zu streichen und V. 26 zu ändern, so dass die Stelle von V. 23 an lauten würde:

Dem wil ich freilich denen ſein haut,
Das er wurd ſchreien alſo laut,
Und wolt im ſitzen auf der achſen. —

8ᵇ, das Spiel von den drei Brüdern, weist ebenfalls nach Nürnberg. 78 8 ff. wird ein Dorf an der Regnitz, oberhalb des Spielorts (Nürnberg) erwähnt. Gemeint ist wohl Wörth. Auch innerhalb des Stücks ist Verwirrung eingetreten. Manche Reden sind nur angedeutet z. B. 87 8. 10 f. Dass 87 14 ff. an das Ende gehören, hat schon Weinhold gesehen (S. 1485).

Reime: *ei* : *ai* mehrfach. *herrn* : *weren* (*rd*) 82 21 f., *worn* (*rd*) : *zorn* 84 15 f., *were* : *erde* 84 8 f., *genade* : *tode* 78 27 f., *tot* : *hot* (= *hat*) 80 13 f., *zwien* : *verdien* 81 22 f., *gelauben* : *augen* 81 31 f., *erzeigt* : *hinterliſtigkeit* 81 32 f. Zweimal sind die Reime gestört: 85 10 und 79 13 sind Weisen. Vielleicht entsprach dem Vers 79 13:

79 16 Schweigt ſtill ein weil mit eurem ſpein,

und 79 15 ist Zusatz. Die Verse sind stark überladen. Man kann zu rekonstruieren suchen, z. B.:

Ja, lieber herr, das wil ich [euch] ſagen:
Es iſt ein jar gewest [leicht] vor acht tagen,
[So] Starb [uns] unſer vater, dem got genade,
So hab ich werlein [ſider] nach ſeim tode
Seins guts nit-umb ein har genoſſen,
Das mich oft [vaſt] ubel hat verdroſſen.
D[a]rumb, lieber herr, ſecht an mein ſchaden,
Damit ich ſer bin uberladen
Und ſeit mit fleiß an mich gedenken!
Ich wil [euch werlein] ein kreben [vol] eier ſchenken,
[Und] Ein guts [friſch] pfunt puttern oder zwei,
Das ich euch [deſt] pas enpfolhen ſei. U. s. w.

Vielfach freilich stösst man auf grössere Schwierigkeiten. Doch ist das Stück schon durch die Reimbrechung den kunstvolleren zugesellt, wozu der Inhalt stimmt, der eine kleine Handlung gut durchführt, sodass man billig zweifeln muss, ob dem Original eine so halsbrecherische Metrik eigen war, wie die Handschrift sie zeigt.

Vorschläge zur Textbesserung hat weiterhin Stiefel gebracht (a. a. O.), der auch als Quelle Steinhöwels Äsop (ed. Oesterley S. 223) nachgewiesen hat. Damit ergiebt sich als Terminus a quo etwa 1480.

Genreszenen aus dem Leben.

In ganz neue Bahnen aber lenkt Folz ein und thut, nur schwache Ansätze Rosenplüts benutzend, einen grossen Schritt vorwärts, indem er Genreszenen aus dem täglichen Leben in flotter Weise dramatisch zu gestalten sucht. Hier ist der überzeugte Naturalist in seinem Element und zeigt, dass er auch theoretisch über seine Kunst nachgedacht hat. Er sucht alles auf, was dazu dienen kann, den Dialog lebendiger zu gestalten.

Während bei Rosenplüt die einzelnen Sprecher ruhig ihr Sprüchlein herbeten und nur selten zu einander in direkte Beziehung gesetzt werden, folgt bei Folz Rede und Gegenrede manchmal in Einzelreihen. Er verwertet zuerst mit Bewusstsein den Stichreim beim Personenwechsel[1], was ihm dann sein Schüler Hans Sachs nachmacht. Wenn vielleicht zunächst lediglich der praktische Zweck, den Schauspielern das Behalten des Stichwortes zu erleichtern zur Anwendung dieses Kunstmittels geführt hat, so hat Folz doch sicherlich auch den dramatischen Wert empfunden. Vgl. auch M. Herrmann, Hans Sachs-Forschungen, Festschrift der Stadt Nürnberg 1894, S. 423 ff. Wahrscheinlich fallen die Stücke, in denen dies Kunstmittel zur Anwendung gelangt (2. 4. 5? 7. 8ᵃ. 8ᵇ. 20. 35. 37. 51. 55. 60. 120) in eine spätere Zeit als 1. 3. 31. 32. 38. 43. 44. 112. Die Stücke sind schon aus diesem Grunde sicher Rosenplüt abzusprechen.

---

[1] Vgl. Rachel, Reimbrechung und Dreireim im Drama des Hans Sachs. Freiberg. Progr. 1870 und neuerdings Max Herrmann, Stichreim und Dreireim bei Hans Sachs und andern Dramatikern des 15. und 16. Jhs. Hans Sachs-Forschungen (1894) S. 407 ff.

Um den Wortwechsel lebhafter zu machen, verfällt Folz nicht selten ins Barsche und Rohe. Seine Personen fluchen in fürchterlicher Weise: *Pox grint!* (20) 173$_{14}$; (38) 283$_{5}$; 287$_{10}$; (44) 340$_{23}$. *Pox haut!* (4) 49$_{20}$; (7) 37$_{2}$ u. a. *Pox lung!* (7) 68$_{8}$. *Pox leichnam! Pox leichnams willen* u. a. (4) 50$_{6.\ 10}$; 51$_{11.\ 31}$; (7) 68$_{13}$; 69$_{11}$; (20) 187$_{11}$. *Pox ſchwitz!* (38) 285$_{31}$ u. s. w. *Ins teufels namen* oder *aller teufel namen!* (3) 45$_{11}$; (5) 55$_{15}$ [1]; (60) 538$_{4.\ 7.\ 11}$. *In aller ritten namen!* (120) Nachtr. 1$_{12}$. *Da ſchlag innig der teufel zu!* (20) 177$_{2}$. *Der teufel ſchlah zu diſen ſchwenken!* (60) 538$_{2}$. *Ei nu muß ſein der teufel lachen!* (55) 480$_{29}$. *Das euch der teufel hin fur!* (1) 30$_{25}$. *Das dich der teufel ſchent!* (60) 524$_{10}$. *Das dich der teufel im ſchandtrog walg!* (3) 42$_{35}$; (5) 53$_{25}$; (31) 253$_{14}$. *Das der teufel verpfue dich!* (5) 55$_{16}$.

Ei du hellrigel und Lucifer!
Ei das dein ſel dem teufel wer!
Der henker dich verprennen well!
Und das der rauch riech in die hell!

(37) 281$_{22}$ ff. — *Ei das dichs faldubel ange vnd der ritt! Ei hab dirs faldubel vnd ſweig ſtill! Ei das dich muß der ritt angen! Das dich der ritt ſchütt* u. s. w. (2) 36$_{3}$; 37$_{11}$; (8[b]) 81$_{25}$; (5) 55$_{33}$; (60) 524$_{12}$. — *Das euch der ritt geſegen!* (60) 539$_{21}$. — *Schlach die hur das ſie den ritten hab!* (120) Nachtr. 13$_{19}$. — *Hab dir drues vnd peulen! Habt euch die drues! Das euch drues vnd peulen ange!* u. s. w. (22) 203$_{4}$; (60) 539$_{10}$ u. a. — *Ei das dich verſchlint die erden!* (1) 177$_{2}$. — *Das dich die tefer muß erworgen!* (20) 55$_{25}$. —

Das dich drüs peuln vnd der ritt
Erwurg, und euch verſchling die erd
Vnd das ir all zu kappera wert![2]

(20) 178$_{13}$ ff. Und vieles Ähnliche.

Als Frage: *Ei hat euch der teufel hereingetragen? Hat mich der teufel mit dir beſchiſſen? Hat euch der teufel*

---

[1] Ich zitiere hier auch Nachahmer, weil sie diese Manier deutlich von Folz gelernt haben.

[2] Nach (1) 30$_{32}$ ff. der 'gemeine Fluch'.

all aufgelennt (1) 30₂₅; (22) 203₂₁; (120) Nachtr. 1₁₂; (60) 539₅ und so weiter.

Rosenplüt hat nichts Ähnliches. Höchstens, dass ein Mal der Henker angerufen wird:

> **Ach thut dy ſchemlichen kron naher!**
> **Hat ſie denn her pracht der geheind haher?**[1]

Gern lässt es Folz zum Zank und zu wütenden Reden kommen, in denen dann ganze Register von Schimpfwörtern herausgesprudelt werden (vgl. (8^b) 88₁₂ ff., 89₈ ff.; (3) 45₁₂ ff.; (31) 254₉ ff., 255₃ ff.). Auch hierin hat ihm Hans Sachs nachgeahmt, während bei Rosenplüt noch nicht einmal ein Ansatz begegnet. Wenn sich Narr und Närrin zanken heisst es bei diesem zahm genug *Awee Gütell! du groſſe nerrin! — Awee, Hanßel! — Du pöſer unſeliger Hanßel! Du pöſer ſchemlicher Hanßel* (17) 152₁₆; (81) 674₁₀, 674₂₆; (17) 153₅; (81) 674₃₂.

Bei dem Disput wird gern mit Interjektionen begonnen: *Ach! Ei! O!* Die Interjektion *Plan!* = *Wolan!* verstanden die Handschriften und Drucke nicht: (20) 185₂₃ steht *Plau,* (112) 959₁₄ *Plaut.* Vgl. dazu Zarncke, Narrenschiff CXXXVIII; Goedeke, Gengenbach 680 ff. (20) 186₅ ff. wird z. B. ein ganzes Füllhorn von Interjektionen ausgeschüttet. Aufforderungen: *Hör!* (*Hör Jud! — Mein Chriſt!* 1 u. 106), *Sag an! Secht!*, die schon Rosenplüt braucht, werden ausgiebig verwertet.

Schliesslich werden die Unterredner mit Drohungen scharf gegen einander geführt: *Ja torſt ich* .... (3) 44₂₂; *Ich torſt euch ſchier pede auf die meuler ſchlahen* (7) 68₁₄; vgl. auch *Ich torſt dir wol dein muter geheien* (35) 272₂₄; *Ich wolt dir ſchier dein maul zupleuen* (55) 481₃₁. Ironische Wechselreden, in denen sich die beiden Zankenden mit '*lieber*' titulieren und mit Vorliebe das Wort '*werlein*' als Beteuerungspartikel gebrauchen — ein besonders Folzisches

---

[1] Der Teufel wird allerdings auch (64) 566₄ genannt. Ich möchte beinahe deshalb Rosenplüt das Stück absprechen.

und HSachsisches Wort[1] — führen dann zu Situationen, in denen sich zwei eine Weile wie Kampfhähne gegenüberstehn, der eine wütend, der andere höhnend; der eine immerfort feige schwörend, er werde sich rächen, der andere zynisch im Bewusstsein überlegener Kraft. Folz versteht dabei das Wirtshaus, in dem gespielt wird, als Szene zu benutzen. Da tritt der Wallbruder auf und klagt über sein Unglück (Stück 2)[2]; der Bauer fällt ihm ins Wort und belehrt die Zuhörer, dass dies Unglück durchaus selbstverschuldet ist. Nach Vorbildern für diese Art der Anknüpfung eines Disputs darf man nicht lang suchen; die Revueformen des Typus 3 boten sie; aber Folz versteht es die Szene auszuspinnen und höchst ergötzlich zu gestalten. Langweilig wie Rosenplüt ist er nie. Oder er führt einen ehelichen

---

[1] Dies sonderbare Nürnbergische Wort erklärt sich zunächst als Verhochdeutschung von dialektischem *werla* nach dem Muster von *liedla* (Hans Sachs) u. a. *werla* aber geht zunächst auf *werlach* zurück, vgl. *treulach* (in den Sterzinger Spielen), entweder direkt aus **werlaich* d. i. *wærlîche* entwickelt oder nach dem Wechsel von *-ig* (*-ich*) und *-ag* (*-ach*) aus *werlich* umgebildet.

[2] Zum Verständnis von 35_{16} ff. zitiere ich aus einem *„geticht von der kayſſerlichen Reichsſtatt Nürnberg, von dem Gebott vnd Satzung eyneß Erbarn erlichen Ratt"* vom Jahre 1499 (Ms. germ. Berolin. Fol. 489 — nicht von Rosenplüt, aber dessen Lobspruch nachgedichtet):

Frauenhauß.] Gewinnet ein Ehemann falsch begirr,
Der im ein ſolch luſt fürnem,
Inß hauß der Gemeynen frawen kem,
Würdt er geſchehn [ſo] von den knechten,
So trifft in weder ſtreitt noch fechten,
Vngeſtrafft kumptt Er nit herauß:
Vischbach.] Ein pach fleüßt für daß frawen hauß,
Mit gewalt Er in denſelben muß,
Den knechten geben buß:
Vierr Schilling vnd auch minder nicht.

Ist unter dem „ledernen Busch", aus dem die Knechte kommen, das Zelt dieser Nürnberger Polizei zu verstehn?

Die Verse in Stück 2 sind ganz regelmässig vierhebig gebaut. Leicht sich bietende Glättungen hat man natürlich vorzunehmen: 34_{12} *Ich wolt gen Och* [*ſein*] *hinab an Rein.* — 34_{20} (*ich wart*) *So naſſer auf derſelben fart* u. s. w.

Disput herbei, in den sich Schwiegereltern und Nachbarn einmischen (Stück 3). Ohne Schwierigkeit setzt er eine Reihe von verschiedenen Personen zu einander in Beziehung. Der Typus des bösen alten Weibes, vor dem der Ehekrüppel Angst hat, wird zu neuen dramatischen Effekten verwertet (Stück 4).

Ironie und Karikatur werden hier in gleicher Weise gehandhabt. Der Mann erscheint möglichst kläglich und bekommt auch trotz eines Helfers (4) die Schläge, die Frau erscheint furienhaft, schon in der Kleidung möglichst hässlich und verlumpt (31) 256_{20} ff.

Lebhaft werden alle Umstehenden — Mitspieler und Zuschauer — in den Zank hineingezogen und ironisch oder ernsthaft zur Parteinahme aufgefordert:

Ach lieben helfft im clagen dem armen! (4) 47_{20}
Rat lieben herrn, wie ich im thue! (4) 48_{26}
Schaut an lieben freunt schaut an!
So treibt sie neur aus mir ir gehei! (4) 49_{12} f.
O helft lieben freunt! (4) $50_{10 \cdot 15 \cdot 20}$
O helfft lieben gesellen aus dieser not! (7) 73_{15}
O lieben herrn halt sie neur vest! (7) 73_{20}.

Auch zur Versöhnung wird gern die Hülfe eines Freundes angerufen. Und mit Wein und Tanz wird dann das Gleichgewicht wieder hergestellt[1].

Von diesen ehelichen Szenen sind Stück 3 und 4 die originellsten und enthalten am meisten Folzische Eigenheiten. Stück 31, das im Sterzinger Spiel XIII eine Bearbeitung erfuhr, möchte ich ihm nicht mit gleicher Sicherheit zuschreiben. Es zeigt, auch was das Versmaterial anlangt, Beziehung zu Stück 3. 253_{14} f. ~ (3) 42_{34} f. Ferner ist Rosenplüts Brünnlein benutzt; vgl. 256_{26-30}:

---

[1] Von Rosenplüts Stücken scheidet die Folzischen denn auch noch eine Äusserlichkeit. Nirgends findet sich in sicher Rosenplütschen Stücken eine direkte Aufforderung zum Tanz, wie in 2, 3, 4, 5, 8^b, 20, 22, 37, 43, 51, 55, 60, 106, 112 und in den tyrolischen Dramen, meist mit den Reimen *reien : ermeien* (8^b, 20, 51, 60, 106), *tanzen : umbher swanzen, springen : erclingen* u. a.

Er acht nit, das man sicht mein torin,
Die schwarz umbs maul ist, als ein morin,
Das mir der pauch und pusem pleckt.
Was ich die wochen am rocken erleckt,
Versauft er als am feiertag

mit Brünnlein 15—20

Mentel ⟨und⟩ rock, kandel und schüssel
Dasselb vert alles durch sein drüssel
Vnd was ich an dem rockn erleck.
Er acht nit, ob mir der pauch pleck
Vnd ob man mir seh an die törin,
Die swarz umbs maul ist als ein mörin.

Vgl. auch 257 4 ff. und Brünnlein 24 ff. Mit der Wendung *du hast ein pose litz* (253 32) vergleiche *mit falschen litzen* (112) 956 8 und (7) 73 21 *Der litz han ich nit an ir gewest.* Eine solche Wiederkehr eines Folzischen Ausdrucks bedeutet etwas mehr als die eines Rosenplütschen. Aber Folzens Manier scheint doch übertrieben bis zur Karrikatur in der Anhäufung der Schimpfwörter 254 9 ff.

Schon die zerfahrene Metrik, die man nicht durch Konjekturen bessern kann, führt darauf, dass Stück 5 nur ein Abklatsch von Stück 31 ist, der Folz nicht zugetraut werden darf. (5) 53 25 ff. ∾ (31) 253 14 f.; (5) 54 4 ff. ∾ (31) 253 15 f. (31) 256 20 ff. mit samt den aus dem 'Brünnlein' stammenden Stellen ist deutlich benützt für (5) 55 22 ff. —

Gern greift Folz auf ältere Vorbilder zurück und bildet die Arztszene (Stück 112) und das „Hochzeitmachen" (Stück 7) um. —

Beachtet man die Kunst mit der Folz es versteht, solche Szenen zu gestalten, so wird man auch bei Stück 35 an Folz denken.

Die kleine dramatische Handelsszene, die immerhin dramatisches und komisches Talent verrät, ist offenbar Fragment. Zum Schluss fehlt die übliche Schlägerei und Versöhnung. Auch sonst ist das Stück mangelhaft überliefert. Nach 271 6 fehlt eine Zeile, wie HKurz bemerkt (Keller 3 S. 1492); 272 15 ist *Der erst* zu tilgen: es spricht noch der Verkäufer, wie schon Keller notiert hat. Aber Zeile 272 16–19 begegnet ein Dreireim, 272_{24} dafür eine Weise. Das hat sonderbarer Weise keiner der Gelehrten bemerkt, die nebst Keller im Anhang der Kellerschen Ausgabe (manchmal recht überflüssige) Verbesserungsvorschläge machten. Die Reime sind gestört und die Stelle 272_{14} ff. so zu lesen:

Der Ander.

Peit! Do hab ich ein poſen gęſehen!
Er hat ein fel, als ſei er zin.

Der Erſt.

Schweig! er iſt gut vnd get gern hin. —
Das iſt xj — xij — das iſt dreizehen.

Der Ander.

Peit freunt! wie iſt den zweien gęſchehen?
Mich dunkt, wie ſie ſo kupfrein ſeien.

Der Erſt.

Ich torſt dir wol dein muter gęheien,
Ee ich dirs wechſelt nach dei[ne]m mut!

273_{6} muss es dann heissen:

Das ſein xiiij (statt: xij), vnd ij haſt [du] do!

Nur so kommen die 273_{10} geforderten 20 Pfennig glatt heraus; dass vorher 22 gefordert waren, hat der Dichter entweder den Verkäufer absichtlich vergessen lassen, oder 271_{14} ist auch fehlerhaft. 273_{5} halte ich Kellers Konjektur (S. 1492) für richtig, streiche aber auch *mit*, das den Vers belastet.

Man darf dann weiterhin Stück 55 heranziehen, eine Szene, die die soziale Frage der Zeit streift, zwischen einem Bauern und einem Krämer. Der Bauer beneidet den Krämer und möchte gern so leicht wie jener Geld verdienen. Der Krämer rät ihm nach Niclashausen zu ziehn,

Do gilt ein würfel wol ein ku,
Ein haſelnuß gilt wol ein ei.

Gemeint ist Niclashausen, 1¼ Meile südöstlich von der Tauber. Es gab eine Zeit, in der ein Krämer wohl Geld dort verdienen konnte. Das war im Jahr der grossen Wallfahrt 1476,

Vgl. Barack Hans Böhm und die Wallfahrt nach Niclashausen (Archiv d. historischen Vereins f. Unterfranken 14) und Fickler Der heilige Jüngling zu Niclashausen (Badenia hsg. v. Bader Nr. 1, 1859). Aber die Erwähnung besagt offenbar mehr, als dass Niclashausen ein Ort sei, wo gut Handel treiben. Das ganze Stück mit dem Bauern, der aus seinem Stande herausdrängt und ein gutes festes Eigen für ein Phantom hingiebt, ist deutlich genug eine Satire auf die sozialistische Bewegung, die sich zu regen begann. Der Mann gehört nach Niclashausen, spottet der Krämer, wo sich die Werte so zn verschieben beginnen, dass eine Kuh nicht mehr gilt als ein Würfel, eine Haselnuss nicht mehr als ein Ei! Der Bauer im Spiel merkt die echt Folzische Ironie nicht, die die Zuschauer jedenfalls gut verstanden.

Politische Stücke.

Stück 1.

Das Stück leitet über zu Folzens Dramen mit politischer Tendenz. Folz nimmt freilich weit weniger Interesse an der Politik als Rosenplüt. Nur eins tritt hervor. Er ist überzeugter Antisemit und bringt seine Meinung kräftig zur Geltung. Stück 1 behandelt den Konflikt zwischen Kirche und Synagoge und knüpft damit an das mittelalterliche kirchliche Drama an. Die Arbeit von P. Weber „Geistliches Schauspiel und kirchliche Kunst in ihrem Verhältnis erläutert an einer Ikonographie der Kirche und Synagoge“ (Stuttgart 1894) hat neuerdings verfolgt, wie dieser Konflikt in der pseudo-augustinischen *Altercatio Ecclesiae et Synagogae* zuerst behandelt, das ganze Mittelalter hindurch dramatisch und künstlerisch verwertet wurde. Die unmittelbare Quelle für Folz ist bisher nicht beachtet worden. Doch hat bereits Keller angemerkt, dass eine Abhandlung der Handschrift X (Weimar Q 566) Bl. 123 *Pharetra contra iudeos* „manchfach an St. 1 erinnert“ (S. 1451). Sie ist vielmehr bis ins Einzelste benutzt. Man vergleiche 4_{35} ff. mit dem Anfang.

X 123. *Ein gleichnus. Ein jūchfraw des angeſichts ſchon vnd wol geczirt was auf geſtign od' gangn̄ von jericho ⟨gen⟩ jeruſalē zu opfferñ got dem herñ vnd in dem weg liff ir intgegn̄ ein alte fraw mit einē gerūczeltn̄ angeſicht vnd dunckēln awgen/ Derſelbn̄ weg / vnd namen fragt die iūckfraw vnd ſprach. Was iſt dein geſcheft vnd wo geſtu hin vnd wie heiſtu / Die fraw antwort / Ich heys die Sinagog die jüdiſchheit vnd was kumē jn ieruſalē zu opfferñ dem herñ ein bock fur die ſund vnd von dem ſchein ſein blod wordn̄ mein awgn̄ auff ſehen in die hoe / hir vmb hab ich geirt ī d' wüſtūg on feuchtikeit des waſſers v̄d hab nicht fundn̄ den weg der ſtat der inwanūg.*

Die Jungfrau, fährt die Abhandlung, hier fort nimmt sich barmherzig der Alten an und führt sie zu einem Felsen (Christus), dem ein lebendiger Brunnen entquillt. Sie ruht unter einem fruchtbaren Palmbaum, die alte Frau setzt sich auf dürres Erdreich. Nachdem so nach beliebter Manier die Szenerie geschaffen, beginnt der *Conflictus*, den die Kirche beginnt:

[123[b]] . . . *du ſagſt du werſt kūmē ī ieruſalē das du opffers dem herñ ei bock fur die ſund Nū iſt wiſſētlich daz der bock ein ſtickents thier iſt / alſo ſtinckt auch dein opffer vo' got Auch er geſprochn̄ hat durch yſaiā am erſtn capittel* u. s. w. Im Fastnachtspiel wird Moses zitiert.

Die ſinagog od' iudiſchheit. Wer biſtu Die mich mit ſolchn̄ kleffiſchen redn̄ darſt ſchendn̄ / wa ich ein gebererin bin der pphetē vnd patriarchen / vnd han erczohn̄ ī mein' ſchaß Die künig / Die ſamnūg d' criſtn. Ich bin die criſtēliche ſānūg als ein demutige dinerin von dem herñ außerwelt jn der die figur der pr̄iarchen vnd weiſſagūg der ppheten erfult ſin Aber du als die hochfartig küngin . vaſti . biſt vō dē kunig d' himel v'ſmet vō der vppigkeit wegn̄ deines vnglawbn̄ jch als die demutige heſt' bin aufgenumē ī den palaſt des kunigs / u. s. w.

Das Folgende weicht ab. In der ‘Pharetra’ werden keine anderen Unterredner eingeführt. Synagoge und Kirche führen den Streit allein. Auch der Gesang der Juden (7 9 ff.) steht nicht in X. Erst von 8 23 ab = X 124[b] *Iꝫ mā liſt jin Cezer mochor* folgt das Fastnachtspiel der Vorlage genauer,

Zitat und Gegenzitat bringt hier die Kirche selber vor; nur von Zeit zu Zeit greift die Synagoge ein: X 125 = 9 26 ff. *Bis hy her hab ich geſwigñ. vnd bin gedultig geweſñ* usw.; ebenda = 10 33 ff. *Waz v'wunderſtu dich auch daz ich geſprochñ han* usw.; X 132 = 26 18 ff. *Diſe alle ſint geſprochñ wid' das x geſchlecht* usw. 12 31—13 1, 24 3 f., 24 12-26 weicht das Fastnachtspiel in der Beweisführung von der 'Pharetra' ab. Die Stelle 18 16—19 3, die auf die Türken anspielt, ist im Fastnachtspiel wohl eingelegt, um dem Ganzen einen etwas aktuelleren Anstrich zu geben. Im Übrigen ist dieses nicht viel mehr wenigstens bis 26 28 = X 132 als eine verkürzende Versifizierung.

Bei 26 28 bricht in X die 'Pharetra' ab. Dass das nicht der Schluss war zeigt eine andre, von andrer Hand stammende Partie derselben Handschrift X Bl. 187 ff., „eine ausführliche Abhandlung über die jüdische Dogmatik gegenüber der christlichen“, wie sich Keller ausdrückt (S. 1452). Es ist eine andere nicht unwesentlich abweichende Rezension unserer '*Pharetra*'. Vieles ist gekürzt, weil der Schreiber offenbar grosse Eile hatte. Hier geht nun die Disputation weiter, und es sind im Wesentlichen die Juden die Angreifenden, die Christen die Verteidiger. Stellen, die das Fastnachtspiel direkt entlehnt hätte, finden sich aber nicht. Es scheint mir aber nicht unglaublich, dass Xβ, wie ich diese Version nennen will, gerade die 27 30 ff., 28 9 ff. entsprechenden Partieen ausgelassen hat. Dass die Vorlage von Stück 1 noch einen zweiten Teil hatte, deutet auch 32 33 ff. die Bemerkung der Synagoge an:

> Wann itz in diſem arguiren
> Sein wir allein worden gefragt.
> Zum nechſten werd uns auch geſagt,
> Wes wir zu fragen haben mut.

Dazu 33 19 f.

Lieber haller, setzt der Schreiber von Xβ am Schluss hinzu, *jch habe faſt geeilt vnd ſer poeß geſchriben pittue mir daz nit verunclimpfen vnd wo ir eß nit leſſen konet So ſchickt nach mir oppffere ich mich euch vnd all den ewren zw allen wolgefallen wegenn vnd potten allczeit vnvertroſſen.* Er hatte guten Grund, die Unleserlichkeit zu fürchten. Heutzutage, wo die schlechte Tinte total verblasst ist, ist es fast unmöglich, sein Geschmier zu entziffern. Sein Adressat ist offenbar einer der nürnberger Haller, sodass auch der Schreiber selbst zu Nürnberg gehaust haben wird. Das zeigt uns, welch lebhaftes Interesse die '*Pharetra*' gerade in Nürnberg fand. Vermutlich war sie selbst in Nürnberg entstanden.

Wie gegen Ende des 15. Jahrhunderts sich der natürliche Hass der Handwerker gegen die gesteigerte knechtende Kapitalsmacht regt, die sich durch Versinsung („Wucher") und Spekulation namentlich in Lebensmitteln („Fürkauf") zu vermehren trachtete; wie dieser Hass sich besonders gegen die volks- und glaubensfremden Juden richtet, ist bekannt. Namentlich in den grossen Städten wie Nürnberg ist das der Fall. Auch die Gedichte der Folz und Rosenplüt atmen diesen Judenhass. Wir haben lange genug keine Judenhetze gehabt, heisst es in „des Türken Fastnachtspiel" ganz unverblümt.

(39) 296 15 **Ir habt Juden, die euch mit wucher freſſen,**
Die gar lang in gutem frid ſein geſeßen.

Es ist eine Plage der Zeit wie das schlechte Geld, die ungetreuen Richter und Amtleute, die streitbaren Pfaffen (Ebda.). Diese Klage wird im Juli 1498 gegenstandslos durch die Edikte König Maximilians, welche die Juden aus Nürnberg ausweisen. Alle nürnberger Gedichte und Spiele, in denen der Judenhass zum Ausdruck kommt, fallen also vor dieses Jahr. Es bildet nur den Abschluss einer weitgreifenden Bewegung. Überall in der christlichen Welt machen sich neben dem Ruf nach Gewaltmitteln Bekehrungsversuche teils wohlmeinender Theologen, sofern man Menschen wohlmeinend nennen kann, die gar nicht imstande waren, der Denkart Andersgearteter gerecht zu werden, teils bornierter Fanatiker geltend. Es wimmelt von Disputationen, Predigten und Schriften, die zum Teil wieder in Disputationsform verfasst waren, wobei die getauften Juden von Johannes de Valladolid bis auf Pfefferkorn eine zweideutige Rolle zu spielen pflegen.

Im Mai 1478 sahen auch die Nürnberger ihren grossen Judenbekehrer. Es war ein Predigermönch Peter Schwarz, dem man im Freien, auf dem Spitalkirchhof, einen hohen Predigtstuhl gebaut hatte. Gleichwohl war der Zulauf und das Gedränge so gross, dass bei der ersten Predigt am Dreifaltigkeitstag ein Färberknecht ums Leben kam. Künftig redete er nur an Wochentagen aber nicht Samstags um der Juden willen. *Er predigt neur allain auß irn püchern*, berichten die Jahrbücher, *ebreiſch, und leget es darnach alls teutſch auß, und er begeret all tag nach eſſen, mit in darnach zu diſpotieren und argawiern, ſie wollten ſein aber nie tun und ſprachen doch: er hat gut predigen, er ſagt, was er wil, man redt im nichtz darein; ſoll wir aber darein reden, wir wollten auch rabi vinden, die es anders auß legten. und ſchickten nach Vogelein jud gen Erlang, was ein rabi, der kom und wolt nit diſpotiern. darnach prachten ſie den gelertſten maiſter unter allen juden, ſo er in vil landen was, von Beheim* [*Iſaak von Prag*]; *der kom und ſaget im zu, er wer fro, das er den munch gefunden het und er begeret von hertzen mit dem münch zu diſpotiern. und der münch was ein koſtlicher doctor, es wolt aber keiner mit im argawirn, da nam er einen brief, da pei warn offen notari, das ſie in nicht beſteen wolten.* (Chroniken deutscher Städte X [Nürnberg IV] 353 f.).

Die Predigt scheint auch keineswegs erfolglos geblieben zu sein, wie die Notizen über getaufte Juden in den Ratsbüchern des Jahrs erkennen lassen (Anmerkungen in den Städtechroniken), obgleich Müllner (und nach ihm Würfel[1] und Gräz) das Gegenteil versichert. Vielleicht dankt die '*Pharetra*' den Predigten Bruder Peters ihre Entstehung. Sie will auf einen getauften Juden zurückgehen. Vgl. X 124: *diſe irſal ſint vō einē newē criſten auß dem Talmut geczogen.* Wenigstens wird man nicht fehlgehen, wenn man das lebhafte Interesse, das sich für sie in Nürnberg regte, mit dem Auftreten des Mönchs in Zusammenhang bringt. Zwischen 1478 und 1498, oder da unsere Handschrift 1494 abgeschlossen wurde, zwischen 1478 und 1494 wird man unser Fastnachtspiel also ansetzen dürfen, wahrscheinlich bald nach 1478.

[1] Historische Nachrichten v. d. Judengemeinde in Nürnberg. 1755.

Wenn sich hier Hans Folz als Verfasser nennt, so werden ihm auch die verwandten Stücke 106 und 20 gehören.

Stück 106.

Die mangelhafte Versbehandlung kann nicht gegen Folz sprechen. N hat mehrfach Fehler:

799 21 *Ach gott* — es muss heissen *Auch gott.*
800 28 *außſprach* — muss heissen *anſprach.*
801 2 *verſteet* im Reim auf *gott* — lies *verſtat* (d. i. *verſtot*).
802 11 *erwern wibel* — lies *ewer wibel* (*bibel*).
802 12 *Theragrammathon* — lies *Tetragrammaton.*

Auch *fahstu* für *fast du* 810 21; die Reime *lere* : *her* 799 33 f., *ſchitt* : *nitht* 811 25 f., *darnach* (statt *darna*) : *da* 811 9 f. zeigen des Abschreibers Nachlässigkeit. So sind offenbar Randglossen in den Text geraten 808 32 ff.:

Der Jüd ſpricht:

Mein Criſt laß mich es auch verſton:
Was ſagen die propheten [do]von?

Der Criſt ſpricht:

[Davit ſpricht:]
'Alles das mich geſehen hot,
Hot mich verſmecht vnd mich verſpott'.
[Iſaias ſpricht:]
'Vom haubt pis zu den füßen vnden,
So iſt nichts ganzes an im gefunden,
Vnd iſt vmb vnſer ſchuld geſchlagen
Vnd hat alle vnſer ſünd getragen'.
[Moiſes ſpricht:]
'Er wirt noch als ein lamp auf erden
Hin zu dem tod gefüret werden'.

Und so noch eine Weile fort in tadellosen Versen. So lässt sich auch sonst unschwer bessern z. B. 801 26 ff.

Ich las peſteen, Criſt, als du ſeiſt,
Es ſei ein vater, [ein] ſun vnd [ein] geiſt.
Wer iſt dann [der,] den[n] ir Jeſus nennt
Vnd in auch für einen got erkennt?

Durch was mag got ein menſch geſein?
Heißt[u] in Meſſias, [trauen ſo] ſprich ich: Nein![1]
Wann Meſſias ein [ploßer] menſch neür wirt,
Vnd nicht got — d[a]ran ir Criſten irt.

Eine chronologische Beziehung, die sich auch Lier (a. a. O. S. 6) aneignet, hat man aus 815 21 f. ablesen wollen; die „ewige Gefängnis" der Juden habe mehr denn 1473 Jahre gedauert. Also sei das Stück 1473 oder 1474 aufgeführt worden. Wunderbarer Weise vergisst man dabei, dass Jerusalem im Jahre 70 n. Chr. zerstört wurde. Wer also die Gefangenschaft der Juden genau berechnete, käme auf 1544, woran natürlich nicht zu denken ist. Wer aber rechnet überhaupt so genau und bringt dabei einen so vagen Ausdruck wie *'lenger dan'* zur Anwendung? Wem fällt es etwa heutzutage ein zu sagen, das Christentum dauere länger „als 1894 Jahr", oder wieviel er nun herauszählt? Die Erwägungen über den Charakter von N führen für das Original von selbst auf die Lesung:

Wann es nun lenger hat für war
Gewert, dan vierzehenhundert jar.

Woraus sich natürlich weder 1401 noch 1471 als Abfassungszeit ergibt, sondern lediglich dass N (bezw. *N), 1473 niedergeschrieben, seine Vorlage für veraltet hielt und glaubte, um die Sache aktueller zu machen, müsse hier das Kalenderjahr eingesetzt werden.

Man wird nicht fehl gehen, wenn man das Stück ungefähr gleichzeitig mit Stück 1 ansetzt.[2]

Stück 120.

Das Spiel in seiner ausgesprochenen und bis zur Widerlichkeit gesteigerten antijüdischen Tendenz erinnert stark an Stück 1 (Folz), auch darin, dass mit Vorliebe jüdisch und heidnisch gekauderwelscht wird. Die Verwertung des Narren erinnert etwas an den Hofnarren des Bischofs bei Folz (44)

---

[1] Vgl. (51) 389_{21}, auch (1) 9_6.
[2] Über die Quellen vgl. Lier a. a. O. 36, Anm. 3.

337_{16}, allerdings noch mehr an die klugen Narren von Stück 17, 79, 80/81. Gewisse Folzische Ausdrücke begegnen auch hier:

170_{11} Weicht umb, gebt ir zu ſitzen ſtat,
171_{28} Weicht auß, tret vmbę vnd ruckt von ſtat

erinnern an

(1) 1_{5} Weicht ab, tret vmb vnd raumet auf,
(32) 263_{13} Weicht ab, tret vmb vnd laßt vns fur. u. a.

Auch hier der Folzische Fluch *Pox grint, Pox leichnam* zu Anfang der Reden. Die Urteilssprüche sind ganz in der geschmacklosen Weise Rosenplütscher Gerichtsspiele gehalten, die sie an Widerwärtigkeit womöglich noch überbieten. Vgl. z. B. $183_{8.10}$ mit (45) 350_{31}, (87) 707_{18}, (88) 713_{12}, (102) 772_{15}; 187_{5} mit (18) 158_{4} u. a. 172_{11} ist wörtlich gleich (22) 203_{22}. In der fehlenden Rede des Ausschreiers stand vielleicht Folzens Name.

Als Terminus ad quem ergibt sich nach dem zu Stück 1 bemerkten aus dem Inhalt das Jahr 1498; da die Hs. aber 1494 abgeschlossen wurde, eben dieses Jahr. Das ist auffällig; denn erst 1494 wurde Philipp der Schöne Regent der burgundischen Lande, als sein Vater Maximilian regierender deutscher König ward. Terminus a quo ist 1486, da in diesem Jahre Maximilian auf Betrieb seines Vaters gekrönt wurde (vgl. 169_{10}). Viel vor 1494 kann das Stück wohl deshalb nicht gut fallen, weil Philipp 1478 geboren, in diesem Jahre erst sechzehnjährig war. In Nürnberg ist er übrigens meines Wissens nie gewesen. Wegen der Reimbrechung wird das Stück jünger sein als Stück 1. Keller und Lier nehmen an, dass das Stück 1491 bei Anwesenheit Maximilians I. in Nürnberg gespielt wurde; aber sicher nicht in Gegenwart Philipps, der im Stück auftritt.

Die Folzische Schule.

Auch Folz hat Schule gemacht. Stück 5 ergab sich bereits als Nachahmung in Folzens Manier. Namentlich der leichtere Versbau, die kürzeren Reden, die regelmässige Anlage der Stücke findet Nachahmung. Wenn Stiefel (Herrigs

Archiv 90, Anm. 3) ein Verzeichnis derjenigen Stücke gibt, die er für Folzische hält, so hat er damit im allgemeinen richtig die Stücke herausgehoben, die die jüngere Rosenplüts Einfluss entrückte Manier zeigen. Nur die beiden Arztspiele 6 und 82, über die oben S. 54 ff. gehandelt ist, sind fern zu halten. Stiefels Beobachtung, dass (6) $64_{15\text{-}24}$ aus dem Renner 12190 ff. herstammen, hilft meine Ansicht von dem älteren Ursprunge dieses Stückes bestätigen. Auch die Betrachtung der Handschriften kommt jetzt einer Scheidung der Rosenplütischen und Folzischen Schule zu Hülfe. M hat neben einigen älteren Stücken solche Rosenplüts und seiner Schule, D, K, F, 𝔇 haben nur solche, die aus dem Rosenplütschen Kreise stammen. 𝔅 und 𝔄 aber hatten jüngere Quellen und sammelten auch schon Stücke von Folz und seiner Schule.

Folz von seinen Nachahmern zu scheiden, was Stiefel versäumt hat, wird nicht allzuschwer sein. Mir scheint nicht, dass in den noch übrigen Nürnberger Stücken irgendwo mit Sicherheit seine Hand nachweisbar ist.

Von Einem Verfasser wenigstens scheinen Stück 26 und 30 herzurühren.

Stück 26 (Narren am Seil[1]) bietet in Reim und Versbau nichts von der späten Nürnbergischen Art Abweichendes. Der Schlussreim *freiden* : *ſcheiden* findet sich auch in Stück 29 und in 60 (Folz). Das Stück das bei Zarncke in der Einleitung des Narrenschiffs S. CXXIII übersehen ist, hat nächst Stück 116 die frappanteste Verwandtschaft mit Brant. Die Narrenkönigin, die hier auf einem Esel reitet, zieht die Narren am Seil nach sich wie Frau Venus im bekannten 13. Kapitel Brants, worüber man das oben zu Stück 44 Bemerkte vergleiche. Der Anklang von 229_{25}:

Du piſt der minſt nit vnter den narren

an Brant c. 13, 2

Bin nit die minſt im narrenfars

kann allerdings zufällig sein. Aber es sind doch nicht bloss

---

[1] *narrensail* ausser in den Folzischen Stücken auch im Morischgentanz (14) 121_{26}, *frau Fenus* auch (33) 268_{13}. Dass schon Wittenweiler die Narrenprozession (*narrenvart* vgl. *betevart*) als Hochzeitsvergnügen konnt, ist oben S. 104 berührt.

Venusnarren hier, verliebte Narren, wie das Zarncke als charakteristisch für die Narren im Fastnachtspiel hervorhebt (mit Ausnahme von St. 116), sondern mehr Thoren, namentlich der Erste, der selbstgefällige Spötter vgl. Brant c. 42 (*Von Spottvogeln*). Die Schematik ist ganz streng wie in Gengenbachs Gäuchmatt, Hans Sachsens Hofgesinde Veneris, Wickrams Treuem Eckart und Narrengiessen. Die Königin spürt die Narren aus: den Spottvogel (I: 228 14—229 8), den Eitlen (II: 229 9-31), den Hahnrei (III: 229 32—230 20), den Schwätzer (in Liebessachen) (IV: 230 21—231 9), den verleumdungssüchtigen Tadler (V: 231 10—232 1), den Liebhaber käuflicher Minne (VI: 232 2-23), den verliebten Gecken (VII: 232 24—233 13). Die Narren erwidern stets: aber ich bin ja ganz normal. Die Königin erklärt: nein, du gehörst auch ans Narrenseil. Darauf die Entgegnung: So findet man der Narren noch mehr auf Erden.

229 7 findet sich auch wörtlich in (38) 284 2 f. Auch 229 4 f. berührt sich mit (38) 287 7 f.

Stück 30 zeigt denselben regelmässigen Schematismus:

a) Einleitung: Einschreier, Meier, Knecht, Menknecht: jeder 8 Verse $= 4 \times 8 = 12$,

b) Kern. Siebenmal wiederholt die Frage des Maiers an die einzelnen Dirnen, warum sie übrig geblieben sind, in 2 Versen und die Antwort in $8 = 7 \times (2 + 8) = 70$,

c) **Ausschreier: 14 Verse.**

Inhaltlich mögen die Stücke, die das Einsalzen der Sitzengebliebenen behandelten, Vorbild gewesen sein (76, 77, 91), 248 29 f. ∾ (86) 704 89 f. V. 29 ist natürlich *gant* zu bessern.

Die Metrik spräche nicht gegen, sondern für Folz; denn der Eingang ist leicht zu bessern:

Got gruß den wirt vnd *die* wirtin.

IV.

Handschrift E.

Ganz abseits von den Kreisen Rosenplüts und Folzens steht der Verfasser der Stücke in der Handschrift E. Sie sind sämtlich datiert: 1461 Von drei Bauern (E I), 1463 Von Troja (E II), 1466 Von König Salomo und den zwei Frauen (E III), 1468 Von den drei nackten Göttinnen von Troja (E IV). Schnorr von Carolsfeld hat sie Archiv f. Litteraturgeschichte 3, 1 ff. sorgfältig herausgegeben. Dort ist auch die Handschrift beschrieben, die deutlich nach Nürnberg weist. In ihr ist regelmässig *ſchwen* geschrieben; spirantisches *b* ist durch *w* ausgedrückt.

Schon in der Verstechnik sind die Stücke gänzlich von den übrigen Nürnberger Stücken getrennt. Es ist die bare Reimprosa; so viel man auch der Überlieferung zuschieben mag, E II und E IV zeigen oft so wörtlichen Anschluss an die Vorlage, die deutsche Übersetzung Guido de Kolumnas — oder vielmehr, das höchst wunderliche Konglomerat aus Guido und einer deutschen Prosaversion nach Konrad, das zuerst ohne Ort und Jahr, dann bei Schönsperger in Augsburg gedruckt wurde (Goedeke[2] 1, § 97, 6), — dass man erkennt, wie der Dichter keineswegs korrekte Verse machte.

Er ist nicht ganz ohne Lebhaftigkeit. Vgl.:

wie thut ir? wie lebt ir ſo?
was zwietracht hebt ſich vnder euch do? Troja 38 f.
wannen her, wannen here?
was ſagſtu vns newer mere? Troja 203 f.

Stück I enthält übrigens ein Werben um eine Schöne mit einem stereotypen Verspaar (30 f.).

ANHANG.

Die Ordnung der Verse in dem Spiel „Rumpolt und Mareth (zu S. 71.)

Q VIII	Q 115	Q I	Z
[1—129]			
—		[1—12]	—
130 f.	987_{13} f.		246_{6} f.
—	—		246_{8}
132	987_{15}	13	246_{10}
133	—	14	246_{11}
134 f.	987_{16} f.	15 f.	246_{12} f.
136—141	987_{21-26}	21—26	246_{23}—247_{3}
142—145	988_{2-8}	17—20	246_{15-21}
146—151	988_{10-17}	27—32	247_{5-12}
—	—	33—38	247_{13-20}
152 f.	988_{19} f.	39 f.	247_{21} f.
154—157	988_{21-25}	41—44	—
—	—	45 f. = 131 f.	250_{15}
158 f.	988_{26} f.	47 f.	247_{24} f.
160 f.	989_{29} f. 989_{1}	49 f. vgl. 134. 133	—
—	—	51—54	247_{26-29}
162—173	989_{3-13}	55—66 (vgl. 93 f.)	247_{31}. 248_{2}
174 f.	989_{16} f.	67 f. 83 f.	248_{13}—249_{10}
176 f.	$989_{17.\ 21}$	—	—
178 f.	989_{23} f.	127 f.	250_{10} f.
180 f.	989_{26} f.	(129 f.)	(250_{13} f.)
182—185	989_{29}—990_{3}	135—138	250_{18-21}
186 f.	990_{57}	—	—
188—197	990_{8-17}	287—296	255_{31}—256_{10}
—	—	297 f.	256_{11} f.
198—227	990_{20}—991_{21}	—	—
—	—	69 f.	248_{16} f.
228 f.	991_{22} f.	71 f.	248_{18} f.

Q VIII	Q 115	Q I	Z
230–232	991_{24-28}	—	...
234 f.	991_{29} f.	75 f.	248_{22} f.
236–239	991_{32}–992_{3}	97–100	249_{16-19}
240 f.	992_{5} f.	349 f.	258_{2} f.
242–247	992_{7-12}	169–174	251_{27-32}
248–251	992_{13-17}	175–178	—
252 f.	992_{18} f.	179 f. – 340 f.	259_{31} f.
254–263	992_{21-30}	181–190	—
264–273	992_{32} 993_{9}	(111 f.)	—
274–279	993_{10-16}	113–118	249_{30}–250_{3}
280		123	—
281	993_{17}	124	
[282	993_{18}]		
283	993_{19}	119	250_{4}
—	993_{20}	120	250_{5}
284 f.	993_{21} f.	121 f.	251_{6} f.
		[125]	
286	993_{23}	126	251_{8}
287–294	993_{25-33}	—	—
295 f.	994_{2} f.	73 f.	248_{21} f.
297–312	994_{4-20}	77–92	248_{25}–249_{9}
313–324	994_{21-32}	—	—
325 f.	994_{34} 995_{1}	95 f.	249_{15} f.
327 f.	995_{3} f.	(vgl. 97)	(vgl. 249_{17})
329 f.	995_{5} f.	∼ 191 f.	∼ 252_{2} f.
330–360	995_{8} – 996_{8}	139 168	250_{23} – 251_{26}
—	—	351 – 374[1]	258_{4-29}[1]
361–368	996_{10-18}	233–240	253_{25}–254_{5}
369	996_{20} f.	—	—
371 f.	996_{23} f.	—	254_{5} f.
373–375	996_{26-29}	241–243	254_{10-21}
376–379	996_{31}–997_{3}	—	--
380–385	997_{5-11}	193–198	252_{4-10}
386 f.	997_{12} f.	—	-
388–421	997_{14}–998_{24}	199–232	252_{11}–253_{22}
422–427	998_{26}–999_{3}	—	—
428 f.	999_{4-6}	261 f.	255_{1} f.

[1] Die Verse sind hier einzuordnen. Rumpolt spricht. Lies Q I 351=258_{4} etwa *Wann ich kant deiner tochter nit* u. s. f. in erster Person. Nur so giebt die ganze Stelle einen Sinn. *Du pist vor woll von ſiben weiben gangen* wirft die Mutter dem Rumpolt vor. *Mich zimpt wol pey meinen ſinnen, Du werſt von der auch entrinnen,* nämlich von der Mareth. Welch ein Unsinn, wenn der Vater angeredet ist.

Q VIII	Q 115	Q I	Z
430—451	998_{8-29}	—	—
452—456	999_{31} —1000_{3}	329—333	257_{18-23}
—	—	—	257_{24}
457—461	1000_{4-8}	334—338	257_{25-29}
		[339]	[257_{30}]
		[342]	
462 467	1000_{9-14}	343—348	—
468 f.	1000_{16} f.	303 f.	256_{22} f.
470 f.	1000_{18} f.	—	—
472—481	1000_{20-29}	307—316	256_{26} — 257_{3}
482 f.	1000_{30} f.	305 f.	256_{24} f.
484—491	1000_{33}—1001_{7}	317—324	$257_{5\ 8.\ 10.\ 9.\ 11.\ 12.}$
492 f.	1001_{8} f.	—	—
494—497	1001_{10-13}	325—328	257_{13-17}
498—501	1001_{15-18}	—	(vgl. 246_{8} f.)
502—505	1001_{23-26}	299—302	256_{17-21}
—	—	375 f.	258_{30} f.
506 f.	1001_{28-30}	—	—
507—523	1001_{32} —1002_{15}	377—(392)	258_{23} —$259_{(16)}$
524—529	1002_{16-21}	393 f.	(vgl. 259_{17} f.)
530—533	1002_{23-26}	395—398	$259_{20\ 23}$
534—539	1002_{29} —1003_{2}	—	—
540—543	1003_{4-7}	414 417	260_{5-8}
544 f.	1003_{8} f.	—	—
548—565	1003_{13-30}	—	—
566—569	1003_{32-35}	399—402	259_{25-28}
—	—	403 f.	259_{30} f.
570—573	1004_{3-5}	277-280=405-408	255_{21} f. 259_{32} f.
		[409]	
574 f.	1064_{6} f.	(281 f.=247. 246)	($255_{24\ 23}$=259_{32}f.)
		[283—286]	[255_{25-29}]
576—581	1004_{8-13}	—	—
—	—	410—413	—
582 f.	1004_{14} f.	248 f.	254_{19} f.
584 f.	1004_{16} f.	(250 f.)	(254_{21} f.)
586—589	1004_{10-22}	252—255	$254_{24\ 28}$
590—593	1004_{23-27}	263—266	254_{4-7}
594—597	1004_{28-31}	—	—
598—601	1004_{32}—1005_{3}	267—270	255_{9-12}
—	1005_{5-8}	—	—
602 613[1]	1005_{10-21}[1]	—	—
614—617	1005_{22-26}	256—259	$254_{29.\ 32}$

[1] Die Stelle ist ganz verständlich, wenn sie auch Keller offenbar missverstanden hat. '*hab ich nun apoliert*' ist Kondizionalsatz.

Q VIII	Q 115	Q I	Z
		[260]	[254_{33}]
618 f.	10005_{57} f.	—	—
—	—	271—276	
620—625	1005_{30}—1006_{4}	420—425	260_{12-17}
[626—637]			
—	—	438—453	—
638—(643)	$1006_{6-(15)}$	426—431	260_{19-24}
—	—	434—437	260_{27-30}
644 f.	—	454 f.	(260_{32} f.)
646—651	—	456—461	260_{34}—261_{5}
		[462]	
652 f.	—	463 f.	261_{7} f.
654—673	—	466—485	261_{10-31}
—	—	486—491	262_{2-8}
674 f.	—	493. 492 (vgl. 244 f.)	$262_{10.\ 9.}$
676—679	—	494—497	$262_{11\text{ f. }17\text{ f.}}$
—	—	498—501	262_{13-16}
680—695	—	502—517	262_{20}—363_{3}
696 f.	—	432 f.	260_{25} f.
(vgl. 697 ff.)	—	518—531	263_{4-18}
704—709	1006_{17-22}	539—544	263_{26-32}
710—715	1006_{24-29}	532—537	263_{20-25}
		[538]	
716—719	1007_{2-5}	545—548	264_{2-5}
[720—799]			
800	1007_{7}	549	—
—	—	550—552	264_{8-10}
801—803	1007_{8-10}	553—556	—
—	—	557—579	—

FSC
www.fsc.org
MIX
Papier | Fördert gute Waldnutzung
FSC® C083411

Kolibri 360 GmbH
Ferdinand-Jühlke-Straße 7
99095 Erfurt, Deutschland
produktsicherheit@kolibri360.de